최악의 여성, 최초의 여성, 최고의 여성
자신만의 방식으로 시대를 정면돌파한 여성 100인

최악의 여성, 최초의 여성, 최고의 여성

ELLES ONT OSE

Seondeok
Lucy
Agnodice
Pesechet
Grace O'Maley
Olympe de gouges
Francesca Caccini
Mary Wollstonecraft
Émilie du Châtelet
Maria Deraismes
Margaret Sanger
Emmeline Pankhurst
Annette Kellermann
Waris Dirie
Michelle Obama
Marie Curie
Agatha Christie

나탈리 코프만 첼리파 지음 | 이원희 옮김

ELLES ONT OSÉ!
100 femmes d'exception à travers l'histoire

자신만의 방식으로 시대를 정면돌파한 여성 100인

작가
정신

한국어판 서문

─────

전 세계가 공유하는 통념이 있다면 그건 바로 가부장적 전통이 만들어낸, 여성을 열등한 존재로 여기는 인식이다.

다만 오늘날은 세계 곳곳에서 여성들이 들고일어나 이 케케묵은 세계관에 반기를 들고 있다.

이제 가부장제 사회는 끝났다. 여성들은 감히 남성 위주로 확립된 질서에 반기를 들었다. 여성들은 현재도, 앞으로도 적극적으로 나설 것이다. '남자는 높고 귀하게 여기고, 여자는 낮고 천하게 여긴다'는 뜻의 '남존여비'라는 표현 자체가 기만이고 사회적 판단 착오이다.

흔히 사용하는 유산상속Patrimoine, 이 남성형 명사는 아버지로부터 물려받는 재산과 상속권을 가리킨다. 그렇다면 어머니로부터 물려받는 건 아무것도 없다는 말인가? 이제라도 여성으로부터 유래하는 모든 것, 여성들이 역사와 문화에 특별히 기여한 것 그리고 인류 공동체에 가져다준 모든 것에 대해서는 어머니의 유산상속Matrimoine이라고 하는 것이 어떨지!

'고요한 아침의 나라'에서 여성들이 분연히 일어나 이제 더는 한낱 욕망의 대상이길 거부하면서 사회를 변화시키고자 한다.

여성들은 직장에서 당해야 했던 성희롱을 고발하면서 '미투 운동'을 벌이고 있다. 또 여성을 훔쳐보는 병적인 성적 쾌락으로 파멸을 자초하는 일부 남성들의 '재앙급' 불법 동영상 촬영 성범죄에 단호히 맞서고 있다.

2005년에 이미 여성에게 부당한 '호주제'가 폐지되었고, 마침내 최근에는 개인의 자기결정권을 근거로 낙태죄 헌법불합치 결정이 내려졌다.

'고요한 아침의 나라'에서 여성들이 분연히 일어나 이제 더는 한낱 욕망의 대상이길 거부하면서 평등과 민주주의에 근거한 사회 개혁에 나서고 있다.
　이 여성들의 투쟁은 전 세계 여성들의 투쟁이다. 세계의 모든 여성들이여, 바다 너머, 오대양 너머, 산 너머, 국경 너머로 봄꽃을 피우자!

나탈리 코프만 켈리파

굴곡진 인생으로 내게 영감을 주었던 나의 할머니들,
마르가리타와 르네에게 이 책을 바친다.

여성 100인

오랜 세월 여성이 없었던 세상을 위하여……

 에멀린 팽크허스트를 지지하며
시위하는 여성 5만 명,
1915. 7.

여성은 마치 보이지 않는 존재처럼 중요한 결정에서는 늘 배제되었으며, 가정이라는 틀 안에서 오직 자손을 낳아 기르는 것만이 여성의 역할이었다. 그렇지만, 인류의 절반인 여성에게 행해진 부당성을 지적하며 반기를 든 여성들이 고대 시대부터 있었다.

지금이야말로 지성과 천재성, 특히 대담함으로 세상을 변화시킨 이 여성들을 만천하에 드러내야 할 때다.

모든 분야에서 길이 막혀 있었던 때, 이들은 기존 질서를 뒤엎고 남녀 간의 새로운 관계를 위한 기틀을 세우면서 남성의 세계에서 최초로 인정받았던 여성들이다.

여성들은 투쟁했고, 지금도 투쟁하고 있으며, 여성의 사회적 지위와 미래를 위해 그리고 남성과 여성으로 이루어진 사회의 개선을 위해 앞으로도 계속 싸워나갈 것이다. 여성들은 중요한 공헌을 했다. 인류에 공헌하기 위해 여성들이 주도해온 투쟁을 기억해야 한다. 굳게 잠긴 문을 대담하게 열고, 심지어는 요새를 허물기까지 한 '최초의' 여성들이 있었다. 그러나 벽은 견고했고, 언제나 틈이 벌어지기 무섭게 도로 닫힐 징조를 보였다.

여성 정치가, 여성 창작자, 여성 과학자, 여성 모험가, 여성 범죄자, 여성 운동선수, 여성 투사 들. 이들의 초상을 통해 최초로 역사를 만든 여성들이자, 남성이 지배하는 사회에서 당당히 권리를 주장한 여성들의 인생 여정을 되짚어보고자 한다.

'남성이여, 그대는 공정할 수 있는가? (……) 내 성을 억압하는 최고 권한을 누가 그대에게 주었는가?' 1791년 9월, 올랭프 드 구주가 「여성과 여성 시민 권리 선언」을 발표하면서 던진 대담한 질문이다. 오늘날에도 여전히 여성들은 몇 가지 편견으로 어려움을 겪고 있기 때문에 유감스럽게도 우리 또한 던져야 할 질문이다.

참정권을 주장한 여성들은 투표를 하기 위해 무력 또는 합법적인 방법을 동원해 싸웠다. 20세기 초, 영국인 에멀린 팽크허스트는 과격한 여성참정권 운동을 전개했다. '우리는 인류의 절반인 여성들을 해방시켜야 한다.' 1920년, 앨리스 폴은 균등한 권리를 위해 미국 헌법의 결정적인 개정안을 가결시켰다. 이들은 당연한 권리를 얻기 위해 목숨을 걸어야 했다.

이 투쟁은 아직 끝나지 않았다. 우리는 이 책에서 다룰 여성 100인을 비롯해 인권을 위해 헌신했던 용감한 여성들에게 많은 빚을 졌다. 1802년 서인도 제도에서 노예제에 봉기하던 솔리튀드는 목숨을 잃었고, 아프리카계 미국인 로자 파크스는 1950년대에 시민권을 위해 싸웠고, 탈레반의 공격으로 머리에 총상을 입었음에도 목숨을 걸고 여성 교육권을 주장한 파키스탄 소녀 말랄라 유사프자이는 2014년 최연소로 노벨 평화상을 수상했다.

여성은 생각이 결여되어 있으며 출산 외에는 다른 존재할 이유가 없다고 생각하는 남성적 전제주의에 대해 프랑스, 영국, 미국 등 여러 국가의 여성들이

들고 일어나 항거했다.

　다행히 전 세계의 모든 대륙에서 물질적·도덕적 조건뿐만 아니라 권리에 대한 진정한 평등을 외치는 여성과 남성의 목소리가 점차 커지고 있다.

　여성의 안정된 일자리는 민주주의를 실현하는 밑거름이 된다. 여성의 노예화는 대체로 야만적이고 독재적인 체제와 꼭 붙어 있다.

　여성의 지위 향상이 이뤄지려면 무엇보다도 여성들의 의지와 용기가 뒤따라야 한다. 하지만 피해자에서 투사로 넘어가는 건 결코 쉬운 일이 아니다.

　'여성 100인'은 길을 열어주었고, 본보기가 되었다. 이들은 우리에게 대담해지라고, 변화하라고, 의식을 깨어나게 하라고 엄중하게 요구한다. 사고방식과 법을 바꾸기 위해서는 '최초의 여성'이 필요하다고 말하고 있다. 여성 100인은 수호신으로서, 성찰과 확신과 용기의 힘으로 낡아빠진 도덕적 질서를 뒤엎으라고 상기시키고 있다. 최초는 또 다른 최초를 낳으리라. 욕망은 욕망을 부르고, 필요한 용기는 욕망과 함께 나타나리라.

　그들의 뒤를 이어 여성해방과 인류의 모든 진보를 위한 운동은 앞으로도 계속될 것이다.

　억압받고 강등될지라도 여성들은 강한 의지를 가지고 주장을 멈추지 말아야 한다. 이 책은 각각의 여성이 처한 상황에 따라 각기 다른 투쟁의 역사를 담았기에 가치가 있다.

　'절대 잊지 말라, 여성의 권리를 사회문제로 대두하는 데는 정치적·경제적 및 종교적 위기로 충분하다는 것을. 여성의 권리는 결코 그냥 얻어지지 않는다. 여러분은 사는 동안 내내 경계해야 한다.'(시몬 드 보부아르)

나탈리 코프만 켈리파

여성과 여성 시민의 권리 선언

올랭프 드 구주 — 1791년 9월

전문

(……) 국민을 대표하는 어머니, 딸, 자매 들은 국민의회의 일원이 되기를 요구한다. 여성의 권리에 대한 무지, 망각 또는 경시가 공공의 불행과 정부 부패의 유일한 원인이라고 간주하므로, 여성이 지닌 영구적이고 신성한 자연권을 엄숙한 선언문에 명시하기로 결의하였다. 이 선언이 사회의 모든 구성원에게 항상 제시되어 그들에게 끊임없이 자신들의 권리와 의무를 상기시키는 데 그 목적이 있다. 또한 여성의 권한 행사와 남성의 권한 행사가 모든 정치제도의 목적에 부합하는지 언제라도 비교하여 권한 행사가 더욱 존중될 수 있도록 하고, 향후에 단순 명백한 원칙들에 근거한 여성 시민의 주장들이, 헌법과 미풍양속을 유지하고 만인의 행복에 기여하는 데 그 목적이 있다. 따라서 출산의 고통을 견뎌내는 용기와 마찬가지로 숭고함에서도 우월한 여성은 지고한 존재 앞에서 그 비호 아래 다음과 같은 여성과 여성 시민의 권리를 인정하고 선언한다.

제1조

여성은 태어나면서부터 자유이며 남성과 평등한 권리를 가지고 살아간다. 사회적 차별은 오직 공동 이익에 근거하는 경우에만 허용될 수 있다.

제2조

모든 정치적 결사의 목적은 여성과 남성이 지닌 소멸될 수 없는 자연권을 보존하는 데 있다. 이 자연권이란 자유권과 재산권, 신체 안전에 대한 권리 그리고 무엇보다 억압에 대한 저항권이다.

제3조

모든 주권의 원칙은 본질적으로 국민에게 있으며, 이 국민은 여성과 남성의 집합과 다름없다. 어떤 개인도 명백히 국민으로부터 나오지 않는 권력을 행사할 수 없다.

제4조

자유와 정의는 타인에게 속한 모든 것을 돌려주는 데 있다. 따라서 여성의 자연권 행사는 남성의 항구적인 횡포 때문에 어떤 제약도 받아서는 안 된다. 이 제약은 자연법과 이성법에 따라 개혁되어야 한다.

제5조

자연법과 이성법은 사회에 해로운 모든 행위를 금한다. 이 현명하고 신성한 법률로 금지되지 않은 모든 것은 방해받을 수 없으며, 누구도 이 법률들이 규정하지 않는 것을 하도록 강요받을 수 없다.

제6조

법은 일반의지의 표현이어야 한다. 모든 여성 시민과 남성 시민에게는 직접 또는 대표자를 통해 법 제정에 참여할 권리가 있다. 법은 모든 사람에게 동등해야 한다. 모든 여성 시민과 남성 시민은 법 앞에 평등하므로, 자신의 품성이나 재능 이외에는 어떠한 차별도 없이 자신의 능력에 따라 모든 명예를 동등하게 누릴 뿐만 아니라 모든 공적인 직위와 직무를 동등하게 맡을 수 있어야 한다.

제7조

어떤 여성도 예외 없이, 법으로 규정된 경우에 한해 기소되고 체포되고 수감된다. 여성도 남성과 마찬가지로 이 엄격한 법에 복종한다.

제8조

법은 엄격하고도 명백하게 처벌에 관한 조항을 규정해야 하며, 누구라도 범죄를 저지르기 이전에 제정되어 공포된 법, 여성에게 합법적으로 적용되는 법에 의거하지 않고서는 처벌받을 수 없다.

제9조

유죄로 선고된 모든 여성은 법에 따라 엄격히 처벌받아야 한다.

제10조

누구도 기본적인 견해까지 포함해 자신의 견해를 밝히는 것을 방해받지 말아야 한다. 여성에게 단두대에 오를 권리가 있다면 연단에 오를 권리도 가져야 한다. 자신의 의사 표현이 법이 규정한 공공질서를 어지럽히지 않는 한.

제11조

사상과 견해의 자유로운 소통은 여성의 가장 소중한 권리 중 하나다. 이 자유가 아이들에 대한 아버지의 적법성을 보장하기 때문이다. 따라서 모든 여성시민은, 진실을 감추려는 야만적인 편견에 강요받는 일 없이, 나는 당신 아이의 어머니라고 자유롭게 말할 수 있다. 다만 법으로 규정된 경우에는 이 자유의 남용에 대한 책임을 져야 한다.

제12조

여성과 여성 시민의 권리를 보장하는 일에는 중대한 효율성이 필요하다. 이 권리 보장은 그것을 위임받은 여성의 개인적 이익을 위해서가 아니라 만인의 이익을 위해 제정되어야 한다.

제13조

공권력을 유지하고 행정 비용을 조달하는 데 있어 여성과 남성의 기여는 평등하다. 여성은 모든 부역과 모든 힘든 일자리에 참여한다. 따라서 여성은 지위, 고용, 책임, 고위직, 일의 분배에서도 동등한 몫을 가져야 한다.

제14조

여성 시민과 남성 시민은 직접 혹은 대표자를 통해 조세의 필요성을 확인할 권리가 있다. 여성 시민은 재산에서뿐만 아니라 공공 행정에서도 동등한 분배를 인정하고, 또한 조세 부과율과 산출 방식, 징수 방법과 징수 기간을 결정할 권리가 있다.

제15조

대다수 남성들의 조세 분담금을 위해 결속한 대다수 여성들은 모든 공직자에게 그 행정 업무에 관한 설명을 요구할 권리가 있다.

제16조

권리 보장이 되지 않고, 권력 분립이 확립되지 않은 모든 사회는 결코 헌법을 갖추지 못한다. 국민을 구성하는 개인들 대다수가 헌법 작성에 동참하지 않았다면 그 헌법은 무효하다.

제17조

소유권은 함께 살든 헤어졌든 남성과 여성 모두의 것이다. 소유권은 각 개인의 신성불가침한 권리이다. 이 권리는 자연으로부터 받은 세습 자산과도 같아 법으로 규정한 공적 필요성에 따라 명백히 요구되는 경우 이외에는 누구도 박탈당할 수 없다. 또한 공정한 보상이 선결된다는 조건을 갖추어야 한다.

후문

여성이여, 깨어나라. 전 세계에서 이성의 경종이 울리고 있다. 그대의 권리를 인지하라. 자연의 강대한 제국은 더 이상 편견과 광신과 미신과 거짓에 둘러싸여 있지 않다. 진실의 횃불이 어리석음과 권리 침해의 모든 구름을 몰아냈다. 노예인 남성은 제 힘을 키우자 사슬을 끊는 데 그대들의 힘에 도움을 청했다. 남성은 자유로워지자 동반자에게 부당해졌다. 오, 여성들이여, 여성들이여! 언제쯤에나 눈을 뜨려는가? 대혁명에서 그대들이 거둔 이득이 무엇인가? 멸시는 더 명백해졌고, 무시는 더 두드러졌다. 수세기에 걸친 퇴보 속에서 그대들은 나약한 남성을 내조했을 뿐이다. 그대들의 제국은 파괴되었다. 대체 그대들에게 남은 것이 무엇인가? 남성의 부당함에 대한 확신이 있을 뿐이다. 자연의 현명한 법령들에 근거한 그대들의 자산을 주장하라. 이런 훌륭한 주장을 감행하려는데 두려울 것이 무엇인가? 가나의 혼례에 참석한 그리스도의 말씀?* 오랫동안 정치에 유착되어온 그 시대착오적인 교훈, 그것을 프랑스 입법자들이 멋대로 해석해 또다시 던질 '말씀'이 두려운가? '여성들이여, 그대들과 우리 사이에 공통된 것이 무엇이 있는가?' 그대들은 '모든 것'이라고 대답해야 할 것이다. 그들이 자기들의 원칙과 모순되게 그 일관성 없는 행동을 고집하며 무능을 드러내면 그대들은 그 헛된 우월성 주장에 대해 이성의 힘으로 용기 있게 맞서라. 철학의 깃발 아래 결집하라. 그대들 고유의 힘을 발휘하라. 그리하면 머지않아 오만한 자들이, 그대들의 발밑을 기는 비굴한 숭배자가 아니라 지고한 존재의 보물들을 그대들과 함께 나누는 걸 자랑스럽게 여기는 모습을 보게 될 것이다. 그대들을 막아서는 장벽이 어떤 것이든 그 장벽을 넘어서는 건 그대들의 능력 안에 있다. 그대들이 원하기만 하면 이뤄질 일이다. 이제 그대들에게 사회가 얼마나 각박했는지 살펴보자. 그리고 오늘날 국가적 교육에 문제가 있으니, 우리의 지혜로운 입법자들이 앞으로 여성 교육에 대해 현명하게 판단하는지 지켜보자. (······)

---

*   요한복음 2장 4절. '예수께서 이르시되 여자여 나와 무슨 상관이 있나이까 내 때가 아직 이르지 아니하였나이다'.

차례

1

LE TEMPS DE L'ÉMERGENCE

출현의 시대

루시 Lucy

-3,200,000

ELLE A OSÉ 지금까지 알려진 최초의 인간이 되다

《 호미니데 오스트랄로피테쿠스
아파렌시스 루시, 2007, 조각,
텍사스주 휴스턴, 자연과학 박물관.

**루시는 여성형으로
호미니데**hominidée**가
아니라 남성형 단어
호미니데**hominidé* **다! 심지어
오스트랄로피테카 아파렌시스가
아니라 오스트랄로피테쿠스
아파렌시스다. 실제로, 가장
완벽한 상태의 유골로 발견된
이 작은 호미니데**hominidée**는
지금까지 여성화된 학명을
받지 못하고 있다.**

'AL 288-1', 이것은 아프리카 동부, 에티오피아 북동부의 아파르주에서 발견된 오스트랄로피테쿠스의 코드명이다. 예멘의 고원과 에티오피아, 소말리아에 둘러싸인 이 땅은 강력한 지진 활동과 함께 지각 팽창이 일어나면서 해수면 아래로 침하된 지역이다.

따라서 루시는 가뭄으로 거목들이 사라진 척박한 환경에서 살았을 것으로 추정된다. 이 '가냘픈' 영장류는 밤이면 돌무더기 속에서 나뭇가지를 덮고 지냈을 것이고, 작열하는 태양과 사바나의 열풍 속에서 채집할 수 있는 것을 먹고 살았으리라.

루시는 사라진 호수의 퇴적물에 둘러싸여 수천 년 동안 보호받고 있었다. 어느 날, 아와시강이 범람하자 루시는 진흙에 휩쓸려 강의 하류 유역 골짜기에 놓이게 된다. 1974년 11월 20일, 고인류학자 도널드 요한슨, 지질학자 모

리스 타이엡, 고생물학자 이브 코펜이 이끄는 프랑스-미국 과학 팀은 흙 속에서 루시의 뼛조각들을 발견했다.

우리는 작은 영장류 루시를 통해 최초의 인류가 직립보행을 하고 맹수들을 피하기 위해 나무를 타고 올라갈 수 있었다는 걸 알 수 있다.

루시라는 이름이 붙여진 것은 당시 발굴단이 저녁마다 텐트 안에서 비틀즈의 〈루시 인 더 스카이 위드 다이아몬드Lucy in the sky with diamonds〉를 들었기 때문이다.

라틴어 어원으로 '빛'이라는 뜻의 루시는 탐조등 불빛을 받아 순식간에 발견되었다. 그렇게 수천만 년 동안 해수면 아래 흙 속에 감춰져 있던 이 호미니데는 세상에서 가장 유명한 오스트랄로피테쿠스가 되는 영예를 안았다.

키 110센티미터의 루시는 전 인류를 상징하게 됐다. 약 20세로 추정된다는 것과 인간의 몸을 구성하는 뼈 206개 중 52개가 루시의 유골에서 발견된 덕분에 그녀는 신화적인 여성이 되었다.

모든 문화와 문명은 세상과 인류의 기원에 대해 의문을 품어왔다. 미지의 것에 대한 두려움에 사로잡힌 우리는 환상적이거나 합리적인 해석을 수없이 만들어냈다. 오늘날 과학은 과학적 증거를 통해 우리의 직감만큼이나 상상력을 불러일으키는 새로운 이야기들을 제공한다.

인류의 기원에 대한 의문에 답을 찾을 수 있을까?

루시는 다이아몬드로 치장하고서, 알고자 하는 우리의 갈망을 밝혀주기 위해 하늘에서 내려왔다. 여성 유골의 뼈 52개, 어쩌면 우리는 인류의 어머니를 찾은 것일지도 모른다. 최초의 인류가 한 여성에게서 내려왔다는 것은 크나큰 위안이었을 터, 그리하여 우리는 루시에게 벌써부터 모든 사회 발전의 주요한 조건인 출산의 의무를 지우고 있다.

루시가 대지의 자궁에서 빠져나오자마자, 우리는 세상만큼 늙었다고 할 수

유골의 주인이
여성이어서였을까.
루시는 인류의
어머니라고 (잘못)
소개되었다. 그녀는
인류의 출현을
상징하는 인물로
남아야 하는 것이
아닐까.

- 이브 코펜

있는 도식에 그녀를 가둬버리고는 여성성과 다산성은 하나이며 같은 것이라 말하고 있는 것이다.

모든 대륙, 모든 문화, 모든 시대에서 여신들은 대지와 인류의 번식력을 보장한다. 개구리, 뱀 또는 재규어, 형상이야 어떻든 간에 여신들은 생명, 땅, 온기, 농경, 번영, 풍요를 표현하는 근원일 뿐만 아니라 성생활, 출산, 재생, 마법, 아름다움을 표현하는 근원이기도 하다.

에티오피아의 수도 아디스아바바의 국립 박물관에 보존되어 있는 루시는 에티오피아에서 가장 널리 쓰이는 언어인 암하라어로 '당신, 멋지네요'라는 뜻의 비르키네시, 딘케네시 또는 딘크네시로 불린다. 실제로, 루시, 당신은 멋집니다. 당신이 우리 자신에 대해 가르쳐준 것은 전 인류를 위한 것입니다. 당신은 우리의 유토피아를 길러줍니다. 당신이 있어 우리 이전의 생이 이어지는 거라 믿으니까요. ////////////////////////////

---

* 현생 인류를 이루는 직립보행 영장류.

페세쉐트 Peseshet

B.C. 2700

ELLE A OSÉ

역사상 최초의 여성 의사가 되다

//

나일강의 비옥한 기슭에서 빛나는 문명이 탄생했다.

기원전 약 2700년에서 2200년까지는 고대 이집트 제국의 황금기였다. 오늘날조차 여성에게 높은 사회적 지위는 아직 꿈에 머물러 있고 여전히 많은 여성이 인정받기를 원하고 있는데, 이 시기의 이집트 여성들은 그 전까지 어떤 여성도 갖지 못했던 사회적 지위에 오를 수 있었다.

고대 이집트에서 결혼은 합의로 성립되며 일부일처제였고, 가정 내에서는 권리와 의무가 상호적이었다. 남성과 여성은 법 앞에서 평등했다. 이집트 법은 여성이 사업을 운영하고, 재산을 관리하며, 소송을 제기하고, 이혼하고, 재혼하고, 이름을 유지하고, 국가의 고위직을 차지하고, 주도적인 역할을 포함해 정치적 역할을 하도록 허용했다.

행정이든 의학이든 성직자든 모든 직업이 여성에게 열려 있었다는 사실은 고대사와 심지어 현대사에서도 유일하다. 기원전 2000년에 이르러서는 여성이 파라오까지 될 수 있었다.

가장 인기 있는 신은 이시스 여신이었다. 생을 주관하며 다산을 상징하는 이시스는 마법사이며 치유하는 능력이 있었다. 이런 맥락에서 고대 이집트 시대에 역사상 최초의 여성 의사 페세쉐트가 등장한 것은 결코 놀라운 일이 아니다.

///////////////////////////

여성들이 페세쉐트만큼 중요한 지위에 오르기까지는 아주 오랜 세기를 기다려야 할 것이다. 고대 이집트에서는 신전에서든 시민사회에서든, 여성에게 일자리를 내주었다.

///////////////////////////

카이로 서쪽 연안에 위치한 기자의 비석에서 발견된 글에는 페세쉐트가 기원전 2700년경에 존재했으며 '여성 의사들의 여성 감독관'이라고 새겨져 있다. 이것으로 여성 의사가 많았다는 사실과 페세쉐트가 여성 의사들의 감독관이었음을 알 수 있다. 이 비석에 그녀의 직함은 '영혼의 여제사장 감독관'이라고 되어 있다. 영혼의 여제사장들은 장례 의식을 담당했고 의사 역할도 수반됐다. 의사로서는 육신을 구했고, 그 또한 신들을 만족시키는 일이었기 때문이다.

페세쉐트는 하下이집트의 나일강 삼각주 지대에 위치한 사이스의 고대 의학교에서 의술을 가르쳤다. 학생과 의사 들은 그녀의 의술과 산과 강의를 듣기 위해 모여들었다. 그녀는 출산을 도와주는 산파와 생명을 지키는 의사를 양성하는 능력을 지닌 신성한 어머니 중 한 명이었다.

아시리아인, 페르시아인, 그리스인, 로마인들에게 연이어 정복되면서 파라오 시대의 이집트는 종말을 고했고, 기원전 30년경 고대 이집트는 로마제국의 일개 지방으로 몰락했다. ////////////////////////

>> '여왕들의 계곡' 안 네페르타리 묘의
　　프레스코화, 룩소르, 이집트.

프리네 Phryné

B.C. 400

ELLE A OSÉ　영원한 나신상의 모델이 되다

>> 프리네, 대리석상, 본콤파니-
루다이지 컬렉션, 로마 국립
박물관, 팔라초 알템프스.

기원전 350년경,
그리스의 크니도스에서
베일을 벗은 프리네는
사랑의 여신
아프로디테 신전 중앙에
눈부신 나신으로
당당히 자리 잡고 있다.

지금으로부터 2500년 전, 고급 창부 프리네는 조각가 프락시텔레스의 누드모델이 되었고, 이후 그녀의 나체상은 여성미의 이상이 된다.

프리네는 기원전 4세기에 그리스 중부에서 태어났으며, 본명 메사레테는 '정조를 명심하는 사람'이라는 뜻이다. 그녀가 이름난 창부라는 걸 생각하면 역설적이다.

아테네에서 정치·철학·예술을 논할 정도로 지성과 교양을 갖추고 미모까지 겸비한 프리네, 그녀는 당대 최고의 지성인들을 사로잡은 특별한 여성이었다. 그런 그녀가 두꺼비라는 뜻의 '프리네'라고 불린 것은 노란빛을 띤 얼굴 때문이다.

당시 프리네를 동경하는 유명인들이 많았는데, 그중 한 명이 고대 그리스 아테네의 가장 유명한 조각가 프락시텔레스다. 여체의 아름다움을 표현하는 데 탁월했던 프락시텔레스는 프리네를 모델로 영원한 나신상을 탄생시킨다.

프락시텔레스는 능숙한 솜씨로 대리석에 프리네의 형상을 완벽하게 재창조해냈다. 프리네 나신상에는 조각가의 몸짓과 연인의 몸짓이 한데 어우러져 있다.

프락시텔레스는 아프로디테 조각상을 두 점 제작했다. 하나는 베일을 두른 아프로디테이고, 다른 하나는 전라의 아프로디테(이 작품은 여신을 전라로 표현한 최초의 조각상이다)이다. 도데카니스 제도의 코스섬 주민들은 '정숙하면서 근엄한' 여신을 택했고, 소아시아 크니도스의 주민들은 관능적 사랑을 표현한 나신상을 택했다. 프리네를 모델로 한 아름다운 나신상을 보려고 그리스 각지에서 많은 사람들이 크니도스로 몰려들었다.

그러자 비티니아의 왕 니코메데스 3세(기원전 128-94)는 전라 여신상을 얻기 위해 크니도스 사람들에게 도시의 부채를 모두 탕감해주겠다고 제안했다. 하지만 크니도스 사람들은 완곡히 거절한다. 프락시텔레스가 모델을 사랑했

전 세계의 영원한 미녀, 프리네는 프락시텔레스가 그녀를 만난 첫날처럼, 그가 나신상을 창조해낸 첫날처럼 여전히 우리를 현혹한다.

던 것만큼 그들 역시 나신상을 사랑했다. 프락시텔레스와 프리네의 사랑 이야기는 비밀로 남아 있고, 고급 창부 프리네의 말년에 대해서도 알려진 것이 그리 많지 않다.

그렇지만 프리네에 대한 기억은 로마의 조각가들이 복제한 〈크니도스의 아프로디테〉들 덕분에 지금까지도 잊히지 않고 있다. 티볼리에 있는 하드리아누스 황제의 별궁, 콘스탄티노플, 프랑스의 퐁텐블로에 있는 프랑수아 1세의 궁정과 루이 14세의 베르사유 궁정에서도 〈크니도스의 아프로디테〉를 볼 수 있다.

부르주아들의 도덕성이 여성의 신체에 특히 엄격했던 19세기에는 프리네의 나신상이 열렬히 찬양받았다.

눈부시게 아름다운 나신으로, 사랑의 여신 아프로디테를 구현한 프리네는 유럽 궁정을 결코 떠나지 않는 불멸의 여신이 되었다. ////////////////////////////

키니스카 Cynisca B.C. 400

ELLE A OSÉ   고대 올림피아 제전에서 우승한 최초의 여성이 되다

《 전차 경주를 하는 스파르타의
공주를 표현한 항아리,
기원전 5세기, 세라믹, 런던,
대영 박물관.

여성에게는 올림피아 제전 출전이 금지였고, 관람석에 앉아 있는 것만으로 극형감이었음에도, 스파르타의 공주 키니스카는 기원전 396년과 392년, 96회와 97회 올림피아 제전 때 두 번에 걸쳐 사두 전차 경주에서 우승했다.

키니스카는 올림피아 우승자 명부에 이름을 올린 최초의 여성이었다.

당시 올림피아 제전 출전 기준은 기혼 여성의 경우 출전을 금지하되, 전차 경주 관람을 허용하며, 말의 소유주나 조련사로서 참가할 수 있었다.

키니스카는 사두 전차 경주를 하면서 역사에 등장했다. 관례상 전차를 모는 기수는 그녀가 아니라 노예여야 했지만 이 경주에서 우승자는 전차를 몬 기수가 아니라 말 소유주 또는 조련사였다. 키니스카는 스파르타의 공주라는 지위에 힘입어 우승자가 된 것이다.

고대 그리스의 여성들이 집 안에 은둔했던 반면, 스파르타의 여성들은 어릴 적부터 왕성하게 신체 훈련을 받았다. 이 '스파르타' 훈련은 강건한 시민을 낳을 수 있도록 소녀를 튼튼하고 강한 여성으로 성장시키는 것이 목적이었다.

//////////////////////////////
고대 올림피아 제전에서 거둔 키니스카의 우승은 고대 그리스 전역에 엄청난 반향을 일으키며 여성들에게 길을 열어주었다.
//////////////////////////////

아르키다모스 2세의 딸인 키니스카는 기원전 440년에 태어났다. 승마에 대한 열정과 강인한 기질을 타고난 키니스카는 말을 조련하는 능력이 탁월했다. 사회적 지위 덕분에 그녀는 안정적으로 경마를 할 수 있었다. 야심차고, 의지와 인내심이 강한 데다 부유한 키니스카는 올림피아 제전에 참가해 승리할 수 있는 모든 요건을 갖추고 있었다.

우승자임에도 그녀는 시상식에 참석할 수 없었다. 하지만 키니스카는 남성 우승자와 같은 자격으로 재능을 인정받았고, 올림피아 성소에 세워진 동상에 다음과 같은 글을 새겼다.

'나의 조상들과 형제들은 스파르타의 왕이었다.
전차 경주의 승자인 나, 키니스카는 이 동상을 세운다.
나는 그리스 역사상 유일하게 월계관을 차지한 여성임을 선언한다.'

올림픽 경기에서 또 다른 여성 우승자가 나오기까지는 오랜 세월을 기다려야 했다. 1900년 파리 근대 올림픽에서 영국의 테니스 선수 샬롯 쿠퍼가 우승하면서 올림픽 사상 최초의 여성 금메달리스트로 기록된다.

//////////////////////////

아그노디케 Agnodice　　　　B.C. 350

ELLE A OSÉ　고대 그리스 시대에 산파가 되다

AGNODICE.
Sage-femme Athénienne

∧ 아그노디케, 최초의 산파.

아그노디케는 역사상 최초의 산부인과 의사라 할 수 있다.

고대 그리스는 민주주의를 탄생시켰지만, 당시 여성의 사회적 지위는 이방인이나 노예와 다름없는 수준이었다. 아테네에서 여성은 의학을 공부하거나 출산에 개입할 권리가 없었다. 남성만이 종의 보존에 관심이 있었다. 여성은 남편에게 완전히 종속되어 오로지 집안의 혈통을 잇는 역할만을 맡았다.

아그노디케는 기원전 4세기에 아테네의 부유한 집안에서 태어났다. 아버지는 딸의 적성이 과학이라는 걸 알아차리고 공부를 시켰다.

아그노디케는 머리를 짧게 자르고 남장한 뒤, '밀티아데'라는 이름으로 의학 수업을 듣기 시작했다.

기원전 350년, 의학 시험에 통과한 밀티아데는 임신과 출산에 관련된 의술에 열중했다.

내려오는 이야기에 따르면 어느 날 산고를 치르며 내지르는 산모의 비명을 들은 밀티아데가 그 집으로 들어갔고, 산모를 안심시키기 위해 자기가 여성임을 밝혔다고 한다. 아기를 무사히 낳은 젊은 엄마는 친구들에게 이 의사에 대해 얘기했다. 입소문이 나면서 밀티아데의 고객이 계속 늘어나자 다른 남성 의사들의 질시를 받게 된다.

동료 의사들은 밀티아데가 의사라는 직업을 이용해 기혼녀들을 유혹하고 욕보일 목적으로 여성들의 옷을 벗긴 거라고 주장했다. 결국 밀티아데는 동료 의사들로부터 환자들을 강간한 죄로 고발당해 최고 재판소인 아레오파고스에 서게 된다. 아그노디케에게는 자신의 신원을 밝히는 것 말고 다른 선택의 여지가 없었다. 밀티아데는 자신에 대한 억울한 평판을 바로잡을 수 있었지만,

아그노디케는 법을 어긴 죄로 목숨을 잃을 위기에 처해버렸다!

　재판관이 판결을 선고하려는 순간, 재판소 앞에서 외쳐대는 함성이 들렸다. 아그노디케의 환자였던 여성이 자신들의 의사를 처형해야 한다면 자기들도 함께 죽겠다고 외치는 소리였다. 그중에는 아그노디케를 고발한 남성 의사의 아내, 법관의 아내 들도 있었다. 여성들은 자신의 남편들에게 내질렀다. "남자들, 당신들은 이제 더 이상 우리의 배우자가 아니라 우리의 적이다. 당신들이 우리의 건강을 극진히 보살펴준 의사를 처형하고자 하기 때문에!"

　이런 압박에 법관들은 아그노디케를 방면하고, 여성들의 출산과 건강을 위해 계속 의술을 행하도록 허락할 수밖에 없었다. 뿐만 아니라 이듬해에는 법이 바뀌었다. 마침내 여성들에게 의학의 문이 열렸으니, 그것은 순전히 아그노디케 덕분이었다. ▰▰▰▰▰▰▰▰▰▰▰▰▰▰▰

여모 Lû Mû 　　　　　　　　　14

 중국 역사상 최초로 여성이 농민 반란을 이끌다

《 반신상, 18세기, 기메 국립
아시아 미술관, 파리.

《

암탉이 새벽에 울면
집안이 망한다.

》

- 중국 속담

중국 최고의 현자로 불리는 공자는 여성에 대해 별로 언급하지 않았다. 실제로 공자에게 여성은 어머니의 역할로서만 존중받았다. 기원전 1세기 말에 태어난 이 여걸의 이름은 여모, 즉 '여의 어머니'라는 뜻이다.

　여모는 중국의 요람기인 기원전 모년 모일, 베이징 남쪽에 위치한 지역에서 태어났다. 라틴화된 이름으로는 콘푸시어스Confucius, 중국 이름으로는 '공부자孔夫子', 즉 '공 스승'인 사상가 공자가 기원전 551년에 태어나 살았던 지역이기도 하다.

　부유한 집안 출신인 여모는 여성의 신분에 관한 규율을 준수했다.

여모는 전통에 따라 결혼해 시집에 들어가서는 남편과 아들 여육을 돌보며 살았다. 남편이 사망하자 여모는 다른 여인들과 마찬가지로 아들이 잘되기만을 고대하며 지냈다.

당시 정치적 상황은 복잡했다. 권력을 찬탈하여 신나라를 세운 황제 왕망은 부유한 지주들의 이익에 반하는 정책을 펴면서 나라가 무역을 독점하는 정책을 확립했다. 이에 민중의 불만이 높아갈 무렵, 황허강이 범람해 농작물이 휩쓸리고 평야가 침수되자 농민들은 분노했고 민심이 흉흉해졌다. 부유했던 여모는 궁핍해진 생활을 헤아려 배고픈 농민들에게 쌀을 나눠주었다.

당시 여모의 아들 여육은 산둥성 해곡현의 관리로, 세금을 거둬들이는 일을 맡고 있었다. 해곡현 현령인 현재는 여육이 어려움에 처해 있어 세금을 지불할 수가 없는 민중들을 엄하게 벌하지 않았다는 이유로 그에게 참형을 선고했다. 서기 14년, 여육은 불복종 죄로 참수되었다.

여모는 원통하기 이를 데 없었다. 그녀는 재산을 처분하여 말과 무기, 식량을 사들이고는 집집마다 찾아다니며 호소하기 시작했다. 농민들의 생활이 궁핍한 것은 나라에서 너무 높은 세금을 거둬들이는 탓이라고 설명했다. 실의에 빠진 농민들에게 반란을 일으키자고 선동하는 것은 어렵지 않았다. 여모는 농민들을 포섭하여 군대를 조직했다. 그리하여 중국 역사상 반란군을 이끄는 최초의 여성이 된다. 그녀는 병사 100명 단위로 조직되고, 수천 명의 전투원으로 이뤄진 군대의 대장이 되었다. 그리고 여모는 다른 농민의 땅은 훔치지 않는다는 한 가지 규정만 강조했다.

여모는 스스로를 장군이라 칭하며 아들이 참수된 해곡현으로 군대를 이끌었다. 그들은 단 한 글자, '여'라고 쓴 큰 깃발을 들고 행군했다. 치열한 전투 끝에 여모의 반란군이 승리하면서 해곡현을 함락하고, 현재를 붙잡았다. 관리들이 현재의 목숨을 살려달라고 구걸하자, 여모는 아들 여육에게 내려졌던 잔

///////////////////////////

억울하게 처형된 아들의 어머니로서 농민군의 어머니가 되었고, 죽은 뒤에는 반란군의 영적 지도자로서 서기 23년, 신나라가 망할 때까지 반란군을 이끌다.

///////////////////////////

혹한 처벌을 상기시켰다.

　여모는 현재를 참수시켜 아들의 무덤 앞에 그 머리를 바쳤다.

　여모의 승리 소식이 방방곡곡으로 퍼져나갔고, 도처에서 농민들이 여모에게 모여들기 시작했다. 왕망의 개혁으로 많은 걸 잃은 귀족과 상인 들까지 여모를 지지했다. 그들은 함께 사방에서 나라를 공격했다. 17년경, 남부 지방에서도 농민 폭동이 일어났다.

　1년 후, 여모는 노환으로 세상을 떠났다. 여모의 추종자들은 충성을 지키며 그녀가 시작한 싸움을 계속했다. 반란군들은 서로를 알아보기 위해 눈썹을 빨간색으로 물들였고, 붉은 눈썹의 반란, 즉 '적미의 난'으로 불리게 되었다. 왕망은 더 이상 적대적인 세력을 당해낼 수 없었다. 23년, 왕망의 신나라는 망하고 한나라가 다시 권력을 잡았다.

　여모는 반란군의 선두에 서서 싸움을 승리로 이끌었던 최초의 여성이었다.

////////////////////////

제노비아 Zénobie　　　　　　267

ELLE A OSÉ　감히 제국을 건설하다
//

제노비아는 시리아 사막의 전설적인 오아시스 도시 팔미라와 떼려야 뗄 수 없는 관계다. 교양이 높고 훌륭한 정치가이자 전략가며 전사인 제노비아는 로마에 대항해 제국을 건설한 신화적인 여왕이다. 아랍인 아버지와 그리스인 어머니를 닮아 갈색 피부에 흑진주처럼 빛나는 눈, 작은 키에 가냘픈 몸매를 가졌던 제노비아는 클레오파트라보다 더 아름다웠다고 전해진다.

오리엔트*에서 여성이 통치하는 것을 두고 로마의 역사가 플라비우스 보피스쿠스는 불편한 심기를 드러내며 제노비아에 대해 이렇게 썼다. '오리엔트, 이게 무슨 수치인가! 여성의 법을 따르다니.'

제노비아는 240년경 팔미라에서 태어났고, 그리스화된 집안은 로마 시민권을 갖고 있었다. 실제로 그녀는 로마 귀족들의 교육을 받으며 자랐다.

당시, 로마의 지배하에 팔미라를 통치하던 오데나투스는 갈리에누스 황제에게 로마의 영토를 지키겠다고 약속했다. 하지만 제노비아와 결혼한 지 몇 년 후 오데나투스는 의문의 피살을 당한다. 아들이 왕위를 계승하자 어머니 제노비아는 267년부터 섭정을 시작했다.

3세기 내내, 여왕 제노비아는 동로마제국과 이집트, 소아시아를 통치했고, 오리엔트군을 지휘하면서 로마의 속국인 시리아, 아라비아, 아르메니아, 페르시아의 주인이 되었다. 그리고 여러 문명의 교역로인 팔미라를 지성과 예술의 중심지로 만들었다.

모든 전투에서 승리하여 단기간에 많은 영토를 차지한 뒤 제노비아는 아들을 로마의 황제로 선포했고, 자신을 '아우구스타', 즉 여제라 칭했다. 로마는 이를 두고 볼 수 없었다. 그리하여, 270년 로마 황제로 즉위한 아우렐리아누스는 제국을 통합하고, 서쪽으로는 갈리아를 무찌른 뒤 제노비아가 다스리는 오리엔트 지역을 공격했다.

아우렐리아누스는 제노비아의 군대를 무찌르고 팔미라를 포위해 점령했

//
아우렐리아누스는 신하에게 이렇게 썼다. '내가 한 여자만 이기지 못했다고 말하는 이들은 제노비아가 어떤 여자인지, 얼마나 판단이 빠르고, 얼마나 끈질기게 계획을 실행에 옮기며, 병사들 앞에서 위용이 넘치는지 전혀 모르고 하는 말이다.'
//

>> 허버트 구스타브 슈몰츠
(1856-1935), 팔미라
쪽을 바라보는 제노비아의
마지막 눈길, 1988,
캔버스 유화, 애들레이드,
사우스오스트레일리아의
아트 갤러리.

다. 제노비아의 패배였다. 로마 황제는 제노비아를 죽이는 대신 유배형을 내리고 제노비아와 그녀의 아들을 로마로 끌고 갔다. 274년 아우렐리아누스 황제가 로마로 개선하는 날, 모자는 포로로 끌려갔다. 로마에서 오랫동안 볼 수 없었던 어마어마한 개선 행렬이었다. 기린, 코끼리, 많은 야생동물 들과 검투사들, 속국의 포로들에 에워싸인 제노비아는 꼿꼿한 자세로 보석을 주렁주렁 걸치고 있었다. 비록 자신을 구속한 황금 쇠사슬의 무게에 힘겹게 나아가고 있었지만.

오리엔트의 여제 제노비아가 세상을 떠난 뒤, 팔미라는 로마제국 속국의 소도시로 전락했다. ////////////////////////////

---

* 어원은 라틴어의 오리엔스Oriens로, 해가 뜨는 방향인 동방을 뜻하며 로마인들은 이탈리아를 중심으로 지중해의 동쪽을 가리켜 오리엔트라 불렀다.

선덕 Seondeok

632

ELLE A OSÉ   최초로 한반도를 통일하는 기반을 다지다

︽ 김홍도(1745-1814), 말을 타고
있는 선덕, 19세기, 견본 수묵,
기메 국립 아시아 미술관, 파리.

두뇌가 명석한 선덕은 지혜와
분별력으로 신라를 다스렸다.
선덕은 뛰어난 통찰력과 직관력,
능란한 외교술로 왕국을
단결시키는 데 성공한 반면,
고구려와 백제는 분열되었다.

'그녀의 아버지에게는 불행히도 아들이 없었다.' 신라 최초의 여왕 선덕에 대한 전기에 기록된 글이다.

기원전 1세기에서 서기 7세기 중엽까지, 신라는 한반도를 구성하는 삼국 중 하나였다. 같은 언어를 사용했고, 같은 문화를 공유했던 삼국은 끊임없이 전쟁을 했다.

진평왕의 딸 중 장녀 덕만이 632년 신라 왕위에 올랐다. 이 선덕여왕이 지배한 건 한반도의 남쪽에 있던 가장 작은 왕국이었지만, 그럼에도 삼국 통일의 기반을 다지는 데 성공했다.

당시 여성들은 중요한 자리를 차지할 수는 있었으나 누구도 감히 여왕을 꿈꾸지는 않았다. 유교와 불교가 지배적인 나라에서는 여성을 무능하다고 여겼기 때문에 남편의 지배를 받아야 했다. 여성에게 무엇보다 중요한 것은 대를 잇는 역할이어서, 시집에 아들을 낳아주어야만 지위를 얻을 수 있었다.

선덕은 여러 나라, 특히 당나라와 동맹 관계를 맺었다. 그리고 종교들 간의 균형을 유지하는 데 힘썼으며 교육과 예술을 장려했다.

선덕은 불심이 백성을 하나 되게 한다는 믿음으로 많은 사찰을 지었다. 첨성대, 황룡사 등 많은 건축물이 오늘날까지 남아 선덕여왕 시대의 정신적·지적 풍요와 번영을 입증하고 있다. 이는 신라가 삼국 통일을 해낼 수 있었던 정

신적 기반이 된다.

훌륭한 통치에도 불구하고 어떤 이들은 반대를 일삼으며 선덕여왕을 악의적인 시선으로 봤다. 상대등이던 비담이 별똥별이 떨어지는 걸 여왕이 패할 징조라고 선전하며 반란을 일으켰다. 이에 김유신이 기지를 발휘하여 선덕여왕에게 불붙은 연을 하늘에 띄우게 했다. 그러고는 어젯밤에 떨어진 별이 도로 하늘에 올라가 빛나고 있다는 말을 저잣거리에 퍼뜨리게 하여, 혼란에 빠진 병사들을 독려하고 반군을 진압했다.

얼마 후, 선덕여왕은 대신들을 불러들여 자신이 죽는 날을 알렸다. 647년 2월 17일. 그날이 오자, 예언대로 여왕은 하늘로 떠났고 원하던 대로 불법을 수호하는 사천왕을 만났다고 한다. 선덕은 왕위를 물려줄 사람으로 사촌 여동생인 진덕을 택했다. 수십 년 후, 한반도에서 가장 평화롭고 융성했던 왕국 신라가 다른 두 왕국, 고구려와 백제를 지배하면서 한반도 전체는 마침내 통일을 이루게 되었다.

그럴진대 여왕이 나라를 다스리면 큰 불행을 부른다고 말할 수 있을까?

//////////////////////////////

카히나 Kahina

686

ELLE A OSÉ   감히 우마이야 왕조에 맞서 싸우다

︽ 마리 케르(1860-1934),
비스크라* 여인의 초상.

이히야 타드무트, 다미야, 랄라 다히아, 디하트 알 카히나트라고 도 하고 이교도, 정령숭배자, 유대교도, 기독교도라고도 하는 카 히나는 오늘날까지도 베르베르족의 존경을 받는 여성이다. 그녀 의 이름과 종교가 무엇이든 '예마 엘 카히나', 즉 '어머니 카히 나'는 베르베르족에게 있어 영원한 자유의 화신이다.

파라오 시대의 고대 이집트에서부터 알려진 베르베르족(이마 지겐족이라고도 함)은 북아프리카 동부 지역에 토착해 살고 있었다. 페니키아, 카르타고, 로마, 비잔틴, 반달, 아랍은 7세기 초부터 베르베르족의 영토를 차 지하기 위해 분쟁을 벌였는데, 주변국이 침략해올 때마다 베르베르족은 독립 을 위해 맞서 싸웠다.

그러나 결국 우마이야 왕조의 아랍군이 이 지역을 정복해 이슬람화했다. 오 레스†의 베르베르족 족장 코세일라가 치열한 전투 중 전사하자, 한 여성이 저 항의 불꽃을 되살린다.

아름다운 스물두 살 여성이었다. 긴 밤색 머리에 파란 눈을 한 카히나는 키가 컸다. 출생일은 알려져 있지 않지만, 누미디아#의 강력한 부족에 속해 있었다.

코세일라의 뒤를 이어 족장이 된 카히나는 유목민과 정주민 들을 연합해 조 직을 정비했다. 카히나는 서쪽으로 영토를 확장하려는 무슬림들을 막는 최후 의 방패였다. 카히나의 부족은 힘을 합쳐 아랍 침략자들에게 거침없이 저항했 다. 688년부터 693년까지 5년 동안 카히나는 이프리키야(현재의 튀니지 그리고 알제리 동부와 리비아 서부 지역)에서 저항군을 이끌었다. 697년, 아랍인들이 고통의 강이라고 부르는, 와디§ '니니'에서 우마이야 왕조의 아랍군에 참담한 패배를 안겼고, 무슬림들은 복수를 다짐했다.

카히나의 저항군을 쳐부수기 위해 수단과 방법을 가리지 않기로 작정한 아랍군 대장 하산은 누군가가 해준 조언을 되새긴다. '저항군은 카히나를 두려워하고 복종한다. 카히나를 죽여라, 그래야 베르베르족이 항복한다.'

카히나가 이끄는 저항군은 우마이야 왕조의 군대에 맞서기에는 역부족이었다. 카히나는 패배를 인정했다. 절망적인 상황에서 카히나는 아랍군이 영토를 차지하게 내버려두지 않기로 작정하고 땅에 불을 지르는 전술을 폈다.

702년, 우마이야 왕조의 아랍군이 다시 공격해왔다. 아랍군에 쫓기던 카히나는 타바르카¶에서 패했다. 그녀는 목숨을 잃기 전, 아들들을 하산에게 보냈다. 두 아들, 이프란과 예즈디간이 살아남아서 베르베르족의 문화유산을 영원히 전할 수 있도록 아랍군에 들여보낸 것이다.

카히나는 퇴각하던 중 엘젬의 원형 경기장**에서 생포되어 포로로 붙잡혀 있다가 '비르 알카히나', 즉 '카히나의 우물'이라 불리게 되는 곳에서 참수되었다. 카히나의 머리는 시리아의 칼리프 압달 말리크에게 보내졌다.

////////////////////////////

---

*　　알제리 북동부, 사하라 사막에 있는 소도시 오아시스.

†　　현재의 알제리에 속하는 지역.

‡　　현재의 알제리 북부에 해당하는 북아프리카의 왕국으로 기원전 3세기경부터 존재했다.

§　　강우기에만 물이 흐르는 사막지대의 특징적인 건곡.

¶　　현재 튀니지 젠두바주에 있는 도시.

**　현재 튀니지 마디아주에 위치한 도시 엘젬은 로마의 식민 도시였고, '아프리카의 콜로세움'이라 불리는 원형 경기장이 남아 있다.

오스트리아의 이다 Ida d'Autriche　　1100

ELLE A OSÉ　여성 최초로 십자군을 이끌다

>> 한스 파르트(15세기),
   1489-1492, 바벤베르크
   왕가의 여인들, 태피스트리,
   클로스터노이부르크,
   수도원 박물관.

중세 시대에 전쟁은 종교와 마찬가지로 인간의 한 속성이었다.

　실을 잣거나 수를 놓는 중세 여성, 이런 이미지는 부분적으로만 사실이다. 아내가 남편의 권위에 복종하긴 했지만, 직장에 나가 일할 수도 있었다. 물론 급여는 남성보다 훨씬 적었다.

　귀족들이 십자군과 함께 전쟁터로 떠나면 아내들은 집안의 모든 일을 책임지고, 토지에 대해서도 권력을 행사했다. 하지만 남편을 수행할 수도 있어서 가족과 함께 그리스도의 무덤을 수호하기 위해 예루살렘으로 떠나기도 했다.

　교황 우르바누스 2세의 부름을 듣고 성지 예루살렘을 해방시키기 위해 전 유럽에서 순례자들이 몰려들었다.

　1096년 8월부터 4개 군대가 오리엔트의 그리스도교도들을 돕기 위해 진격했고, 고드프루아 드 부이용이 이 원정군을 지휘했다. 원정군은 역경 속에서도 여러 차례의 치열한 전투에서 승리했고, 니케아와 안티오크에 이어 마침내 1099년 7월 15일 예루살렘을 함락했다!

　상징적인 의미가 큰 예루살렘을 탈환했다는 선언에 새로운 군대가 진격하기 시작했다. 독일, 부르고뉴, 롬바르디아에서 모집된 '십자군 후위군' 또는 '십자군 지원군'이라는 이름으로 알려진 군대였다.

　1100년, 지원군은 다뉴브강을 따라 내려가서 8월에 콘스탄티노플에 도착했다. 기세가 등등해진 지휘관들은 아나톨리아를 거쳐 카파도키아로 가기로 결정했다. 그런데 아나톨리아는 비잔티움 황제 알렉시우스 1세가 강력히 만류한 곳이었다. 실제로 아주 위험한 여정이었다. 다니슈멘드 왕조*의 투르크멘 부족이, 십자군이 소아시아를 통과하지 못하게 막았기 때문이다.

　1101년 9월 15일, 헤라클레아 폰티카, 오늘날의 에레일리 부근에서 오스트리아의 이다가 이끄는 지원대가 몰살되었다. 쇄자갑†과 투구, 검이 있었지만 투르크군 궁수들의 공격을 버티지 못했다. '무슬림의 검에 10만의 십자군 병

오스트리아 후작의 부인, 이다 폰 포름바흐-라텔른베르크는 군대를 모집했다. 1055년경 태어난 이다는 남편이 죽은 뒤, 성지로 출정했다.

사들이 몰살당한 것이다'라고 기록되어 있다. 하지만 이다의 시신이 발견되지 않았기 때문에 12세기부터 여러 가지 설이 전해졌다.

　이다가 헤라클레아 폰티카에서 전사했다고도 하고, 엑스라샤펠 교회 대주교의 말에 따르면 하렘*에서 여생을 보내다 사망했다고도 한다. 그리고 한 익명의 작가는 이다가 한 사라센§ 왕자에게 납치되어 이슬람의 영웅인 이마드 앗딘 장기를 낳았다고 주장하는데, 연대적으로 불가능한 얘기다.

　그렇지만 여성으로서 십자군을 지휘한 이다는 역사보다는 전설로 내려오는 아주 이례적인 인물이었다. //////////////////////////

---

* 11세기에서 12세기 사이 아나톨리아 동북부 지방을 다스린 오구즈 투르크 계열 왕조를 말한다.

† 쇠사슬을 엮어 만든 갑옷.

‡ 이슬람 세계에서 가까운 가족 이외의 남성들의 출입이 금지된 여성들의 생활공간을 일컫는 말.

§ 중세 유럽인이 서아시아의 이슬람교도를 칭하던 말.

토모에 고젠 Tomoe Gozen   1275

ELLE A OSÉ   ## 여성 최초로 사무라이가 되다

사무라이는 거칠고 폭력적인 무사이기 때문에 일본 여성들이 사무라이였다는 것은 상상하기 힘들다.

동양 여성에 대한 전통적인 이미지 때문인지 무거운 구리판이나 은판 갑옷으로 무장하고, 긴 자루와 구부러진 칼날이 특징인 치도(나기나타)를 차고, 말을 타고 다니며 적의 공격에 맞서 싸우는 여성 사무라이의 모습을 상상하는 것 자체가 낯설다.

그러나 토모에 고젠은 아주 드물지만 여성 사무라이가 존재했다는 걸 증명해준다. 사무라이 토모에 고젠의 이야기는 아주 이례적인 데다, 12세기부터 그녀의 일생은 전설화되었기 때문에 진짜 이야기를 밝혀내는 것이 사실상 불가능할 정도다.

아무튼 남성 사무라이와 마찬가지로 이 여성 사무라이 역시 주인을 섬긴 것은 확실하다.

토모에 고젠이 언제 태어났는지 정확한 날짜는 알려져 있지 않지만, 1161년 무렵인 것은 확실하다. 당시 일본은 타이라 가문과 미나모토 가문이 권력을 다투고 있었다.

두 가문의 끊임없는 싸움으로 사무라이라는 무사 계급이 생기게 되었다. 힘든 훈련을 받는 사무라이들이 여성을 받아들였다는 것은 그 여성이 정신적으로나 육체적으로나 믿기지 않는 힘을 발휘했기 때문이었을 것이다. 토모에는 엄격한 규율을 견뎌냈고, 전술도 뛰어났다.

토모에 고젠은 하얀 피부에 긴 흑발을 가진 미인으로, 누구보다도 말을 잘 타고 활을 잘 다루며 검술 '켄주츠'에 능했다고 전해진다.

토모에 고젠은 미나모토 가문의 요시나카를 주인으로 섬겼다. 그녀를 요시나카의 아내라고 하는 이들도 있고, 첩이라고 하는 이들도 있다. 두려움이 없는 토모에는 모든 전쟁터에 주인과 동행했다. 전사들로부터 존경받았던 토모

>> 우타가와 토요쿠니(1769-1825),
토모에 고젠의 모습으로
표현한 로코 세가와 6세,
1800, 목판화.

에는 전투를 이끌어 승리를 거두었고, 타이라 가문을 서부로 몰아냈다.

　요시나카는 황위 계승 문제로 사촌과 대립했다. 교토에서부터 계속된 최후의 전투는 1184년 2월 21일 아와주에서 일어났고, 토모에 역시 그 전투에 합류했다. 요시나카의 군대는 수적 열세를 극복하지 못하면서 패했고, 요시나카는 화살을 맞고 전사했다. 그 뒤로 토모에가 어떻게 되었는지는 알려지지 않았다. 토모에가 요시나카와 함께 있다가 죽었다는 설, 주인의 머리를 갖고 도망쳤다는 설, 사랑하는 주인의 머리를 품고 바다에 뛰어들었다는 설, 불교에 귀의해 비구니가 되었다는 설 등이 전해진다. ///////////////////////////

앙주 왕가의 야드비가 Edwige d'Anjou 1386

ELLE A OSÉ 폴란드의 왕이 되다

>> 폴란드의 야드비가 1세를
표현한 판화.

프랑스어 단어에는 의미 외에도 여성형 또는 남성형 같은 성性이 있다. 대체로 남성형이 우세하며, '인간homme'이라는 남성형 단어는 일반적으로 남성과 여성이 다 포함된 인류 전체를 의미한다. 그럼에도 음가에서는 남성과 여성이 모두 포함된다는 것이 전혀 나타나지 않는다.* 그럼 남성이라는 성만이 보편적 인류라는 것인가?

그렇다면 폴란드 최초의 여성 '왕'이었던 앙주의 야드비가에 대해서는 뭐라고 할까? 여왕이 한 나라 또는 왕국을 통치하고 다스릴 때는 여성이라는 자신의 성을 버려야 하는 건가?†

이에 대해 문법학자이자 철학인인 니콜라 보제(1717-1789)는 현학적으로 설명했다. '암컷보다는 수컷이 우월하기 때문에 여성형보다는 남성형이 훨씬 고귀하게 여겨진다.' 몰리에르식으로 패러디하면 이렇게 말할 수 있겠다. '바로 그래서 당신의 딸이 여왕이 아니라 왕이로군요!'

1372년에 헝가리 부다에서 태어난 앙주 왕가의 야드비가는 열두 살 때인 1384년 10월 15일, 당시 폴란드의 수도 크라쿠프에서 왕위에 올랐다. 야드비가의 공식 칭호가 '왕'이었던 것은 그녀가 여왕이 아닌 왕으로서 한 국가의 독자적인 군주였으며, 왕비가 아니라는 사실을 강조하려는 의도에서였다.

대관식 후, 야드비가는 합스부르크가의 빌헬름 왕자와 결혼할 예정이었다. 이미 네 살 때 두 살 위인 빌헬름과 약혼한 상태였다. 하지만 여러 가지 정치적 문제로 이 결혼 약속은 깨진다. 당시 리투아니아는 튜턴 기사단*의 위협에도 유일하게 굴복하지 않은 공국이었고, 로마 가톨릭을 받아들이지 않은 이교도 국가였다. 폴란드는 리투아니아와 영토 확장을 위한 패권을 놓고 경쟁하고 있던 데다 튜턴 기사단을 경계하고 있었다. 이에 폴란드 귀족들은 야드비가와 리투아니아의 대공 야기에워의 결혼을 추진했다. 어린 나이에 왕위에 오른 야드비가의 권위가 약했기 때문에 영구 동맹을 맺을 대상을 찾았던 것이다. 하지만 동맹을 맺으려면 가톨릭으로 개종해야 했다. 따라서 야기에워는 리투아니아의 대공과 신하들의 이름으로 이교를 공식적으로 버리고, 국익을 위해 결혼식 사흘 전, 가톨릭 영세를 받았다.

1386년 2월 15일, 열네 살이었던 야드비가왕은 서른다섯 살의 리투아니아 대공 야기에워와 결혼했다.

그리하여 리투아니아에 가톨릭이 유입되었고, 서유럽의 대공국 리투아니아는 마지막으로 가톨릭교로 개종하게 되었다. 따라서 튜턴 기사단은 복음을 전하기 위해 리투아니아를 공격할 필요가 없게 되었다.

대관식이 거행된 1384년부터 야드비가왕은 '검은 성녀'라는 별명에 걸맞

폴란드의 별, 야드비가 여기에 잠들다. 그녀는 교회의 기둥이었고, 성직자의 보배였고, 가난한 이들의 이슬이었고, 귀족의 명예였고, 국민의 경건한 수호자였다.

비문

게 폴란드 국민을 보살폈다. 야드비가는 문화와 교육을 장려하고 육성시키기 위해 폴란드와 리투아니아, 이웃 나라들의 우수한 지식인과 종교인 들을 궁정으로 불러 모았다.

정치적 감각이 뛰어났던 야드비가는 훌륭한 협상가로서 지방 세력들 간의 대립을 융화시켰다.

또한 야드비가는 학식이 높았고, 볼로냐나 파리처럼 대학교를 설립할 필요성을 느끼고 있었다. 스물세 살 때, 강국이 되려면 나라에 교육받은 젊은이들이 필요하다는 걸 깨닫고, 종조부 카지미르왕이 설립했던 크라쿠프 대학을 재건했다. 천문학과 법학, 의학, 세 과목만 가르치던 스튜디움 제네랄(일반 학교)은 교황으로부터 허가를 받아 여러 학부를 둔 학교로 발전했고, 마침내 대학교라는 명칭을 얻었다.

야드비가는 열네 살에 결혼해, 13년 만인 스물일곱 살 때 마침내 임신했다. 1399년 6월, 딸 엘주비에타 보니파치아를 낳았지만 불행히도 며칠 후 산모와 딸 모두 사망하고 만다.

당시는 여성이 큰 나라를 통치하는 것이 희귀하고 놀라운 일이었다. 야드비가의 사망 후, 당연하게 남편이 권력을 이어받았다. 이 지점에서 한 가지 의문을 제기하고 싶다. 브와디스와프 2세 야기에워는 야드비가만큼 훌륭한 왕이었을까?

야드비가는 대학교 설립을 위해 모든 보석과 황금 왕홀을 기부하고 나무에 금박 입힌 모조품을 왕홀로 사용했다. 폴란드의 문화와 지성의 중심이 되는 크라쿠프 대학교의 좌우명은 '이성이 힘보다 강하다'였다. 야드비가가 사망한 뒤에는 야기에워의 후원을 받아 대학은 다시 부흥할 수 있었다. 크라쿠프 대학교는 계속 발전하다 16세기에 명성이 자자해진다. 한 학생이 세상에 대한 우리의 비전에 혁명을 일으켰기 때문이다. 니콜라스 코페르니쿠스가 바로 이 대학을 졸업했다(1491~1495). 1817년에 야기에워 왕조의 이름을 따서 야기엘론스키 대학교로 개명했다.

---

* 　여성만을 지칭할 때는 '팜므Femme'라는 단어를 쓴다.

† 　왕을 뜻하는 '루아Roi'는 남성형 명사이고, 여왕은 '렌Reine'이라는 여성형 명사를 쓴다.

‡ 　로마 가톨릭교회에 소속된 종교기사단, 일명 독일 기사단.

아녜스 소렐 Agnès Sorel   1443

ELLE A OSÉ   최초로 왕의 공식적인 정부라는 지위를 부여받다

///

과거, 여성이 지적 능력만 내세워서는 활동할 수 없었기 때문에 많은 여성들이 전제 조건처럼 미모를 부각시켜야 했다.

총명했으나 이름조차 알려지지 않은 왕비가 얼마나 될까?

군주의 신뢰를 얻은 왕비들은 역사에 기록될 수 있었다. 그림자처럼 왕을 보필하며 힘을 실어주는 왕비는 궁정과 모임에서 인정받을 수 있었고, 그런 왕비의 생애는 세기를 넘어 전해졌다.

아녜스 소렐은 1443년 프랑스 궁정에서 최초로 샤를 7세의 공식적인 정부로 인정받았다.

백년전쟁이 한창이던 때, 샤를 6세는 영국 왕 헨리 5세와 트루아 조약을 체결하는데, 딸 카트린을 왕비로 삼는다는 조건하에 자신의 사후 프랑스의 왕위 계승권과 북부 영토를 넘기겠다는 내용이었다. 향락적인 어머니 바이에른의 이자보와 광기에 빠진 아버지 샤를 6세로부터 왕위 계승권을 박탈당하고 영토까지 잃은 샤를 왕세자는 모든 의지를 상실해버렸다. 이런 왕세자가 역사에 남게 된 것은 여성들 덕분이다. 장모인 아라곤의 욜랑드가 그를 정치로 이끌었고, 잔 다르크는 그를 프랑스 국왕으로서의 정통성을 인정받게 했으며 아녜스는 그를 남자로 만들어주었기 때문이다.

1422년경, 소귀족 가문의 딸로 프랑스 중부 투렌에서 태어난 아녜스는 열다섯 살 때 시칠리아의 왕비를 모시는 궁녀가 되었다. 이 왕비의 남편 르네 1세가 샤를 왕세자의 처남이었다. 어느 날 아녜스를 보게 된 왕세자는 첫눈에 반해 아녜스에게 왕비 다음가는 지위를 주었고, 아내인 마리 왕세자비는 수모를 참아야 했다.

샤를 왕세자는 동레미의 양치기 소녀 잔 다르크 덕분에 군주의 지위를 얻었다. 왕세자가 프랑스에서 영국군을 몰아내고, 랭스 대성당에서 샤를 7세로 대관식을 올릴 수 있었던 것은 잔 다르크의 희생 덕분이었으며, 국익을 위한 개

《 장 푸케(1420-1481), 아녜스 소렐을 모델로 그린 믈룅의 성모마리아, 1452-1455, 채색화, 벨기에 안트베르펜 왕립 미술관.

˄ 로슈성의 별궁, 샤를 7세에게
하사받아 아녜스 소렐이
기거했던 발루아 왕가의 궁.

혁으로 나라를 부흥시키고 새로운 사회질서를 수립하는 정책을 펼 수 있었던 것은 아녜스의 조력이 있었기에 가능했다.

샤를 7세의 총애를 받았으며 지성 또한 갖췄던 아녜스는 왕의 총애라는 영향력을 행사해 왕이 정책을 추진할 수 있게 도왔다. 이리하여 광기에 빠진 샤를 6세의 폐위된 아들은 '충성받은 왕', '승리왕'이라는 이름으로 역사에 남게 된다.

왕의 사랑을 받아 의기양양해진 데다 미모에 자신이 있어서인지 아름다운 파란 눈의 아녜스는 왕실을 발칵 뒤집어놓는 행동을 했다. 대담하게도 어깨와 가슴이 훤히 드러나는 옷을 입은 것이다. 길이가 8미터에 이르는, 담비 모피를 두른 드레스에 가는 허리를 강조하고, 이마의 잔 머리털을 깨끗하게 밀어서 이마를 넓어 보이게 하고, 머리 위를 다이아몬드와 진주로 뒤덮다시피 장식했다. 아녜스가 궁정에 등장할 때의 모습이었다.

샤를 7세와 마리 왕비 사이에서 난 아들이 이렇게 오만방자한 아녜스를 좋게 볼 리 있을까. 훗날 루이 11세가 되는 왕세자는 굴욕당하는 어머니를 보는 것이 견디기 힘들었고, 아버지의 애첩과 수없이 충돌하면서 대립하게 된다. 아녜스가 궁정에 들어가고 몇 년 후, 격한 싸움이 일어났다. 왕세자가 아녜스에게 손찌검을 한 것에 격분한 샤를 7세는 검을 뽑아 들고 아들을 내쫓았다. 도피네*로 유배됐던 왕세자는 아버지가 사망한 뒤에야 궁정으로 돌아온다.

　공식적인 정부의 지위를 얻으며 세력이 강해진 아녜스는 샤를 7세가 의사 결정을 하도록 보좌했다. 무기력한 간신들을 버리고 소신 있는 인재들을 등용하여 왕의 측근을 재구성한 것이다. 아녜스는 사냥을 나가거나 무도회를 즐기던 나태한 왕을 승리자로 만들었다. 샤를 7세는 계속해서 영국이 점령한 노르망디와 기엔 지방을 탈환하는데, 이 또한 아녜스의 도움이 있었기에 가능했던 것이 분명하다.

　노르망디 지방의 루앙과 아르플뢰르는 1450년 초에 반환되었다. 아녜스는 임신 7개월의 몸으로 샤를 7세를 만나기 위해 거주하고 있던 투렌 지방의 로슈성을 떠났다. 그때 그녀는 이미 샤를 7세와의 사이에 딸 셋을 두고 있었다. 마리, 샤를로트, 잔.

　루앙 부근에 이르렀을 때 샤를 7세는 몸이 무거운 아녜스를 메닐성에 머물게 했다. 며칠 후, 그녀는 일종의 '설사병'에 걸렸다. 출산 준비를 하던 아녜스는 비명을 질렀고, 성모마리아를 외치며 사망했다. 그녀의 나이 스물여덟 살, 1450년 2월 9일 오후였다. 딸을 낳았으나 아기도 몇 주 후 죽었다.

　독실한 가톨릭교도였던 아녜스는 로슈의 참사회성당에 재산을 남겼는데, 미사 때 영혼의 안식을 기도하게 하려는 것이었다.

　몹시 낙담한 샤를 7세는 충성을 다해 자신을 섬겼던 아녜스를 위해 대리석 무덤 두 기를 만들게 했다. 그녀의 심장은 주미에주 수도원에, 시신은 로슈에 묻혔다.

아녜스가 사망한 지 두 달 후, 포르미니 전투에서 프랑스군이 승리했다. 이어서 세르부르를 탈환한다. 완전히 해방된 노르망디는 프랑스 왕국에 통합되었다. 이로써 프랑스 북부 지방에서 일어났던 백년전쟁은 종결되었다.

아녜스는 사랑하는 남자를 왕다운 왕으로 변화시켰지만, 샤를 7세는 얼마되지 않아 아녜스의 사촌 앙투아네트 드 마뉼레를 정부로 삼았다.

아녜스 소렐과 잔 다르크가 누구인가. 마녀로 몰려 화형에 처해지는 잔 다르크를 샤를 7세는 외면했다. 프랑스 역사상 오랜 치세 기간 동안(1422-1461) 영광을 안겨준 이 여성들에게는 참으로 배은망덕한 왕이 아닌가.

르네 드 샤토브리앙†은 아녜스 소렐에 대해 이렇게 말했다. '우리 역대 왕들의 정부들 가운데 군주와 나라에 유용했던 유일한 여인.'

//////////////////////////////

＊   프랑스 남동부의 옛 지방.

†   프랑스의 작가이자 정치가(1768-1848).

라 말린체 La Malinche　　　　　1522

ELLE A OSÉ 최초로 멕시코인을 낳다

//

△ 후안 오르테가와 에르난
코르테스, 라 말린체,
바르톨로메 데 라스 카사스,
19세기, 캔버스 유화, 멕시코,
국립 미술관.

혼혈은 다른 종족 간의 만남으로 이뤄진 아름다운 사랑의 결실이기도 하지만, 한 민족이 다른 민족을 지배하려는 의지의 결과이기도 하다.

　그걸 결정하는 것은 남성이고, 자식과 함께 반역에 대해 책임지는 것은 여성이다. 바로 에스파냐 콘키스타도르(정복자)들의 통역사이자 에르난 코르테스*의 정부인 나우아족 공주 라 말린체의 이야기다. 라 말린체는 1496년경 멕시코 남부, 아즈텍 제국과 마야 제국의 국경 지대에서 태어났다. 어머니는 파이날라의 나우아족 귀족 가문의 장녀로, 라 말린체의 아버지와 사별 후 재가하여 아들을 낳았다. 어머니는 아들을 전남편의 재산 상속자로 만들고 싶었다.

　그래서 어머니는 딸 라 말린체를 한 노예 상인에게 팔아버린다.

　라 말린체는 다른 소녀들 열아홉 명과 함께, 며칠 전 멕시코 땅에 들어온 에스파냐 콘키스타도르에게 넘겨졌다. 그때가 1519년 3월이었다. 까무잡잡한 피부에 풀어헤친 머리, 검고 커다란 눈, 생기 있는 눈초리, 20대의 라 말린체는 아주 아름다웠다. 그녀는 단박에 코르테스의 눈에 띄었고, 코르테스는 그녀에게 세례를 받게 했다. 이때 받은 세례명이 도냐 마리나다. 코르테스는 그녀로 하여금 부하 장교 중 한 명의 시중을 들게 했다. 코르테스는 라 말린체가 미모 말고도 나우아족과 마야족의 말을 하는 데다 많은 정보를 갖고 있어서 쓸모가 있다는 걸 확인했다. 1519년 7월, 코르테스는 부하 장교를 특사로 카를 5세의 궁정으로 보내버리고 도냐 마리나를 곁에 둔다. 그녀는 에스파냐어를 빠르게 배워 코르테스의 통역사이자 조언자가 되었고, 코르테스의 곁을 그림자처럼 따른다.

　16세기의 멕시코는 제도가 정립된 나라가 아니어서 메조아메리카(중앙아메리카) 땅에 사는 모든 부족은 수시로 영토 전쟁을 벌였다. 라 말린체가 이 다양한 부족들에 대해 많은 걸 알고 있었기 때문에 코르테스의 정복 계획에 그녀는 소중한 존재였다. 그녀는 여러 부족들의 강점과 약점, 관습, 종교를 알고 있었고, 포로들과도 소통할 수 있었으니 이용 가치가 컸다. 게다가 그녀는 에스파냐인들이 어디서 식량을 확보하고 또 어디에 은신할 수 있는지를 알고 있었다.

　1519년 8월 16일, 코르테스는 멕시카족†의 수도 테노츠티틀란‡으로 향했고, 교활하고 잔인한 방법으로 모든 장애물을 제거하기 시작했다. 도중에 촐룰라§란 도시에서는 이례적으로 환영을 받았는데, 도냐 마리나가 촐룰라 사람들이 에스파냐인들을 습격하기 위해 매복해 있다는 정보를 입수한다. 코르테스에게 충성하는 도냐 마리나는 즉시 그 사실을 알렸고, 정보를 보고받은 코르테스의 선제공격으로 촐룰라 사람들 5,000~6,000명이 도살당한다. 이 일로 훗날 라 말린체에게 에스파냐 정복자를 도운 변절자라는 낙인이 찍힌다. 정복자에게 정보를 알려준 것은 그녀 혼자만이 아니었음에도.

　11월 8일, 목테수마 황제는 악사야카틀 궁전으로 코르테스를 맞이하는 수밖에 없었다.¶ 라 말린체가 동행하여 황제와 코르테스의 대화를 통역했다. 코르테스는 그럴싸한 구실을 대면서 황제를 쇠사슬에 묶어 궁전 안에 연금했다. 이어서 에스파냐군에 맞서 싸우다 병사 둘을 죽인 인디오 족장들을 찾아내 모조리 산 채로 불태웠다. 그리고 목테수마에게서 금광맥이 있는 위치를 알아내고는 욕심 많은 병사들을 그곳으로 보냈다.

　격분한 인디오들은 침략자에게 굴복한 황제를 배신자라고 비난하며 돌을 던졌다. 코르테스도 개입해 황제를 군중의 돌팔매에 맞아 죽게 했다. 그다음 날인 1520년 6월 30일, 에스파냐군과 부족 동맹군(멕시카족에 적대적인 세력)은 멕시카족 전사들과의 전투에서 많은 병사를 잃고 도주했다. 목테수마의 뒤

58

를 이어 황제에 오른 쿠아우테목이 이끄는 전사들은 에스파냐군과 치열하게
싸웠다. 그러나 엄청난 수적 우세에도 불구하고 쿠아우테목의 전사들은 전략
이 뛰어난 에스파냐군을 당해내지 못했다. 1521년 8월 13일, 마지막 황제 쿠
아우테목은 항복했고, 코르테스의 명으로 처형되었다.

멕시카족의 수도가 함락되고 얼마 후, 도냐 마리나는 에르난 코르테스의 아
들, 마르틴을 낳았다. 크리스토프 콜럼버스의 뒤를 이어 한 나라를 정복한 에
스파냐인 아버지와 인디오 어머니 사이에서 태어난 이 아이는 오늘날의 멕시
코를 대표하는 시조가 되었다.

코르테스가 온두라스 원정 시 무자비한 야욕을 드러냈을 때도 라 말린체는
통역사로 있었다. 위험한 정글과 습지에도 불구하고 코르테스는 금에 대한 욕
망을 접지 않았다. 1526년, 코르테스는 에스파냐로 돌아갔고, 도냐 마리나는
코르테스의 가장 충성스러운 부관 중 한 명인 후안 하라미요와 결혼했다.

라 말린체가 1529년경 죽었다는 것 외에 그녀의 죽음에 대해 알려진 바는
전혀 없다. 그즈음 후안 하라미요가 재혼했기 때문이다.

이 여성에 대한 감정은 상충된다. 민족주의자들에게는 반역을 저지른 여성
이었고, 다른 이들에게는 수많은 목숨을 구해준 여성이었기 때문이다.

사실, 시대와 정복에 희생된 라 말린체는 어쩔 수 없이 최초의 멕시코인을
낳은 어머니가 된 것이다. ///////////////////////

---

* 멕시코 제국을 발견하고 정복한 에스파냐의 모험가(1485-1547).

† 멕시코 북방에서 이동해온 수렵 민족인 아즈텍족은 테노츠티틀란이라는 도시를 세우고, 아즈텍 대신
멕시카란 이름을 사용했다.

‡ 현재의 멕시코시티.

§ 멕시코 푸에블라주에 있는 도시.

¶ 목테수마가 코르테스를 케찰코아틀로 생각해 순순히 왕권을 넘겼다고도 전해진다.

아라곤의 캐서린 Catherine d'Aragon   1533

ELLE A OSÉ 감히 헨리 8세에 맞서 싸우다

∧ 아라곤의 캐서린, 헨리 8세의
첫째 부인, 1851, 판화.

사랑은 위대하다고 하지 않던가? 그럼 사랑이 식었을 때는……

아라곤의 캐서린은 헨리 8세의 아내로 18년간 남편의 사랑을 받았다. 하지만 어느 날 헨리 8세가 궁녀 앤 볼린에게 눈길을 주면서 이 카스티야 왕국 공주에게 비극이 시작되었다.

헨리 8세는 아내를 여섯이나 둔 것으로 유명하다. 이런 여성 편력 때문에 강력한 군주로서의 면모는 간과되었다.

후손에 집착한 헨리 8세는 어떤 희생을 치르더라도 왕위 후계자가 아들이길 바랐기 때문에, 딸만 낳는 아내들을 버리거나 죽이기를 서슴지 않았다.

아기의 성별이 아버지에게 달려 있다는 걸 헨리 8세가 알기에는 아직 과학이 발전하지 않은 때였다. 그렇다고 왕이 버려질 수는 없으니 여자에게 책임을 묻는 것이 훨씬 쉬웠을 테다. 여성은 지참금으로 평가받았고, 혼사를 통해 동맹 관계를 맺는 걸 중요하게 여기던 시대였기에 아라곤의 캐서린은 숱한 모욕을 겪어야 했다.

카탈리나는 1485년 12월 16일, 아라곤 왕국의 페르디난도 2세와 카스티야 왕국의 이사벨라 1세 사이에서 다섯째 딸로 태어났다. 이들은 카탈리나에게 공주 신분에 걸맞은 교육을 시킨 뒤 좋은 혼처를 물색한다. 그래서 당시 공동의 적이었던 프랑스에 맞서기 위해 영국과 동맹조약을 체결하고 두 살이 된 카탈리나를 영국의 왕자 아서 튜더와 약혼시켰다. 1501년, 열여섯 살이 된 카탈리나는 배에 올랐고, 고향의 눈부신 해안을 떠나 안개 자욱한 영국의 해안

슬픈 사랑 이야기는 국가적인 사건이 될 수밖에 없었다. 헨리 8세가 캐서린 왕비와의 결혼을 무효로 만들기 위해 영국 국교회를 세워 역사를 비틀어버렸으니.

으로 향했다.

카탈리나가 영국에 도착하자마자 1501년 11월 14일 성대한 결혼식이 거행되었다. 하지만 여섯 달 후, 아서 왕세자가 사망하고 만다. 카탈리나는 에스파냐로 돌아가려고 했지만 헨리 7세에게 카탈리나를 돌려보낸다는 것은, 결혼 지참금은 물론이고 아서 웨일즈의 왕세자비로서 카탈리나가 죽은 남편으로부터 상속받은 재산까지 잃는 문제였다. 그래서 헨리 7세는 열한 살밖에 안 된 차남을 왕세자로 삼고 카탈리나와 결혼시킬 생각을 했다.

카탈리나는 왕세자가 열여덟 살이 될 때까지 런던에 머물렀다. 그때 또 한 가지 중대한 문제가 생겼다. 교황이 죽은 남편의 동생과의 재혼을 허락하지 않았던 것이다. 따라서 첫 번째 결혼은 무효라는 걸 증명해야 했다. 어린 미망인은 교황에게 자신의 순결을 확인시켰고, 아서와의 결혼을 무효화한다는 교황 율리우스 2세의 칙령이 로마에서 내려왔다.

1509년 6월 11일, 헨리 왕세자는 여섯 살 연상의 카탈리나와 결혼식을 올렸다. 잘생기고, 패기 넘치고, 새로운 생각과 인문적 취향이 강한 왕세자는 은혜로운 아내와 팔짱을 끼고 다닐 정도로 금실이 좋았다. 정략결혼이 연애결혼으로 바뀐 것이다. 캐서린(영국식 이름)은 딸만 여섯을 낳았으나 1516년에 태어난 메리만 살아남았다. 헨리 8세는 왕위를 이어줄 아들을 낳지 못하는 캐서린이 못마땅했다. 아들을 낳아야 한다는 강박관념에 시달리고, 잦은 임신과 출산으로 쇠약해진 캐서린은 빨리 늙었고, 더는 자식을 낳을 수 없는 상태가 되었다.

그즈음 헨리 8세는 캐서린 왕비의 궁녀 중 한 명인 앤 볼린과 사랑에 빠졌다. 그런데 앤 볼린이 왕비와 이혼하고 자신과 결혼하기 전에는 잠자리에 들지 않겠다고 선언했다. 그러자 왕은 '형제의 아내를 데리고 살면 더러운 일이라……'라는 구약성경 레위기 20장 21절을 근거로 캐서린과의 혼인 관계

《 마이클 시토우(1469-1526),
영국의 왕비 아라곤의 캐서린,
16세기, 채색화, 빈,
보자르 미술관.

가 부당하다는 논리를 내세웠다. 하지만 교황 클레멘스 7세는 캐서린과의 이혼을 승인하지 않았다. 헨리 8세는 6년을 기다린 끝에 교황청의 권위를 거부하고 1553년 캐서린과의 이혼을 선언했다. 그리고 국왕이 전적으로 통치하는 영국국교회를 만들고 수장이 되었다. 이것은 곧 로마교황청과의 단절을 의미하는 것이었다.

캐서린은 이혼을 당하고, 왕위 계승자였던 딸 메리는 사생아로 신분이 격하되었다. 성으로 쫓겨난 캐서린은 마지막 여생을 슬픔과 고독 속에서 보내다 1536년 1월 7일 킴볼튼성에서 생을 마감했다.

그사이 영국국교회 덕분에 헨리 8세는 앤 볼린과 결혼해 딸 엘리자베스를 낳았다. 그러나 새 왕비도 불륜을 저지른 죄로 처형되었다. 다음 왕비는 앤 볼린의 궁녀였던 제인 시모어였다. 제인 시모어는 왕이 그토록 바라던 아들, 에드워드 6세를 낳았으나 출산 후 얼마 되지 않아 사망했다. 그다음 왕비가 된 클레페의 앤은 '왕의 누이'라는 호칭을 얻는 것에 만족하며 순순히 이혼을 받아들였다. 이어서 캐서린 하워드가 왕비가 되었으나 그녀 역시 불륜으로 처형되었다. 마지막 왕비 캐서린 파는 헨리 8세가 1547년에 사망할 때까지 순종하며 살았다.

아들 에드워드 6세는 왕위에 올라 6년 동안 통치했으나 자식 없이 사망했다. 그다음으로 아라곤의 캐서린이 낳은 딸 메리가 권좌에 올라 로마가톨릭교를 부활시키는 데 힘썼다. 메리 1세 역시 자식 없이 세상을 떠나자 이복동생인, 앤 볼린의 딸 엘리자베스가 1559년부터 1603년까지 영국의 운명을 책임졌다. 결혼을 하지 않았기에 '성녀 왕비'라고 불리는 엘리자베스 1세도 자식이 없었다. 결국 헨리 8세는 혈통을 잇기 위해 아라곤의 캐서린을 내침으로써 로마가톨릭교와 분열을 일으킨 것이라고 해도 과언이 아니다!

////////////////////////////////

그레이스 오말리 Grace O'Maley　　　　1550

ELLE A OSÉ　최초로 해적 여왕이 되다

///

︽ 여성 해적, 18세기, 판화.

남자들을 이끄는 지도자이자 족장이며 해적이고 무서운 협상가인 그레이스는 과연 고대 아일랜드의 여왕 메브의 후예답다. 이 메브라는 이름은 '취해 있다'는 뜻으로, 전기 작가들은 '권력에 취한 여왕'이라고 일컫는다. 그레이스는 여성의 능력을 인정해주는 문화에서 성장했다. 켈트 신화의 근원이 여성성이기 때문이리라. 어머니 신 '다누'는 다산과 번영을 주관하는 여신이었다.

1530년경 아일랜드의 선원 집안에서 태어난 그레이스는 아주 어릴 적부터 바다를 좋아했다. 족장인 아버지는 큰 함대를 소유하고 있었다. 그레이스는 열다섯 살에 결혼해 세 아이를 낳았는데, 남편이 전투 중 사망하자 직접 함대의 지휘관이 되어 골웨이 연안을 지나가는 선박들을 약탈했다.

그녀는 전략적 요충지인 클루만을 정복하여 재산 규모를 키웠다. 메브 여왕의 이름처럼 그레이스는 권력에 취해 있었다. 헨리 8세의 이혼 문제를 계기로 로마가톨릭교회로부터 이탈한 영국은 아일랜드에도 로마가톨릭교를 버릴 것을 강요했고, 이에 아일랜드인들이 크고 작은 반란을 일으키던 때였다. 이런 정치적 상황으로 그레이스는 해상 무역상이 되려는 꿈을 접고, 영국 선박들을 약탈함으로써 지배국인 영국에 독립 의지를 표명했다.

그레이스는 영토를 계속 확장해나갔고, 리처드 버크와 재혼하여 록플릿성을 소유했다. 그녀는 클루만의 영토에 접근하는 무역선들을 모조리 약탈했다. 1년 후에는 남편 리처드를 쫓아내고 록플릿성을 차지했다. 그레이스는 바닷가에 지은 록플릿성을 본거지로 삼고, 바다에서 배운 지식과 타고난 통솔력으로, 남자들로만 이루어진 함대를 이끌고 해적 행위를 계속했다.

하지만 약탈 행위는 많은 적을 낳았다. 1593년에는 그레이스의 두 아들과 이복형제가 엘리자베스 1세 수하의 리처드 빙엄 경에게 생포되었다. 이에 격분한 그레이스는 영국 여왕을 만나기 위해 배를 타고 런던으로 갔다. 그런데 정말 이례적으로 영국국교회의 수장 엘리자베스 1세가 아일랜드의 해적 여왕을 만나주었다.

그레이스와 엘리자베스는 게일어*나 영어가 아닌 라틴어로 대화하기로 합의했다. 강한 성향을 가진 두 여성의 만남이 이뤄지기까지 모두가 반대했다.

그러나 두 여성은 남성이 세상을 지배하던 시절에 세상을 통치한 공통된 경험이 있었다. 엘리자베스 여왕은 예순 살 먹은 해적의 두 아들을 풀어주었고, 그레이스는 지배국인 영국에 저항하는 아일랜드 반란군에 대한 지원을 중단하고, 클루만 연안을 통과하는 영국 선박을 공격하지 않겠다고 약속했다.

역사에 그레이스 오말리가 엘리자베스 여왕에게 굴복했다는 기록은 없다. 그레이스는 1603년경 록플릿성에서 사망했으며, 여성들에게 해적의 길을 열어주었다고 기록되어 있다.

이후 여성 해적이 등장한 것은 17세기에 이르러서다. 아일랜드 출신의 젊은 여성 앤 보니와 영국 출신의 메리 리드가 해적으로서 카리브해를 누비고 다닌다. ////////////////////////////

---

* 　아일랜드에 사는 켈트족과 스코틀랜드의 언어.

자리아의 아미나투 Aminatou de Zaria　　　1576

ELLE A OSÉ　남성 못지않은 능력을 발휘하다
///

>> 나이지리아의 여전사 자리아의
아미나투의 두상, 12-13세기,
조각, 나이지리아, 국립 예술
위원회 박물관.

아미나투가 위대한 전사였던 것은 틀림없다. 그래서 아미나투 '타 상 라나ta san rana', 즉 '남성 못지않게 능력 있는' 아미나투라고 불렸다. 능력의 차이는 힘과 정복욕에서 오는 걸까?

그렇지만 남성들이 지배하던 사회에서 아미나투는 1576년 자리아의 여왕 '사라우니야'가 되었다. 자리아는 현 나이지리아의 북서부에 위치했던 왕국이다. 아미나투는 34년의 통치 기간 동안 영토를 확장하고 나라를 부유하게 만들기 위해 끊임없이 전쟁을 했다.

아미나투는 1533년, 자리아의 22대 왕 마가지야 바크와의 장녀로 태어났으며, 무역으로 부를 이룬 집안이었다. 자리아는 기니만의 하우사 왕국을 구성하는 7개 도시국가 중 하나다. 카라반들이 지나다니는 길목으로, 북아프리카와 사헬에 위치해 있어 북아프리카에서 사하라와 수단의 남서부 지역에 이르는 주요 진입로를 연결하는 교차로였다.

가죽 제품, 옷감, 염색, 콜라나무 열매, 소금, 말, 금속을 비롯해, 연안의 포르투갈 거래소에서 금이나 술·무기로 교환되거나 팔린 노예들은 하우사족의 도시국가들을 경유해 퍼져나갔다. 애석하게도 전쟁 중에 카노와 카치나 같은 대도시에서 납치된 노예들이 아랍 세계로 보내지기 위해 집결되는 곳이기도 했다.

아미나투의 아버지가 통치하는 동안, 자리아는 평화롭고 풍요로웠다. 어릴 적부터 전술에 두각을 나타낸 아미나투는 신체적 조건이 탁월하고 어떤 병사와도 겨룰 수 있을 정도로 힘이 비상했다. 그녀는 아버지의 부하들과 함께 말을 타고 전투 훈련을 했다.

아버지의 뒤를 이은 것은 어린 남동생 카라마였다. 동생이 통치하는 10년 동안 아미나투는 군대를 이끌었는데, 특히 기병대를 지휘했다. 동생이 죽자, 마침내 아미나투가 왕위에 올랐다.

서아프리카의 하우사 지역에서는 11세기까지 여왕들이 나라를 다스렸다. 오늘날엔 사라진 전통이고, 현재 하우사족 여자들은 남편에게 복종한다.

아미나투는 전혀 그렇지 않았다. 1576년 마흔세 살 나이로 왕위에 오르자마자 영토를 확장하여 그 지역에서 자리아의 패권을 지키기 위해 전쟁을 감행했다.

첫 번째 원정에서부터 시작된 전쟁은 34년 동안 이어졌다. 아미나투는 죽는 날까지 특히 좋아하는 기병대의 수장으로 군대를 이끌었다. 전략이며 통찰력과 순발력, 진정한 지휘관으로서의 자질을 갖춘 아미나투는 국경 너머의 도시들을 점령해나갔고, 자리아 왕국 역사상 가장 넓은 영토를 차지했다.

아미나투는 호전적일 뿐만 아니라 병사들을 보호하는 데도 힘썼다. 그녀는 부족 전통의 야금술을 이용해 전사들을 위한 투구와 쇄자갑을 만들게 했다. 그리고 그녀가 정복했던 몇몇 도시들처럼 자리아를 흙벽으로 둘러쌌다. 그래

//////////////////////////////

호전적인 아미나투는 전쟁을 좋아하고 말타기를 좋아하고 병사들과의 동고동락을 즐겼다. 비상한 힘과 지략, 결단력을 발휘하여 목적 달성을 하였고, 나아가 정복에 정복을 거듭했다. 그럴진대 여성이 전쟁의 맛을 보면 안 될 이유가 있을까?

//////////////////////////////

서 이 성벽은 '가누와르 아미나', 즉 '아미나의 벽'이라 불린다.

아미나투를 잔인하고 난폭한 여왕이라고 하는 것은 사생활 때문이다. 아미나투는 결혼과 자식을 원하지 않았지만, 전투 때마다 적군에서 잡아온 남자를 하룻밤 상대로 삼았다. 전설에 따르면 그녀는 하룻밤을 보낸 뒤 새벽에 남자를 처형했기 때문에 그중 누구도 자리아의 여왕과 잠자리를 가졌다는 걸 발설하지 못했다고 한다.

통치 기간 중 대부분을 정복 전쟁으로 보낸 아미나투는 그녀가 그토록 열렬히 싸우던 전쟁터에서 전사했다. 원정 나간 자리아 북부의 아타가라에서였다. 나이 일흔일곱 살 때였다.

아미나투는 남성처럼 살았던 게 아니라 자신이 원하는 대로 살다 간 여성으로 후세에 지울 수 없는 기억을 남기고 떠났다. 그녀는 자신의 왕국과 고향의 전설이 되었고, 여성과 인류의 역사에 이름을 남겼다. //////////////////////

2

LE TEMPS DE

L'AFFIRMATION

주장의 시대

프란체스카 카치니·잔 망스·마리아 지빌라 메리안
마르타 스카브론스카야·에밀리 뒤 샤틀레·올랭프 드 구주
메리 울스턴크래프트·솔리튀드·플로라 트리스탕
조르주 상드·해리엇 터브먼·서태후·빅투아르 도비에
알렉산드린 티네

프란체스카 카치니 Francesca Caccini   1607

ELLE A OSÉ   여성 최초로 오페라를 작곡하다

//

프란체스카 카치니는 이탈리아의 작곡가로, 작품의 질을 통해 여성의 열등감
은 타고난 것이라는 편견을 깨버렸다. 성악가이자 악기 연주자이며 작곡가였
던 아버지 줄리오 카치니로부터 음악과 인문 교육을 받은 프란체스카는 이탈
리아와 프랑스 궁정 작곡가로 활동한 당대 최고 음악가 중 한 명이다.

이탈리아 르네상스는 여성들에게 표현의 자유를 허용했다. 특히 '인간은
만물의 척도다'라고 주장한 피타고라스 같은 고대 철학자들의 재발견을 통해
인간 개인의 권리가 인정되었다. 물론, 이 '인간' 속에 여성의 수는 확연히 적
었다. 좋은 집안 출신의 여성은 교육을 받을 수 있었지만, 대부분의 여성은 그
렇지 못했다. 프란체스카는 작곡가인 아버지와 성악가인 어머니가 메디치 궁
정에서 활동하던 1587년 9월에 태어났다. 천부적인 재능을 타고난 프란체스
카는 열세 살 나이에 마리아 데 메디치와 앙리 4세의 결혼식을 위해 아버지가
작곡한 축가를 부르면서 세상에 모습을 드러냈다.

5년 후, 프란체스카는 프랑스 궁정의 초청을 받아 앙리 4세 부부 앞에서 프
랑스 곡을 불러 강렬한 인상을 주었다.

이후, 프랑스 궁정에서 활동해달라는 초청을 받았으나 프란체스카는 메디
치 가문을 위해 이탈리아에 남았다. 1607년, 피렌체의 사육제를 위한 〈라 스
타비아 La Stavia〉를 시작으로 작곡에 몰두했다. 그녀는 위대한 화가 미켈란젤
로 부오나로티의 조카 미켈란젤로 일 조반이 쓴 시들을 극음악으로 만든 『소
프라노와 베이스 듀엣 첫 번째 모음집 Il primo libro delle musiche』을 출판하여 메
디치의 추기경에게 헌정하기도 했다. 그리고 오페라-발레 형식으로 다채로운
곡을 많이 작곡했는데, 그녀의 작품은 늘 환영받았다.

위대한 작곡가 클라우디오 몬테베르디가 만토바 궁정에서 신화를 소재로
한 〈오르페오 Orfeo〉를 무대에 올린 것이 1607년이었다. 처음으로 선보인 형식
의 공연은 대성공을 거두었고, 〈오르페오〉는 최초의 오페라로 널리 알려진다.

>> 오라치오 젠틸레스키
(1563-1639), 류트 연주자,
1612-1620, 캔버스 유화,
워싱턴 D.C., 알리사 멜론
브루스 컬렉션, 국립 미술관.

1625년 2월 3일, 이번에는 프란체스카가 새로운 음악적 시도를 하여 폴란드의 왕세자 브와디스와프 4세의 방문 축하 공연을 위해 〈알치나섬에서 루지에로로의 해방La liberazione di Ruggiero dall'isola d'Achina〉을 작곡하여 성공을 거둔다. 이 작품에 매료된 브와디스와프 4세가 폴란드로 돌아가서 프란체스카의 작품을 재연하라고 할 정도였다. 〈알치나섬에서 루지에로로의 해방〉은 외국에서 공연된 최초의 이탈리아 오페라가 된다.

피렌체 초기 바로크 음악인 이 악곡은 서창부와 아름다운 선율의 악곡으로 짜여 있으며 역사상 여성이 작곡한 최초의 오페라이다. 서곡, 전주곡, 많은 합창, 이중주, 삼중주로 구성되어 있다. ////////////////////////////

잔 망스 Jeanne Mance

ELLE A OSÉ 　몬트리올을 건설하다

⌃ 잔 망스, 17세기, 판화, 퀘백,
　국립 중앙 도서관 기록 보관소.

잔 망스는 1642년 폴 쇼메디 드 메조뇌브와 함께 처음으로 몬트리올섬의 땅을 밟았다. 프랑스에서 온 이주민들을 위해 세인트로렌스강 하구에 정착촌을 세웠는데, 당시에 그들은 나무를 벌채하고 개간한 작은 땅이 캐나다의 대도시 중 하나가 되리라고는 생각도 못했다.

　훗날 몬트리올 시의회는 잔 망스가 도시를 건설하고 발전시키는 데 기여한 역할을 확인한 뒤, 2012년 5월 17일 엄숙한 의식을 치르며 잔 망스를 공동 건설자로 공식화했다.

　잔 망스는 1606년 11월 12일 샹파뉴의 랑그르에서 법복귀족* 집안의 둘째로 태어났다. 아버지는 검사장이었다. 부모는 열 명의 자식을 두었는데, 1626년 그녀의 나이 스무 살 때 어머니가 사망한 뒤로는 잔이 동생들을 돌봤다. 성우르술라 수녀회에 들어가 공부한 뒤로 독실한 신자가 된 잔은 집안일에 있어 빈틈없이 책임을 다했고, 아버지를 도우면서 법학을 익혔다. 그리고 간호사로서, 구교와 신교 간에 벌어진 30년 전쟁으로 부상당한 병사들과 특히 페스트에 걸린 병자들을 돌봤다.

　30년 전부터 누벨프랑스† 식민지 확장 정책에 주력한 프랑스는 많은 가정을 캐나다로 이주시켰다. 결혼할 생각이 없었던 잔은 아메리카 인디언들에게 복음을 전해 대서양 저편에 가톨릭 공동체를 만들겠다는 꿈을 꾸기 시작한다.

서른네 살이 된 잔은 누벨프랑스로 떠날 채비를 했다. 먼저 파리로 가서 다양한 사람들을 만났다. 잔 망스가 꿈을 실현하기 위해 캐나다로 떠날 수 있었던 데에는 예수회 신부이자 캐나다 포교단 검사 샤를 라르망뿐만 아니라 왕태녀 안 드 바비에르와 특히 루이 13세의 아내인 오스트리아의 안 왕비의 도움이 컸다. 노트르담회 소속의 안젤리크 드 부이용은 샤를 오텔-디외 드 빌-마리 병원을 지으라고 엄청난 자금을 지원해주었다.

1641년 5월 9일, 마침내 잔은 라로쉘†에 갔고, 누벨프랑스로 떠나는 배에 올랐다. 몬트리올섬 식민지의 총독으로 임명받은 폴 쇼메디 드 메조뇌브 역시 이 배에 올랐다. 캐나다에서는 '미친 계획'으로 치부했고, 아무도 식민지 건설의 가능성을 믿지 않았다. 그러나 이들은 1642년 5월 17일, 몬트리올섬의 땅을 밟았고, 빌-마리라는 작은 도시를 건설했다.

이주민 집단은 요새를 쌓고 조직화하는 것으로 방어 체계를 구축했다. 70명이 기거할 수 있는 건물을 지어 모두 함께 살았고, 성모마리아에게 바치는 노트르담 성당도 지었다. 또한 잔 망스는 약속을 이행하기 위해 병원을 세울 기초를 다졌다. 남자 여섯 명과 여자 두 명이 들어갈 수 있는 작은 오두막으로 시작했다. 1645년 10월 8일 오두막에서 시작된 병원은 재건을 거쳐, 1654년에 큰 건물로 증축되었다. 잔 망스는 오텔-디외 병원을 경영하면서 재정 관리를 맡았고, 식민지를 위해 평생 헌신했다.

원주민 인디언들은 프랑스인의 침입을 순순히 받아들이지 않았다. 1643년에 시작된 인디언들의 공격은 일정한 간격을 두고 일어나다 1651년부터는 가톨릭 공동체의 생존이 위협받을 정도로 잦아졌다. 주민들이 요새 안에 은신해 있어야 하는 것이 일상이 되자, 잔 망스는 병원에서의 간호를 포기하고 환자들을 찾아다니며 돌보기 시작했다. 그러나 이런 식으로 어떻게 가톨릭 공동체

///////////////////////////

잔 망스가 퀘벡에 있는 몬트리올을 건설하는 데 기여한 역할을 인정받기까지는 350년이 훌쩍 넘는 세월이 걸려야 했다. 이전까지는 폴 쇼메디 드 메조뇌브만이 그 영예를 누렸다.

///////////////////////////

를 유지할 수 있을지 의문이 들기 시작했다. 인디언들의 공격으로부터 공동체를 방어해줄 남자는 수십 명밖에 남아 있지 않았다.

　그래서 잔 망스는 폴 쇼메디 드 메조뇌브를 찾아가 프랑스로 돌아가서 지원병을 모집해달라고 설득했다. 그녀는 군대를 동원하는 비용으로 병원을 위해 지니고 있던 22,000리브르를 내놓았다. 2년 후, 폴 쇼메디 드 메조뇌브는 빌-마리를 지켜내고 누벨프랑스를 구하기 위해 병사 100명을 데리고 돌아왔다. 빌-마리가 점령당하면 다른 프랑스 식민지들도 엄청난 타격을 입을 터였다.

　새로 온 지원병들 덕분에 빌-마리는 다시 주민 수가 늘었고, 인디언들의 위협을 물리칠 수 있을 정도로 힘을 갖추게 되었다. 1655년, 평화 협약이 체결되면서 식민지는 평화롭게 발전될 수 있었다. 섬에 상륙한 지 24년 후, 초대 총독 폴 쇼메디 드 메조뇌브가 프랑스로 돌아가게 되었을 때 몬트리올 주민들은 크게 슬퍼했다.

　잔 망스는 빌-마리에 남아 수녀들의 도움으로 병원을 운영하다 1659년에 수녀회에 경영을 맡겼다. 그 뒤로도 1673년 6월 18일 사망할 때까지 오텔-디외 병원의 행정관으로 일했다. 그녀의 유언장에는 살아 있을 때와 마찬가지로 몬트리올 사람들에게 마음을 바친다고 쓰여 있었다.

　랑그르의 잔 망스 협회 의장이자 역사가인 장 폴 피젤은 잔 망스가 훗날 몬트리올이 된 빌-마리를 건설하는 데 주요 역할을 했음에도 불구하고, 여성이라는 이유로 오텔-디외 병원을 세운 데서만 인정받는 것에 대해 개탄했다. 오늘날 그녀의 공로가 인정되어 그나마 다행이지만! ////////////////////////////

---

* 　관직을 사서 귀족의 신분을 얻게 된 신흥 귀족.
† 　Nouvelle-France. 북아메리카에 있던 프랑스의 식민지. '새로운 프랑스'라는 뜻.
‡ 　프랑스 서부의 항구도시.

마리아 지빌라 메리안 Maria Sibylla Merian 1699

ELLE A OSÉ **여성 최초로 자연과학자가 되다**

마리아 지빌라는 모든 면에서 님프라고 할 수 있다.

님프라고 하는 이유는 나무와 물에 관련된 님프 요정들과 마찬가지로 마리아 역시 일생을 자연에 바쳤기 때문이다.

그녀의 관심은 온통 곤충, 특히 누에 그리고 유충과 성충 사이의 발육 단계로, 님프라고 불리는 번데기를 관찰하는 데 쏠려 있었다.

또한 그녀를 님프라고 할 수 있는 것은 새로운 상태와 형태로 완성되기 위해 이따금 숨 막힐 듯 갑갑한 껍질에서 벗어날 줄 알았던 그녀가 껍질을 벗고 성충이 되는 번데기와 닮았기 때문이다. 가톨릭에 비해 개방적인 개신교 집안에서 자란 17세기의 이 여성은 남미 수리남의 열대림까지 날아갔고, 마침내 자신이 좋아하는 나비와 나방 같은 인시류 곤충을 그 생활환경에서 연구할 수 있었다.

꽃을 즐겨 그리던 소녀가 마침내 저명한 자연과학자로 탈바꿈한 것이다.

마리아 지빌라 메리안은 1647년 4월 2일 독일 프랑크푸르트에서 태어났다. 그녀는 스위스 태생의 동판화가인 아버지 마테우스 메리안에게서 예술적 재능을 물려받았다. 아버지가 사망하자, 어머니 요한나 지빌라 하임은 네덜란드의 정물화가 야콥 마렐과 재혼했고 계부는 그림에 재능을 보이는 마리아에게 예술을 직접 가르쳤다.

여성은 예술 학교에 들어갈 수 없는 시대였다. 이탈리아의 음악가 프란체스카 카치니와 화가 아르테미시아 젠틸레스키, 영국 초상화가 메리 빌 역시 마리아 지빌라와 마찬가지로 학교가 아닌 아버지에게서 교육을 받았다.

마리아 지빌라는 주변에 있는 모든 것을 유심히 관찰했다. 독실한 개신교 신자로서 온종일 관찰한 자연의 모든 창조물, 그중에서도 특히 완벽한 식물과 곤충들에서 신의 손길을 보았다. 식물과 곤충에 관련된 서적을 읽기 위해 라틴어를 배울 정도였다. 가장 좋아하는 생물은 누에와 애벌레였다. 곤충을 사랑하는

《 지빌라 메리안의 초상, 1679,
채색화, 쿤스트 박물관,
발레(독일).

>> 마리아 지빌라 메리안,
파프리카와 나비, 1705, 판화,
암스테르담.

데다 타고난 예술적 재능을 겸비한 마리아는 변태 과정을 살피기 위해 직접 누에를 기르면서 작은 곤충들의 움직임과 생활상을 그림으로 표현했다.

당시는 벌레를 썩은 진흙에서 자연적으로 발생한 '악마의 산물'로 간주하던 시대였다. 하지만 마리아는 곤충에 대한 각별한 애정을 가지고 치밀한 관찰로 곤충의 변태 과정을 발견했다. 그러나 사회는 마리아의 곤충에 대한 공헌을 인정해주지 않았고, 그녀가 자수를 위해 그린 나비와 꽃 그림만 높이 평가했다.

종교개혁이 여성에게 글을 배울 수 있도록 허락한 것은 여성들이 성서를 이해하면 자식들에게 기독교를 가르칠 수 있기 때문이었다. 물론, 아내와 어머니의 역할에 한정되어 있었지만.

프로테스탄트 종교개혁가 테오도르 드 베즈에 따르면, 여성의 삶은 이렇게 요약된다. '오래 참고 견뎌낼 것, 남편에게서 안락함을 찾을 것, 스스로를 잘 다스릴 것, 결코 다른 데에 빠지지 말 것, 남편을 불쾌하게 하는 일은 어떤 것

도 하지 말 것.'

마리아 지빌라는 열여덟 살 때 화가 안드레아스 그라프와 결혼해 딸 둘을 낳았다. 그러나 그녀는 종교개혁가 테오도르 드 베즈의 말과 달리 자신의 열정을 온전히 누리며 살기 위해 가정이라는 고치에서 나왔다. 서른여덟 살에 집을 나온 그녀가 어머니와 두 딸을 데리고 들어간 곳은 경건주의 종파인 라바디파의 공동체였다. 라바디파 공동체의 본거지는 네덜란드 프리슬란트주에 위치한 코르넬리스 판 조멜스다이크의 성이었다. 조멜스다이크는 수리남, 당시 네덜란드령 기아나의 총독이었다. 총독의 진귀한 전시실에서 놀라울 정도로 풍부한, 기아나 고원의 동식물을 발견한 마리아 지빌라는 서인도제도에 가서 직접 두 눈으로 식물과 곤충들을 보고 싶었다. 자연환경 속에서 다양한 나비들을 연구하고 싶었던 것이다.

조멜스다이크가 수리남에서 사망하면서 재정 지원이 끊기자 마리아는 공동체를 나왔다. 이혼한 여성에게 관용을 베푸는 도시 암스테르담에 정착한 뒤로 그녀는 자유라는 날개를 단 것 같았다. 그녀는 열대 곤충을 직접 가서 보고 싶은 꿈을 실현하기 위한 준비를 했다. 그녀는 수채화들을 그려 팔았고, 암스테르담에서 주는 장학금을 받았다.

1699년, 마리아는 쉰두 살 나이에 막내딸을 데리고 두 달 여정으로 대서양을 건너는 배에 올랐다. 마침내 그토록 갈망하던 라바디파의 식민지에 도착한 그녀는 사탕수수 농장에서 곤충 연구를 시작했다. 농장에서 비인간적으로 착취당하는 노예들을 보며 충격을 받았지만, 그녀가 수많은 종의 동식물을 발견할 수 있었던 것은 노예들의 도움이 있었기에 가능했다. 열대 밀림으로 들어가서 알지도 못했던 다양한 곤충들을 발견해 그림으로 그리고 분석하고 연구할 수 있었던 것도 노예들 덕분이었다.

그로부터 2년 후, 불행히도 마리아는 자신이 그토록 좋아하는 곤충 중 하나에 의해 말라리아에 걸려 유럽으로 돌아가야 했다. 네덜란드에 돌아와서는 수리남에 관한 새 판화집을 출판했다. 피로에 지친 마리아 지빌라는 1717년 1월 13일, 생을 마감했다. 이때 그녀의 나이 일흔 살이었다. 그녀의 세 번째 작품집 『수리남 곤충들의 변태Metamorphosis Insectorum Surinamensium』는 훗날 그녀의 딸이 출판했다.

　여성이 과학 분야에서 배제되고, 긴 항해라는 이유로 배를 타지 못했던 시대에 마리아가 보여준 대담함은 주목할 만하다. 마리아는 곤충학 발전에 크게 기여했으며, 스웨덴의 박물학자 칼 폰 린네, 프랑스의 레오뮈르 같은 과학자들에게 영향을 미쳤다. 마리아 지빌라는 곤충을 직접 관찰해, 알, 유충, 애벌레, 번데기 또는 님프를 거쳐 마침내 형형색색으로 변태하는 나비의 생태와 변태 과정을 기록으로 남긴 최초의 여성이었다. ////////////////////////////

≫　마리아 지빌라 메리안,
　　과일과 애벌레와 나비, 1705,
　　판화, 암스테르담.

마르타 스카브론스카야
Marthe Skavronskaïa

1724

ELLE A OSÉ　러시아 역사상 최초의 여제가 되다

마르타는 1684년경 리보니아, 현재의 라트비아에서 평범한 가톨릭교도 농부의 딸로 태어났다. 아버지는 마르타가 아직 어릴 때 흑사병으로 사망했다.

마르타는 한 목사의 집에 맡겨져 자라다 열일곱 살 때 스웨덴 군인과 결혼했다. 그러나 결혼식 다음 날 러시아의 침공으로 참전한 남편은 일주일 후 행방불명된다.

이후, 마르타는 모스크바에 있는 알렉산드르 다닐로비치 멘시코프 공의 집에서 시녀로 일하고 있었다. 1703년 가을, 그녀의 운명에 반전이 일어난다.

러시아의 차르, 표트르 대제가 멘시코프 공의 집을 방문했다가 마르타를 보고 사랑에 빠진 것이다. 황후가 있음에도 표트르는 마르타를 정부로 삼고, 그녀를 러시아정교로 개종시킨 뒤 '예카테리나'라는 세례명을 주었다. 1707년 11월 8일, 표트르는 반역죄로 유죄판결을 받은 아내 예브도키아 황후와 이혼하고, 비밀리에 예카테리나와 결혼했다. 둘 사이에는 이미 아들이 둘 있었다.

예카테리나는 교육을 받지 못해 교양은 부족했지만 어떤 상황에도 대처할 줄 알았다. 쾌활하고 상냥하며 따뜻한 성품인 데다 조용히 내조에만 힘썼기 때문에 표트르의 총애를 받았다. 1711년 표트르는 오스만 제국의 도전에 맞서 몰도바를 정복하기 위해 예카테리나와 함께 전쟁터로 출정했다. 오스만군에 포위되어 차르 표트르가 포로로 붙잡힐 위험에 처하자, 예카테리나가 슬기롭게 대처했다. 오스만의 대재상과 협상해 가진 모든 보석을 내어주고 무사히 군대를 철수시키는 기지를 발휘한 것이다.

1712년 표트르 1세는 예카테리나와 공식적으로 결혼했고, 1724년, 시녀 출신의 마르타는 러시아 역사상 최초의 여제로 등극해 예카테리나 1세라는 칭호를 얻게 된다.

얼마 후, 표트르는 그토록 사랑하는 아내가 시종 빌렘 몬스와 눈이 맞아 배신했다는 사실을 알게 되었다. 격분한 표트르는 도끼로 몬스의 목을 쳤고, 그

마르타 스카브론스카야의 생애는 무시무시하면서 신비한 러시아 동화를 닮았다. 불쌍한 고아, 드래곤, 왕자님, 불길한 마법의 사물들이 등장하는 마녀 바바 야가 이야기처럼.

>> 페트로 세묘노비치 드로즈딘
(1745-1805), 예카테리나
1세의 초상, 캔버스 유화,
모스크바, 트레티야코프
미술관.

머리를 보드카 술병에 담아 예카테리나의 침실 벽난로 위에 두었다. 그녀는 자신에게 다가올 운명을 잘 알고 있었다. 목까지 땅속에 묻어놓고는 물도 음식도 주지 않고 산 채로 굶겨 죽이는 벌을 받을 터였다. 그녀는 분노한 남편 곁에 숨죽여 머무르며 순종하는 수밖에 없었다.

예카테리나는 프랑스와의 외교 관계 덕분에 목숨을 구한다. 그녀가 낳은 열한 명의 자식 중 한 명인 엘리자베타와 루이 15세의 결혼 얘기가 오갈 때였다. 왕의 장모가 될 예정인 황후가 간통죄로 처형되는 건 프랑스 궁정이 용인하지 않을 터였다. 결국 결혼은 성사되지 않았고, 그사이 폐렴에 걸려 몇 년간 시름시름 앓던 표트르 대제는 사망한다.

문맹이었으나 여제로 등극한 예카테리나는 통치자로서, 러시아를 근대화하고 서구화하기 위해 남편이 시작한 개혁 정책과 대외 확장 정책을 지속해나갔다.

1727년 5월 6일, 리보니아 출신의 시녀에서 여제에까지 오르는 동화 같은 삶을 살던 예카테리나의 이야기는 그녀가 죽음의 왕국을 지키는 바바 야가*를 만나러 떠나면서 막을 내린다. //////////////////////////////

---

* 　슬라브 민족에 나오는 초자연적인 존재.

에밀리 뒤 샤틀레 Émilie du Châtelet   1746

ELLE A OSÉ   최초의 여성 과학자가 되다

⟪ 장 마르크 나티에(1685-1766),
가브리엘 에밀리 드 브르테유의
초상, 18세기, 채색화, 제네바,
볼테르 박물관.

'나는 25년 지기 친구를 잃었습니다.
여성이라는 잘못밖에 없고, 온 파리가
애석해하고 존경하는 위대한 인물이
우리 곁을 영원히 떠났습니다.'

1749년, 가브리엘 에밀리 르 토넬
리에 드 브르테유, 샤틀레 후작 부인
이자 자신이 그토록 사랑하던 여인이
죽자, 볼테르가 프로이센의 프리드리
히 2세 앞에서 한 말이다.

수학자이자 물리학자이며 문학가이
고, 뉴턴의 책을 번역한 철학자이기도
했던 에밀리는 행복을 위해 살았던 여
성이다. 연구하는 행복뿐만 아니라 사
랑하는 행복을 위해서도.

에밀리는 어릴 적부터 편견에서 자유로웠다. 1706년 브르테유 남작의 딸로
파리에서 태어났다. 여성에게 교육을 허락하지 않은 시대였지만, 열린 사고를
가졌던 브르테유 남작은 에밀리에게 아들과 동등한 교육을 시켰다. 라틴어,
이탈리아어, 그리스어, 독일어를 배웠고, 예술 분야와 승마에도 재능을 보였
으며 특히 과학 분야에서 두각을 나타냈다.

그녀는 마음이 가는 대로, 열정이 이끄는 대로 생각하고 행동했다. 열아홉 살 나이에 샤틀레 후작과 결혼해 아이 셋을 낳은 뒤 가정의 의무를 다했다고 판단하고 자유로운 인생을 선택했다.

그녀는 연극, 도박 등 온갖 향락을 즐겼으며 드레스와 구두를 수집하고, 보석, 특히 다이아몬드를 좋아했다. 그리고 과감하게 짙은 화장을 하고 다녀서 볼테르로부터 '치장이 심한 뉴턴'이라는 별명을 얻었다.

계몽사상가들이 말하는 '지상에 있어서의 인간의 행복'을 찾아서, 에밀리는 특히 마르셀 드 메지에르와 피에르 모로 드 모페르튀 같은 수학자들과 교제했다. 가장 큰 행복은 1733년에 볼테르를 만난 것이었다. 볼테르는 프랑스 체제를 비판한 『철학 서간Lettres philosopiques』을 출판해 루이 15세의 노여움을 샀기 때문에 베르사유 궁정에서 멀리 떨어진 곳으로 피신해야 했다. 이때 에밀리는 남편 소유의 로렌 공작령 시레성에 볼테르를 머물도록 했다.

에밀리와 볼테르는 시레성에서 여러 해 동안 연인으로, 지적 동반자로 지냈다. 두 사람은 영국의 물리학자이자 철학자이며 천문학자, 수학자인 아이작 뉴턴의 정리에 빠져 있었는데, 에밀리는 라틴어로 쓰인 뉴턴의 『자연철학의 수학적 원리Philosophiæ Naturalis Principia Mathematica』를 프랑스어로 번역하는 데 전념했고, 볼테르는 그녀의 재능과 지성에 감탄하면서 독려해주었다.

에밀리는 18세기 최고 지성의 일원으로서 과학의 토대를 마련했다. 뷔퐁과 레오뮈르 같은 자연과학자들, 쾨니히와 베르누이, 오일러 같은 물리학자들, 메지에르와 모페르튀, 클레로 같은 수학자들과 교류하면서 함께 심도 있는 공부를 했다.

하지만 여성이 과학자라는 지위를 얻기란 쉽지 않은 시대였다. 18세기에도 여전히 여성은 고등교육을 받을 수 없었기 때문이다. 그럼에도 1737년, 에밀리는 볼테르와 함께 과학 아카데미에 「불의 성질에 관하여Sur la nature du feu」

그녀만큼 박식한
여성은
결코 없었다.

– 볼테르

라는 논문을 제출했다. 그러면서 자신의 운을 시험해보기 위해 익명을 썼다. 아카데미상은 오일러가 수상했지만, 에밀리의 훌륭한 연구를 살펴본 자연과학자며 물리학자인 레오뮈르는 아카데미에 그녀의 논문을 익명으로 출판해줄 것을 요청했다. 아카데미 회원이 될 수 없었던 에밀리는 아카데미 부근, 당대의 지성들이 드나들던 카페 그라도에도 출입할 수 없었다. 하지만 자유로운 영혼을 가진 에밀리를 누가 막을 수 있었을까. 그녀는 남장을 하고 모임에 참석했다!

그러자 에밀리가 속한 귀족 사회의 여성들마저 그녀를 고운 눈으로 보지 않았다. 귀족 여성들은 남장을 하고 다니는 에밀리를 '미숙한 천재'라고 조롱하며 그녀의 지성을 비웃었다. '우리는 웃음을 터뜨리지 않고서는 샤틀레 부인의 숭고한 재능과 깊은 지식에 대해 떠들어대는 말을 결코 들어줄 수가 없다.'

이런 조롱이 계몽주의 과학자 에밀리에게 통할 리 없었다. 그녀는 동시대 여성들이 요구하는 고정관념에 개의치 않고 꿋꿋하게 뉴턴의 과학에 대한 책들을 번역했다.

1746년, 에밀리는 이탈리아 볼로냐 대학의 교수가 된다. 유일하게 여성을 받아주었던 볼로냐 대학은 14세기부터 여성에게 교수의 길을 열어주고 있었다. 같은 해, 그녀는 일종의 과학 연감 『아우크스부르크의 10인』에서 인정받아 당대 가장 중요한 과학자 10인 중 한 명으로 선정되었다.

에밀리는 열 살 연상의 철학자 볼테르와 16년에 걸친 동거 생활을 청산하고, 열 살 연하의 잘생긴 시인 생 랑베르와 사랑에 빠져 1748년 임신했다. 에밀리는 딸을 출산한 지 엿새 후, 샤틀레 후작과 볼테르, 생 랑베르가 지켜보는 가운데 세상을 떠났다.

에밀리가 번역한 뉴턴의 『자연철학의 수학적 원리』는 사후에 볼테르가 출판했다.

올랭프 드 구주 Olympe de Gouges   1791

ELLE A OSÉ   여성과 여성 시민의 권리를 선언하다

///

△ 알렉산드르 쿠샤르스키
(1741-1819), 올랭프 드
구주의 초상, 18세기, 캔버스
유화.

'조국의 아들딸들이여, 내 죽음을 복수하라!' 1793년 11월 3일, 단두대에 오른 올랭프 드 구주가 기요틴의 칼날이 내려오기 전 외친 말이다.

프랑스 대혁명은 여성들의 적극적인 참여를 기반으로 성공을 이뤘지만, 혁명 세력은 권력을 잡자마자 온갖 수단을 동원해 여성들을 가정으로 돌려보냈다.

프랑스 대혁명 과정에 있어 여성들은 거리를 점령하고, 의회 연단에 서서 입법자들을 향해 연설하고, 정치 클럽과 살롱에 활력을 불어넣음으로써 중요한 역할을 했다.

1789년 10월 5일, 루이 16세를 베르사유궁에서 끌어내 파리로 데려온 것도 파리 여성들이었다.

여성들은 프랑스 대혁명에 많은 것을 기대했다. 더 나은 삶, 즉 건강과 균등한 교육의 기회, 동등한 직업 보장 등을 위해 싸웠다. 여성들은 프랑스 대혁명이 너무나도 비참했던 삶의 조건에서 벗어날 수 있는 정당한 수단이 될 거라고 생각했다.

그러나 여성들은 이내 실망했다. 프랑스 대혁명을 통해 평등한 상속권이나 이혼 같은 진보된 사회적 시민권—올랭프 드 구주가 주장한 법—은 얻었다. 하지만 1793년, 여성에게는 정치적 활동이 금지되었다. 보편적 인권을 내세운 대혁명이었지만, 정치 영역에서는 여성을 완전히 제외시킨 것이다. 기대와 달리 여전히 여성의 참정권이 이뤄지지 않자, 올랭프 드 구주는 「여성과 여성 시민의 권리 선언」을 발표한다.

마리 구주는 1748년 몽토방*에서 태어났다. 아버지는 푸주한이라고 되어 있지만, 시녀였던 어머니와 시인이자 문학가인 퐁피냥의 후작 장 자크 르프랑과의 사이에서 사생아로 태어났을 가능성이 더 크다.

마리 구주는 열일곱 살 때 식품 관리인과 결혼하여 아들을 낳았으나 2년 후 남편이 죽자, 파리로 갔다. 이때부터 올랭프 드 구주라는 이름으로 희곡과 소설을 발표했고, 작품들을 통해 노예제와 성 불평등, 사형 등 당시의 불공정한 제도를 규탄했다.

자유로운 영혼을 지녔던 올랭프는 재혼을 단호히 거부했다. 남편의 동의 없이는 어떤 여성도 책을 출판할 수 없다고 법으로 금지되어 있었기 때문이다. 올랭프는 어린 여성의 강제 결혼과 여성의 노예화를 강력히 비난했는데, 이런 문제점은 보마르셰의 희곡 〈피가로의 결혼〉에 반영되어 있다.

온건파 공화주의자들의 정신적 지주인 마농 롤랑과 달리, 올랭프는 여성이 정치에 참여하기를 바랐다. 1789년에 프랑스 대혁명 중 국민의회를 통해 발표된 「인간과 시민의 권리 선언」은 여성의 권리가 배제된 것이었고, 그녀는 이에 환멸을 느낀다. 그래서 올랭프 드 구주는 1791년 9월, 「인간과 시민의 권리 선언」의 각 조항에 여성을 대입시킨 「여성과 여성 시민의 권리 선언」을 작성해 발표했다. 그녀의 가장 큰 업적으로 남은 이 선언문의 전문前文 서두에서 올랭프는 대담하게 질문을 던진다. '남성이여, 그대는 공정할 수 있는가? 그대에게 질문하는 사람은 여성이다. 그대는 적어도, 여성에게서 질문할 권리를 빼앗지 말아야 할 것이다. 말해보라, 내 성을 억압하는 최고 권한을 누가 그대에게 주었는가?' 그리고 자연의 조화는 여성과 남성의 근원에서 비롯

인류의 무한한 진보를 믿는 프랑스의 철학자 콩도르세와 생각을 같이한 올랭프는 여성의 해방과 모든 시민의 평등을 위해 싸웠다. 그녀는 이혼할 권리와 노예제 폐지, 성 차별 없는 투표권, 모성, 모두를 위한 보호 센터를 주장했다. 아울러 직업 이름의 여성화도 제안했다.

되는 것인데 왜 남성에게는 그 조화가 적용되지 않는지 의문을 제기했다. '이 계몽과 통찰력의 시대에 무지몽매 속에서 이상하고, 맹목적이고, 학식으로 부풀려지고 퇴보한 남성은 모든 지적 능력을 갖춘 여성을 전제군주로서 지배하려고 든다. 남성만 프랑스 대혁명을 누리면서 평등권을 주장하고 있다.'

제1조는 남성들의 절대적 권력을 비판하는 선언이다. '여성은 태어나면서부터 자유이며 남성과 평등한 권리를 가지고 살아간다.' 제3조는 '모든 주권의 원칙은 본질적으로 국민에게 있으며, 이 국민은 여성과 남성의 집합과 다름없다.'

명민한 통찰력이었을까, 아니면 슬픈 예감이었을까, 올랭프는 제10조에 이렇게 명시했다. '여성에게 단두대에 오를 권리가 있다면 연단에 오를 권리도 가져야 한다.'

그녀의 동맹이었던 지롱드당[†]이 9월에 모조리 처형된 이후, 올랭프 드 구주 역시 로베스피에르의 공포정치를 공격했다는 이유로 1793년 7월 20일 체포되어 11월 2일 사형선고를 받고 그다음 날 처형되었다.

파리코뮌의 검사인 피에르 가스파르 쇼메트는 그녀의 사형을 이렇게 정당화했다. '가정을 지키는 것을 거부하고, 정치를 하겠다며 범죄를 저지른 뻔뻔한 올랭프 드 구주를 기억하라. 여성으로서의 미덕을 망각했기에 단두대에 오른 것이다.'

이 말에 대답하련다. 물론 우리는 이 여성을 기억할 것이고, 몇 세기가 흐른 지금도 우리는 여전히 올랭프 드 구주의 근대적인 사고에 경의를 표하고 있다고.

---

*　프랑스 남서부의 도시.

†　프랑스 대혁명 때의 정치 파벌 중 하나로 온건 공화파였다.

메리 울스턴크래프트
Mary Wollstonecraft

ELLE A OSÉ　　여성의 교육받을 권리를 위해 싸우다

프랑스 대혁명은 여성들에게 엄청난 희망을 불러일으켰고, 평등한 사회의 꿈이 마침내 현실이 되는 듯했다. 남성과 동등한 권리를 가진 자유로운 여성이라니! 1792년 영국인 메리 울스턴크래프트가 파리에 도착한 때가 바로 인권에 대한 관심이 한창 무르익은 시기였다.

올랭프 드 구주, 철학자 콩도르세와 견해가 같았던 메리는 1788년 잘못된 결혼 생활과 나쁜 남편을 고발하는 문제적 소설 『메리, 하나의 픽션Mary: A fiction』을 발표했다.

여성의 교육받을 권리를 위해 싸우던 메리는 1792년 『여성의 권리 옹호A Vindication of the Rights of Woman』를 발표해 여성도 남성과 동등하게 교육받아야 한다고 주장했다.

메리는 1759년 런던의 유복한 가정에서 태어났다. 하지만 아버지는 알코올 중독으로 가산을 탕진했고, 아내를 때리는 폭력적인 남자였다. 게다가 아들에게만 고등교육을 시키고 메리에게는 교육의 기회를 주지 않았다. 메리는 어린 시절부터 사회에서나 가정에서나 불평등한 남녀 관계를 체험하며 자랐다.

메리는 개신교 목사에게서 겨우 글을 배웠지만, 우수한 실력을 인정받아 상류층 자녀의 가정교사로 일하면서 경제적으로 자립할 수 있었다. 메리는 '교육은 여성을 위한 것이 아니고, 여성은 그저 살림 잘하면서 남편을 만족시킬 줄 아는 것으로 충분하다'고 생각하는 이들을 강력히 비판했다.

그녀는 교육의 필요성과 모든 여성에게 교육의 기회를 줄 수 있도록 교육 제도의 개혁이 필요하며, 더 나아가 여성에게도 모든 직업을 가질 수 있는 기회를 줘야 한다고 주장했다.

메리 울스턴크래프트는 남성들이 인류의 절반인 여성을 복종하도록 만든 당시의 제도를 거부하면서 이렇게 썼다. '어릴 적부터 여성의 정체성은 아름다움에 있다고 믿도록 교육받은 여성들은 외모에만 관심을 보이고, 부유하지

《 존 오피(1761-1807), 메리 울스턴크래프트의 초상, 채색화, 런던, 국립 초상화 미술관.

만 자유가 없는 새장 속에서 맴맴 돌면서 오직 그 감옥 안을 꾸미려고 애쓴다.' 여성은 남성과 동등한 이성을 지닌 존재로 태어나건만 멍청한 인형으로 키워진 것이다! 여성이 이런 감옥에서 나올 수 있는 유일한 방법은 교육이다. 메리는 교육받은 여성이야말로 훌륭한 아내이자 훌륭한 어머니, 훌륭한 여성 시민이 될 수 있다고 단언했다.

혁명의 위대한 이상에 이끌려 계몽주의의 도시 파리로 간 메리는 영국의 혁명적 정치사상가인 토머스 페인의 부인 롤랜드를 만나면서 지식인들과 교류하게 되었다. 이때 만난 미국인 사회 평론가 길버트 임레이와 열정적인 사랑에 빠진다.

그러나 몇 달 후, 희망은 환멸로 바뀌었다.

여성들의 적극적인 참여를 기반으로 이루어진 프랑스 대혁명이 여성들을 사회적이든 정치적이든 공적인 영역에서 제외시키고 아내와 어머니의 자리로 되돌려놓은 것이다. 임레이와의 사랑도 실패로 끝난다. 다른 여성과 사랑에 빠진 임레이는 메

리처드 로스웰(1800-1868), 영국 작가 메리 울스턴크래프트 셸리의 초상, 1840, 채색화, 런던, 국립 초상화 미술관.

리와 태어난 지 몇 개월밖에 안 된 딸을 버리고 떠나버렸다. 로베스피에르의 공포정치로 인해 파리에서 사는 것이 위험해지자, 메리는 영국으로 돌아가야 했다.

메리는 자조적이지만 명료하게 외쳤다. '나는 남성에게 여성을 학대할 수 있는 기회를 주는 사회제도를 혐오한다.'

1796년, 메리는 철학자이자 아나키즘 운동의 선구자인 윌리엄 고드윈을 만

나 결혼한다. 그러나 인생은 예측할 수 없는 결말로 끝나기도 한다. 둘째 딸을 낳은 지 11일 후 산욕열로 사망하고 말았으니. 서른여덟의 젊은 나이였다.

　하지만 메리 울스턴크래프트의 둘째 딸, 메리 고드윈은 어머니와 달리 완벽한 교육을 받았고, 이번에는 딸이 소설을 쓴다. 메리 고드윈은 영국 낭만주의 3대 시인으로 꼽히는 퍼시 셸리와 결혼했으며, 메리 고드윈이 1818년에 발표한 『프랑켄슈타인 또는 현대의 프로메테우스Frankenstein ; or, The Modern Prometheus』에 퍼시 셸리가 서문을 썼다. ////////////////////////////

솔리튀드 Solitude   1802

ELLE A OSÉ ## 노예제 복원에 저항하다
///

△ 자키 풀리에(1951-), 혼혈
여성 솔리튀드, 1999, 조각,
베임브리지, 포앵타피트르,
과들루프.

솔리튀드, 고독을 뜻하는 이름이라니! 이토록 슬픈 이름이 또 있을까…….

어머니로부터 버림받았던 아기는 자신이 어머니가 되었을 때 아기를 빼앗겼다. 이런 두 가지 비극을 겪은 솔리튀드의 삶은 노예가 아닌 한 인간으로 인정받기 위한 투쟁으로 점철되어 있다. 그녀를 죽음에 이르게 했지만 정당한 싸움이었다. 프랑스 혁명기의 과들루프*에서 폐지된 노예제가 다시 복원되었을 때 그녀는 존재감을 드러내기 시작한다.

팔려가기 위해 쇠사슬에 묶여 있던 한 노예가 백인 선원에게 강간당해 노예선에 실려 아이를 낳는다. 1772년 로잘리는 그렇게 태어났다. 아이는 치욕의 피부색을 가졌다고 하여 당시에는 '메티스'† 또는 '물라토'† 로 불렸다.

1794년 2월 4일, 마침내 프랑스 식민지에서 노예제 폐지가 가결되었을 때 그녀는 비참한 노예 생활이 끝나길 바랐다.

하지만 행복은 오래가지 않았다. 나폴레옹 보나파르트는 사탕수수 농장으로 부자가 된 백인 이주자들의 압박과 마르티니크 출신인 아내 조제핀 드 보아르네의 압박 때문에 노예제를 복원했다. 그리고 1802년, 앙투안 리셰팡스 장군과 함께 병사 3,500명을 파견하여 유럽이 사랑하는 설탕 생산을 확보했다.

그러자 원주민의 반란이 일어났다. 로잘리는 솔리튀드라는 이름으로 전투에 참여했고, '갈색 흑인 nègre marron'이 되었다. '갈색 흑인'은 '고원에서 생존한 자'라는 뜻의 에스파냐어 '시마론 cimarrón'이 변질된 것으로, 숲속으로 도망쳐 숨어 사는 노예들을 가리키는 말이다. 로잘리는 당시 반란군을 이끄는 혼혈 지도자 루이 델그레와 합류했다. 루이 델그레는 「전 세계에 고하는 무죄와 절망의 마지막 외침」이라는 선언문에 이렇게 썼다. '불행하게도 흑인을 보기 싫어하는 권력자들이 너무 많다. 그들은 피부색으로 인간을 구분해 노예라는 족쇄를 채우고 있다.' 프랑스 대혁명의 이상을 믿었던 남녀 노예들이 루이 델그레 주위에 모여들었다. 하지만 반란군의 결의에도 불구하고 프랑스군을

///////////////////////////
자유와 평등을 위해 싸우다
서른 살 나이에 죽은 이 여성은
우리의 의식 속에 영원히
'용맹한 투사'로 남으리라.

///////////////////////////

당해낼 수 없게 되자, 델그레는 마투바 고지에서 도망친 노예들과 함께 자폭하는 수밖에 달리 방법이 없었다. '노예로 사느니 차라리 죽음을!'

솔리튀드는 전투에서 살아남았으나 프랑스군의 진압 작전 때 포로로 붙잡혔다. 함께 자유를 위해 싸운 한 노예의 아이를 임신하면서 마침내 고독에서 벗어나는 듯했지만 파렴치하고 잔인하며 탐욕적인 이주자들은 끝내 솔리튀드에게서 아기를 빼앗아 노예로 팔아버렸다.

그리고 솔리튀드는 1802년 11월 19일 처형되었다.

오늘날 솔리튀드의 동상은 놀라울 정도로 용감했던 여성, 카리브의 존엄한 어머니를 상기시킨다. ///////////////////////////

---

* 　카리브해에 위치한 프랑스령 섬.

† 　혼혈을 뜻하는 프랑스어.

‡ 　흑백 혼혈을 뜻하는 프랑스어.

플로라 트리스탕 Flora Tristan 1830

ELLE A OSÉ 여성과 노동자의 권리를 주장하다

///

시련이 사람을 단련시킨다고 하던가. 그렇다면 해방 투쟁에 나선 플로라 트리스탕의 의지가 어디서 온 것인지 가늠할 수 있다.

　　여성으로서 플로라는 최악의 삶을 살았다. 사생아로 태어나 어린 나이에 결혼하여 학대를 받고 산 아내이자 비참한 노동자였다.

　　생활고를 겪으며 단단해진 플로라는 자신의 운명을 책임지고 여성과 여성 노동자들의 해방을 위해 투쟁하기로 결심했다. 그녀의 신념은 사회적이면서 메시아적인 낭만주의로 물들어 있다.

　　플로라는 1803년 파리에서 사생아로 태어났다. 페루의 귀족인 아버지 마리아노 데 트리스타니 모스코소가 프랑스 부르주아 계급인 어머니 안 피에르 레스네와 정식으로 결혼하지 않았기 때문이다.

　　아버지가 라틴아메리카로 이주한 부유한 에스파냐 집안 출신이었기 때문에 플로라는 목테수마 2세의 후예가 되는 꿈을 꾸었다. 하지만 아버지가 사망하면서 그 꿈은 이룰 수 없게 된다. 플로라의 나이 네 살 때였다.

　　권리도 사회적 지위도 없는 데다 완전히 무일푼이었던 플로라의 어머니는 딸을 결혼시키는 것만이 가난에서 벗어날 수 있는 유일한 방법이라고 생각했다. 그래서 플로라는 열일곱 살 나이에, 어머니가 채색공으로 일하는 곳의 인쇄업자 앙드레 프랑수아 샤잘과 결혼했다. 하지만 샤잘은 질투심이 많고 폭력적인 남편이었다. 견디다 못한 플로라는 1825년, 셋째를 임신한 상태에서 집을 도망쳐 나왔다.

　　처해 있던 상황만큼이나 독특한 개성을 지녔던 플로라는 사회 토론에 활발히 참여했다. 공화제 정신을 흡수한 그녀는 1830년부터 여성 억압과 노동계급의 착취에 저항하며 사회 개혁을 위해 적극적으로 활동했다.

　　플로라 트리스탕은 루소, 라마르틴, 스탈 부인의 책을 읽으면서 노동문제에 관심을 가졌다. 그리고 영국인 메리 울스턴크래프트의 여성 교육에 관한 생각

《 플로라 트리스탕을 묘사한
19세기 판화.

>> 폴 고갱(1848-1903), 우리는
어디서 오는가? 우리는
누구인가? 우리는 어디로
가는가?, 1897, 캔버스 유화,
보스턴 미술관.

에 공감했고, 공동 소유와 공동 분배를 바탕으로 유토피아 같은 이상 사회를
주창한 공상적 사회주의인 생시몽주의를 지지했다.

　플로라는 이혼할 권리, 자유롭게 사랑할 권리, 사형제 폐지를 지지하며 샤
를 푸리에*와도 교류했다. 하지만 당시 등장한 산업사회에 대한 푸리에의 비
판은 지지하면서도 사회주의적 공동 생활체를 만들자는 유토피아적 이론에
대해서는 지지하지 않았다.

　그녀는 여성과 노동자들의 운명을 연결한 최초의 사회주의 운동가로, 서로
단합하여 보편적인 노동자 연합을 만들자고 촉구했다. 남성 근로자의 운명이
만족스럽지 못해서 근로 조건 개선을 위해 싸워야 할 필요가 있다면, 여성 근
로자는 훨씬 더 악조건이다. '가장 억압받는 남성도 아내라는 존재를 억압할
수 있다. 따라서 그 아내는 프롤레타리아 중의 프롤레타리아다.'

　가정에서 남편의 권위에 복종하는 여성은 설 자리가 거의 없었다. 여성의
입지가 더 열등한 공장에서는 남성 노동자의 지시를 따라야 했고, 저임금으로

착취당하고 있었다.

1838년, 남편 샤잘은 집 나간 아내를 찾아가 복수라며 총을 쐈다. 왼쪽 가슴에 총상을 입은 플로라에게 재판부는 신체 분리만 인정하는 판결을 내렸다. 남편 샤잘에게 20년 노역형이 선고되면서 플로라는 마침내 불행한 결혼에서 자유로워질 수 있었지만, 그녀가 신청한 이혼은 증빙 사실이 부족하다는 이유로 기각되었다. 프랑스 대혁명 기간에 얻은 이혼에 대한 권리가 1816년 왕정복고와 가톨릭교회의 지지를 받으면서 사라진 것이다.

이상주의자인 플로라는 자신의 뿌리를 찾아 페루로 떠나면서 부계 가족에게서 금전적 도움을 받을 수 있기를 바랐다. 하지만 그녀는 프랑스와 마찬가지로 페루에서도 거부당했다. 이 가슴 아픈 경험을 담아서 발표한 것이 『한 파리아의 머나먼 여행 Pérégrinations d'une paria』이다. '파리아'는 플로라가 여성이자 노동자로서 강력히 주장한 단어로, 사회적으로 버림받은 사람을 뜻한다. 한 세기 동안 파리아는 눈물, 비참함과 짝을 이루는 말로 사용되었다. 그녀의 마지막 작품 『여성해방 또는 파리아의 유언 L'Émancipation de la femme ou le Testament de la paria』에서도 볼 수 있다.

플로라는 여성이자 노동자로서 현실을 훨씬 냉정하게 분석할 수 있었다. 칼 마르크스보다 몇 년 앞서 그녀는 모든 노동자들을 연합시켜야 한다는 생각을 하고 있었다. 그녀는 이렇게 썼다. '남성 노동자들이여, 여성 노동자들이여, 한 사람씩 행동하면 여러분은 커다란 바퀴에 깔려 으스러진 한낱 먼지 알갱이에 지나지 않습니다. 모두 모여서 연합하십시오, 여러분이 500만 명이 되면 500만 명은 커다란 힘이 됩니다.'

플로라는 1843년에 발표한 『노동자 연합 L'Union ouvrière』에서 '여성들의 메시아'라고 자칭하면서 이렇게 썼다. '나의 자매들이여, 나는 여러분을 해방시키겠다고 맹세합니다.' 그녀는 노동자 연합을 조직하기 위해 동료 사회운동가들과 마찬가지로 프랑스를 일주하면서 집회를 열었다.

강행군 끝에 보르도에 도착했지만 그녀는 열병이 심해져 너무 일찍 생을 마감하고 만다. 그녀 나이 마흔한 살 때였다.

1848년, 노동자들은 보르도의 묘지를 찾아 그녀에게 감동적인 경의를 표했다. 깨진 추모비에는 이렇게 쓰여 있다. 『노동자 연합』의 저자 플로라 트리스탕을 기리며. 자유, 평등, 박애, 연대 의식에 감사의 뜻을 표하는 노동자들이.'

플로라 트리스탕의 딸 알린은 1848년, 훗날 상징주의 회화의 선구자로 불리게 되는 폴 고갱을 낳았다. 외할머니와 외손자는 서로를 전혀 알지 못하지만 똑같은 의문을 제기하고 있다. '우리는 어디서 오는가? 우리는 누구인가? 우리는 어디로 가는가?' 이 물음은 폴 고갱의 가장 상징적인 작품 중 하나의 제목이다. ////////////////////////

---

*   프랑스의 공상적 사회주의자.

조르주 상드 George Sand   1832

ELLE A OSÉ 여성의 열정을 위한 권리를 주장하다

△ 가스파르 펠릭스 투르나숑,
일명 나다르(1820-1910),
아망틴 뤼실 오로르 뒤팽,
1864.

조르주 상드는 문학적으로나, 낭만적으로나, 정치적으로나 열정의 여성이다.

그녀는 일생을 자유 그 자체를 위해 저항했다. 여성의 독립, 여성의 권리가 없는 결혼 반대, 편견과 관습 거부, 당시 보수 사회에 대한 비판 등이 그것이다.

열여덟 살에 카지미르 뒤드방 남작과 사랑 없는 결혼을 했으나 8년 후 헤어졌고 두 아이, 모리스와 솔랑주를 혼자 키우며 파리에서 생활했다.

결혼이라는 제약에서 해방된 오로르 뒤팽은 문인과 시인, 신문기자 들과 교류했고 소설가 쥘 상도와는 연인 사이였다.

사랑과 문학에 대한 열정으로 맺어진 그녀와 쥘 상도는 함께 『분홍색과 흰색 Rose et Blanche』을 썼다. 비록 오로르가 더 큰 기여를 했지만 책의 저자는 '쥘 상드'로 되어 있다. 이듬해 1832년에는 그녀 혼자서 쓴 『앵디아나 Indiana』를 발표했는데, 조르주 상드라는 남자 이름을 필명으로 사용했다. 여성의 권리를 주장하는 페미니스트 소설이자 낭만주의 소설로, 잘못된 결혼으로 인한 젊은 여성의 고통, 남녀의 힘든 관계를 그렸다. 그녀는 소설 서문에 이렇게 썼다. '여자의 불행은 남자의 불행으로 이어진다. 노예의 불행이 주인의 불행으로 이어지듯.' 연이어 나온 소설 『발랑틴 Valentine』, 『렐리아 Lélia』에서도 조르주는 열정적인 연애에 대한 여성의 권리를 주장했고, 결혼은 여성이 모든 권리를 잃어야 하는 제도라고 규탄했다.

여성이 문제없이 문학계에 들어갈 수 있는 유일한 방법은 정체성을 버리는 것이었다. 당시 깨인 사람들은 여성도 남성과 마찬가지로 글을 쓸 능력이 있다는 걸 이해했지만, 대다수의 사람들은 지성적인 주장을 하는 여성들을 유식한 체하는 여류 작가로 치부하며 경멸했다. 게다가 가부장적 사회에서의 여성의 역할은 아내와 어머니에 국한되었기 때문에 여성의 지적 활동은 사회규범에 어긋나는, 정도를 벗어난 행위로 비난받았다.

1804년에 공표된 나폴레옹 민법은 '미혼 여성은 이류의 존재, 기혼 여성은 하찮고 무능한 존재'라고 규정했다. 조르주 상드의 소설들은 여성의 자유를 옹호하고 있다. 그녀는 남성처럼 자유분방한 연애를 하며 열정적으로 살았고, 화려한 연애로 많은 스캔들에 휩싸이기도 했다. 담배를 피우고 남장 차림으로 다니며 소설을 써서 성공했고 남성을 골라서 연애하는 등 거침이 없었다.

1833년에는 시인이자 극작가인 알프레드 뮈세와 열애에 빠졌고, 결별과 화해를 반복하며 파란을 일으켰다. 공상적이고 낭만적이었던 조르주는 사랑의 증표로 아름다운 머리칼을 잘라 뮈세에게 보내기도 했다.

그다음으로 사랑한 남자는 남편으로부터 조르주를 지켜준 변호사 미셸 드 부르주였다. 왕정복고를 반대하는 공화주의자 미셸은 그녀에게 에마뉘엘 아라고, 알렉산드르 르드뤼 롤랭, 피에르 르루 같은 정치인들을 소개해주었다. 그녀는 7월 왕정에 종지부를 찍는 1848년의 혁명을 목도하면서 열광했다. 그녀는 르루 내각의 일원으로 정치 활동을 했고 공화정을 위해 봉사했다. 정치적 열정은 그녀의 소설에도 영향을 끼쳐서 그녀는 개인적 낭만주의를 탈피하고 공상적 사회주의를 표방한 소설들을 썼으며 작품을 통해 인간의 평등과 인도주의적 진보에 대한 문제를 제기했다. 『프랑스 일주의 동반자 Le compagnon

≫ 외젠 들라크루아(1798-1863), 조르주 상드의 초상, 1838, 캔버스 유화, 파리의 폴란드 도서관.

du tour de France』,『오라스Horace』,『콩쉬엘로Consuelo』,『루돌슈타트 백작 부인La Comtesse de Rudolstadt』,『앙지보의 방앗간 주인 Le Meunier d'Angibault』 등이 이 시기에 나온 사회주의 소설들이다.

1848년 6월, 거리로 뛰쳐나온 민중이 노동자의 권리를 주장하며 봉기했으나 공화정은 무참히 진압했다. 꿈이 무너지는 걸 목도하면서 조르주 상드는 그토록 그리워하던 고향, 베리 지방의 노앙으로 돌아간다.

조르주 상드는 1838년부터 작곡가이자 피아니스트인 프란츠 리스트와 그의 연인 마리 다구가 소개해준 프레데릭 쇼팽과 사랑에 빠져 있었다. 마리 다구도 다니엘 스턴이라는 남자 이름으로 활동하고 있었고, 역시 남편을 떠나 딸을 데리고 리스트의 집으로 들어간 자유분방한 여성이었다.

조르주는 노앙과 파리에서 쇼팽과 동거하면서 결핵을 앓고 있던 그를 극진히 보살폈다. 쇼팽은 그녀와 함께 산 10여 년 동안 아름다운 곡을 여러 편 작곡했다. 조르주도 훨씬 목가적인 소설들을 썼다. 시골 마을의 단순한 삶에서 진리를 발견한 듯, 어려서부터 읽은 철학자 루소의 자연주의에 입각한 소설들이었다. 하지만 쇼팽과의 사랑은 점점 식어갔고, 1847년 그들은 각자의 길을 가기로 하고 헤어진다.

외롭게 살던 조르주의 마지막 연인은 아들의 친구인 열세 살 연하의 알렉상드르 망소였다. 조각가이자 아마추어 코미디언인 망소와의 마지막 사랑은 1865년 결핵이 조르주 상드에게서 망소를 앗아갈 때까지 15년간 지속되었다.

여성들에게 열정의 문을 열어 보여준 조르주 상드는 1876년 일흔두 살 나이로 생을 마쳤다. ////////////////////////

////////////////////////
나폴레옹 민법(1804)은 미혼 여성은 이류의 존재, 기혼 여성은 하찮고 무능한 존재로 규정했다.
////////////////////////

해리엇 터브먼 Harriet Tubman   1849

ELLE A OSÉ   노예들을 자유롭게 하다

︽ 해리엇 터브먼의 초상, 1870.

"언젠가는 여성 참정권이 가능할 거라고 생각하십니까?" 해리엇 터브먼은 대답했다. "그럴 거라고 믿기에 나는 모진 고통을 감내했습니다."

1820년경, 미국 동부 메릴랜드의 한 농장에서 태어난 해리엇 터브먼의 본명은 '아라민타 로스'이고, 고통스러운 삶은 그녀의 동반자였다.

노예 부모의 딸로, 태어날 때부터 노예였고, 다섯 살 때부터 받아온 학대와 고통은 마침내 그녀가 서른 살이 되던 해에 도망칠 용기를 주었다. 그녀는 퀘이커교도들과 노예제 폐지론자들의 도움을 받아 자유를 찾아 필라델피아로 향했다.

150킬로미터, 그녀는 이 경로를 수없이 오가며 흑인 노예들을 구하게 된다. 남부의 흑인들은 당시 '지하철도'라는 은어로 불리던 조직망을 통해 북부로 탈출할 수 있었다. 그 인도자가 바로 해리엇이었고, 메릴랜드에서 필라델피아까지 계속해 오가며 흑인 남성과 여성, 아이들을 탈출시켰다. 해리엇은 그들을 노예 신분에서 벗어나게 해주고, 그들에게 인간의 존엄성을 돌려주었다. 1850년, 의회에서 남부 연맹은 '탈출 노예법'을 가결했는데, 도망치는 노예를 도와주는 자를 엄하게 처벌하는 법이었다. 하지만 해리엇은 용기를 잃지 않고 당시 노예들의 유일한 피난처가 된 캐나다까지 오갔다. 300여 명이나 되는 흑인들을 단 한 명의 낙오자도 부상자도 없이 인솔하여 탈출시켰다. 흑인들은 히브리인들에게 노예 생활을 면할 수 있게 해준 성서 속 인물에 빗대 그녀를 '흑인 모세' 또는 '모세 할머니'라고 불렀다. 구약성서의 출애굽기에서 희망을 본 해리엇은 고통과 굴욕을 받으면서 단련된 강인한 성격과 정신력으로 그야말로 아무것도 두려워하지 않았다.

1861년 남북전쟁이 일어났을 때, 해리엇은 북부 연방이 승리해야 노예제가 폐지될 거라고 판단했다. 그래서 북부 연방군을 위해 탈출 기술과 공격 작전 등 모든 지식을 전수했다. 노예제 폐지론자들과 함께 스파이로 활약하며 중요한 정보를 빼냈고, 그녀의 정보 덕분에 사우스캐롤라이나 습격 때 농장에서 수백 명에 이르는 노예를 구출할 수 있었다.

전쟁이 끝나고 노예제가 폐지된 이후에도 이 불굴의 투사는 미국 땅에 사는 아프리카계 흑인과 여성 들을 위해, 특히 여성참정권을 위해 치열하게 투쟁했다. 그녀는 여성도 완전한 시민임을 몸소 증명해 보였다.

해리엇은 가족들이 지켜보는 가운데 생을 마감했지만, 국가가 그녀에게 군복무에 대한 연금을 합법적으로 지급하기까지는 30년이 걸렸다. 해리엇 터브먼은 1913년 3월 10일 눈을 감았다. 1913년 2월 4일, '현대 시민권 운동의 어머니'라 불리는 아프리카계 로자 파크스가 태어난 지 한 달여가 지난 뒤였다. 해리엇 터브먼은 세상을 떠났지만, 로자 파크스로 인해 자유와 평등을 위한 투쟁은 아직 끝나지 않았던 것이다. /////////////////////////////

서태후 Cixi

1861

ELLE A OSÉ　권력을 향한 광기로 거의 반세기 동안 청나라를 통치하다

∧ 서태후, 1903년경.

1861년부터 1908년까지 거대한 나라 청나라를 통치한 마지막 황후는 권력에 대해 유별나게 집착한 여성으로 논란이 된 인물이다.

당시의 여성으로는 보기 드물게 권력욕이 강했던 서태후는 목적을 달성하기 위해서는 어떤 계략이나 잔인한 짓도 서슴지 않았다.

1835년 베이징에서 태어나 삼촌으로부터 교육받으며 성장했다. 지성과 미모를 겸비했던 옥난(서태후의 본명)은 열여섯 살 나이에 궁녀 60명 중 한 명으로 뽑혀 입궁했다. 스무 살 때 함풍제의 총애를 받아 1856년에 아들 재순(훗날 동치제)을 낳았는데, 함풍제의 유일한 아들이었다. 이로써 그녀는 제국에서 가장 중요한 제2 황후가 되었다.

황태자의 어머니가 된 서태후(자희황후)는 상황을 잘 이용했다. 함풍제 재위 시, 청나라는 두 번의 아편전쟁, 수많은 반란과 심각한 자연재해로 인해 크게 흔들렸다. 여러 가지 문제에 시달린 함풍제는 즉위한 지 11년째 되는 1861년에 사망했다.

서태후는 좀처럼 충족되지 않는 야심을 채우기 위

해, 제1 황후지만 존재감이 없었던 동태후(자안황후)와 함께 섭정을 시작했다.

1873년에 성년이 된 동치제는 '수렴 뒤에서 섭정하는' 어머니 없이 나라를 직접 다스리고 싶었다. 그러나 서태후는 수렴청정을 그만둘 생각이 전혀 없었다. 섭정의 원칙에 따라 옥좌 뒤에서 황실의 색깔인 노란 천으로 몸을 가리고 앉아 모든 걸 지켜보고 있다가 '천자'에게 지시 사항을 구술했다. 동치제는 밤마다 궁궐 밖 홍등가를 드나들었고 영국인들이 인도에서 들여온 아편을 피우며 환락에 빠져들었다. 많은 사람들은 동치제가 친정을 하게 되면 권력을 내주어야 하는 서태후가 아들의 관심을 정치에서 돌리기 위해 고의적으로 꾸민 일이라고 의심했다. 돌연, 동치제가 몹쓸 병에 걸려 열아홉 살 나이에 죽었기 때문이다.

아들이 죽자, 서태후는 다시 권력의 고삐를 쥐었고, 동치제를 이을 다음 황제로 조카 광서제를 간택했다. 불과 네 살인 광서제를 황제로 고른 것은 서태후가 수렴청정을 통해 계속 청나라를 다스리겠다는 의지의 표명이었다.

임신한 황후는 동치제가 사망한 지 얼마 후 자살했다. 사람들은 며느리의 자살에도 서태후가 연루됐을 거라고 의심했다. 공동으로 섭정하는 동태후도 마찬가지였다. 건강하던 동태후가 정무를 보던 중 몸이 불편하다더니 한 시간도 안 돼 돌연 죽어버린 것이다. 1881년이었다.

동태후마저 죽자, 황제 위의 최고 권력이 된 서태후는 독단적으로 청나라를 통치했다. 하지만 이 무렵의 청나라는 외세의 압력과 봉건 질서의 붕괴로 근대화의 필요성이 제기되던 시기였다.

광서제라는 이름으로 황제가 된 제첨은 1898년 '변법자강운동'에 나서면서 시대에 맞지 않는 법과 제도를 근본적으로 개혁하고자 했다. 그러자 서태후는 광서제를 국가를 통치할 수 없는 무능력자로 몰아붙여 자금성에 유폐시킨다.

≪ 서태후의 초상, 19세기, 캔버스
유화, 베이징, 여름 궁전.

△ 가마에 탄 서태후와 내시들,
　 19세기.

또다시 권력을 장악한 서태후는 최고 권력을 계속 유지하기 위해 '의화단의 난'을 선동했다. 특히 아편전쟁 이후로 상업적인 목적으로 너무 많이 들어와 있던 외국인들을 몰아내기 위한 일이었다.

당시 청나라는 아편전쟁 이후 굴욕적인 조약들을 받아들이고 있었다. 때문에 열강의 경제적 침탈에 고통받는 것은 민중이었다. 서양 세력에 대한 반감이 반기독교 운동으로 표출되었는데, 가장 대표적인 사례가 의화단 운동이다. 서태후의 선동으로 비밀결사 조직인 의화단이 베이징에 주재하는 외국 공관들을 습격하고, 청나라의 기독교도들과 서양 선교사들까지 죽이자, 외국 열강들은 강력히 반발했다.

영국, 미국, 독일, 오스트리아, 이탈리아, 프랑스, 러시아, 일본으로 이뤄진 서태후는 당시 여성으로서는 드물게 글을 읽고 쓸 줄 알았다. 몇 년 동안 그녀는 황제의 곁을 지키면서 정치에 관여했다. 그것은 남성이 지배하는 사회에서 신성모독적인 행동이었다. 하지만 권세욕이 강했던 서태후는 그 경험으로 국정을 장악하는 방법을 터득했다.

8개국 연합군은 의화단의 난이 일어난 지 한 달 후 베이징을 함락하고 반란을 진압했다. 예순다섯 살의 서태후는 농민으로 변장하고 자금성을 도망쳐 나와 시안*으로 피난을 떠나야 했다.

굴욕적인 패배였다. 청나라는 서양인들에게 천문학적인 배상금을 지불해야 했고, 의화단은 참수되었다.

청나라의 힘은 더욱 약해졌다. 서태후는 최후의 노력으로 나라를 개혁하려고 했으나 이미 너무 늦은 때였다.

광서제는 서른여덟 살에 죽었는데, 그의 머리에서 상당한 양의 비소가 발견될 때까지는 모두 자연사라고 생각했다.

조카 광서제가 죽은 지 스물두 시간 후, 이번에는 서태후가 운명했다. 그녀의 나이 일흔셋이었다. 서태후는 죽기 전, 청나라를 구하기 위한 마지막 행적으로 세 살도 안 된 아이를 광서제의 뒤를 이을 황제로 지목했다.

그 아이가 바로 중국 청나라의 12대 마지막 황제인 부의다.

---

* 　중국 산시성의 성도.

빅투아르 도비에 Victoire Daubié   1861

ELLE A OSÉ **여성 최초로 바칼로레아 시험을 치르다**

︽ 피에르 프티(1831-1909),
쥘리 빅투아르 도비에의
초상, 19세기, 사진술, 파리,
마르그리트 뒤랑 도서관.

'대학 입학 자격을 얻은 모든 학생에게 바칼로레아는 승리의 트럼펫 소리처럼 들린다.' 언론에 쓰인 글이다.

빅투아르, 즉 '승리'는 특히 대학 입학 자격시험 합격자에게 적절한 단어다. 실제로, 빅투아르 도비에는 나폴레옹이 1808년에 제정한 바칼로레아 시험을 치른 최초의 여성이다. 여성은 고등학교와 대학교 진학이 금지되어 있던 시대에, 나폴레옹의 민법상에는 고등교육을 받을 수 있는 관문인 바칼로레아 응시를 위한 자격에 '지망자'라고만 기재되어 있는 덕분이었다.

빅투아르는 남녀 구분 없이 '지망자'라고만 쓰인 것을 근거로 여성의 고등교육을 위한 투쟁을 시작한다.

1824년 보주 지방 소시민 계급의 집안에서 태어난 빅투아르는 두 살 때 아버지를 여의고, 홀로 8남매를 키우는 어머니를 보며 자랐다.

가정 형편이 어려웠지만 빅투아르는 열심히 공부했고 1844년 교사 자격증이라고 할 수 있는 '능력 증명서'를 취득하여 가정교사로 일했다.

메리 울스턴크래프트와 마찬가지로, 빅투아르는 남녀의 불평등 교육을 규탄했다. 당시 대다수 여성은 수녀들에게서 교육을 받았는데, 수녀들은 수도원장이 능력을 증명하는 '복종 서약' 이외의 다른 교육은 받지 못한 이들이었다.

그 시대의 용어를 따르자면 '하층 계급'에 속하는 여성의 운명에 울분했던 빅투아르는 1859년 『19세기의 비참한 여성 La Femme pauvre au XIXᵉ siècle』을 발표했다. 이 책이 과학과 문학, 예술에 수여하는 리옹 아카데미의 최우수상을 받으면서 그녀의 이름이 세상에 알려지게 된다.

빅투아르는 여러 객관적인 사실을 근거로, 여성들은 보다 나은 직업을 가짐으로써 비참한 상황에서 벗어나야 한다고 결론지었다. 이것은 여성이 반드시 진정한 교육을 받아야 한다는 걸 전제로 하고 있다.

19세기에도 여전히 여성은 남편과 가정만을 돌봐야 하며, 여성은 그러기 위해 태어난 것이므로 그것 말고는 할 줄 아는 게 아무것도 없다는 인식이 있었다! 하지만 여성의 열등성은 천성적이거나 선천적인 것이 아니라 불평등에 의한 것이다. 기혼 여성은 모든 권리를 박탈당한 미천한 존재이고, 일하는 여성은 하찮은 직업만 얻을 수 있을 뿐이며, 플로라 트리스탕의 표현에 따르면, 착취당하고 있기 때문이다.

따라서 더 나은 미래를 기대하려면 여성은 더 나은 직업을 가질 수 있어야 하고, 그러려면 교육을 받아야 한다.

신념이 확고했던 빅투아르는 바칼로레아에 응시하는 것으로—민법에 여성에게는 응시 자격이 없다고 명시되어 있지 않고 '지망자'라고만 기재되어 있기 때문에—여성의 교육 문제를 위한 투쟁을 시작했다.

빅투아르는 여성 교육에 대한 억압을 무너뜨리기 위해 솔선수범한다. 서른일곱 살 나이에 바칼로레아 시험에 응시한 것이다.

빅투아르는 여러 아카데미에 지원하지만 번번이 거부당했다. 그렇지만 당시 교육계에서 가장 영향력 있는 생시몽주의자 사업가인 프랑수아 바르텔레미 아를 뒤푸르의 지원을 받는 리옹 아카데미에서는 그녀를 받아주었다. 신부인 오빠에게서 그리스어와 라틴어를 배울 수 있었던 것이 그녀에게는 다행이었다. 여성이 그리스어와 라틴어를 배울 기회는 없었지만, 바칼로레아 시험에서는 필수과목이었다.

1861년 8월 17일, 빅투아르 도비에는 바칼로레아에 당당히 합격했다!

그럼에도 대학에 입학하는 것은 쉽지 않았다. 그녀의 승리를 자랑스럽게 생각하는 리옹의 학생들이 모금을 통해 대학교 입학의 표시인 금반지를 빅투아르에게 전달했지만, 교육부 장관 귀스타브 롤랑은 탐탁해하지 않았다. 그는 외쳤다. '그러니까 내 장관직을 우습게 보겠다는 건가!' 그러자 이번에도 아를

여성은 결국 차지할 수 있는 것만 얻을 뿐인 사회 환경에 살고 있다.

뒤푸르가 나서서 바칼로레아에 합격한 빅투아르를 도와주었다. 아들 뒤푸르가 친분이 있는 나폴레옹 3세와 외제니 몽티조 황후의 동의를 얻어낸 것이다. 동시에 페미니스트 기자이자 자유사상가이고 프리메이슨* 단원인 레옹 리셰르가 주동해 언론 캠페인을 벌였다. 1862년 3월, 황후의 명이 떨어지자 교육부 장관은 마지못해 복종하면서 마침내 빅투아르의 입학 서류에 서명했다.

빅투아르는 거기서 멈추지 않고 더 나아가 문학 학사 학위를 원했다. 당시 여성은 소르본 대학에서 강의를 들을 수 없었기 때문에 그녀는 독학으로 1872년 10월 28일 문학 학사 학위를 취득했다. 남성의 전유물인 학사 학위를 여성이 취득한다는 건 상상도 못하던 때였다!

빅투아르는 여세를 몰아, 늘 지지해주는 아들 뒤푸르와 함께 '여성의 점진적 해방을 위한 협회'를 창설했다. 기자가 된 빅투아르는 조르주 상드, 마리 다구, 쥘리에트 아담, 알렉상드르 뒤마 피스† 등의 작가들을 비롯해 철학자이자 정치가인 쥘 시몽과 교우했고, 정기적으로《여성의 권리》신문의 설립자 레옹 리셰르에게 협력했다.

빅투아르는 「로마 시대 여성의 사회적 신분」을 주제로 논문을 쓰던 중 결핵에 걸려 쉰 살에 사망했다.

젊은 여성들이여, 바칼로레아 시험을 치를 때 의지와 투쟁 정신으로, 여러분에게 고등교육의 문을 활짝 열어준 이 여성을 기억하시라. 아름다운 빅투아르를! ////////////////////////////

---

* 18세기 초 영국에서 시작된 세계시민주의·인도주의를 표방하는 단체.

† 『동백꽃 부인』(일명 춘희)의 작가. 아버지 뒤마와 구별해 소小 뒤마로도 부름.

알렉산드린 티네 Alexandrine Tinne   1869

ELLE A OSÉ   사하라 사막을 횡단하다

△ 에밀 앙투안 바야르(1837-1891),
알렉산드린 페트로넬라 프란치나
티네, 1871, 석판화, 파리,
장식미술 도서관.

여행과 지리적 발견은 남성만의 영역이 아니다. 물론 많지는 않지만 여성도 다른 민족, 다른 풍경, 다른 나라 들을 찾아 지구를 횡단했다.

여성 여행자라고 하면 규제를 어기고 멋대로 돌아다니는 외로운 사람이거나 영적 탐구를 하는 사람이라는 이미지가 있었다. 하지만 19세기 중엽 네덜란드의 부유한 상속자 중 한 사람인 알렉산드린 티네의 경우는 그렇지 않다.

대담한 여성 탐험가들이 다 그렇듯, 알렉산드린은 아프리카에 대한 열정이 대단했다. 그녀는 우선 엄청난 규모의 카라반을 이끌고 나일강의 수원을 찾아 출발했다. 배, 보트, 노새, 많은 책, 모자 상자들, 사진기 등 온갖 것을 실었고, 수행원은 200명에 이르렀다.

여성 최초로 사하라 사막 횡단을 시도한 이 유럽 여성에게는 목숨을 건 여행이었다.

알렉산드린 티네는 1835년 10월 17일 네덜란드 헤이그에서 태어났다. 아버지는 네덜란드의 부유한 상인이었고, 어머니는 헨리에트 판 카펠렌 남작 부인으로, 네덜란드의 저명한 해군 부제독의 딸이었다. 알렉산드린은 아주 개방적이고 부유한 환경에서 성장했다. 아버지는 그녀가 아직 어릴 적에 사망했지만 여행에 대한 취미를 심어주었다. 아버지가 사망한 1844년, 알렉산드린은 네덜란드 최고 족벌에 속해 있었다.

　그녀는 어머니와 함께 북유럽을 여행했고, 이탈리아 여행 중에는 눈 때문에 길이 막히자 트리에스테에서 배를 타고 이집트로 떠났다. 모녀는 나일강 상류 아스완 제1 폭포까지 갔다가 수단 국경으로 향했다. 눈앞에 펼쳐지는 모든 것에 경탄하면서 알렉산드리아로 돌아간 다음, 항해를 결정했다. 야파 항구에 정박한 다음 예루살렘에서 체류하다 다마스를 경유해 다시 카이로로 돌아갔다.

　알렉산드린은 아프리카를 더 알고 싶었다. 그녀는 이렇게 썼다. '어릴 적에 지리 공부를 할 때 지도를 보면 아프리카 대륙은 중앙에 커다란 공간이 있었다. 나는 늘 그곳에 가고 싶었다. 그 미지의 지역에 일단 가보고 나니 불빛에 이끌리는 나방처럼 나는 본능에 이끌듯 또 그곳으로 다시 돌아가고 싶다.'

　1857년 누비아까지 일주한 뒤, 알렉산드린은 어머니와 함께 네덜란드로 돌아갔다. 다음 탐험을 준비하기 위해 돌아가는 것이었다. 1861년, 모녀는 다시 카이로에 갔다. 청나일강을 따라 에티오피아까지 가는 것뿐만 아니라 노예제와 싸우는 것도 그들의 목적이었다. 아스완 댐 건설로 사라진 나일강 상류에 있는 수단의 도시 코로스코에 도착한 다음, 카라반은 누비아 사막으로 이동했고, 베르베르에 이어 백나일강을 따라 수단의 수도 카르툼까지 갔다. 알렉산드린 일행은 강을 거슬러 올라가다 수단 남부의 곤도코로까지 갔다가 나일강 지류 중 가장 북쪽에 위치한 소바트강에 도착했다. 이 소바트강이 바로 홍수가 일어났을 때 하얀 퇴적물이 휩쓸려왔다고 하여 백나일이라 불리는 강이다.

　아름다운 경관과 광활한 평원, 오두막집들, 아카시아 숲, 타마린드, 양 떼, 새, 어디서도 볼 수 없는 식물 군락을 보던 모녀는 노예선과 마주치면서 마법에서 깨어났다. 알렉산드린은 노예들이 학대받는 잔혹한 광경을 목격하고는 공포 그 자체였다고 묘사했다. 그녀가 할 수 있는 일은 남성과 여성, 어린 노예 들을 사서 자유와 존엄성을 돌려주는 것이었다. 카르툼으로 돌아가는 배는 그녀가 해방시킨 흑인들로 가득했다.

　1863년 2월에 떠난 탐험은 덜 행복했다. 가젤의 바르엘가잘강으로 가던 도중에 만난 부족들의 환대는 대단했다. 부족들은 알렉산드린을 콘스탄티노플 술탄의 딸이라고 생각하고 수단의 왕비 자리까지 제안했다. 하지만 이 습지대는 온갖 종류의 열병과 말라리아, 콜레라가 창궐하기 십상이었다. 게다가 수차례의 탐험에 지친 어머니가 사망하고 만다. 지리적·과학적 발견에도 불구하고 어머니의 죽음으로 슬픔에 빠진 알렉산드린은 카이로로 돌아갔다.

　슬픔을 달랠 길 없었던 알렉산드린은 지중해의 여러 나라를 두루 돌아다니다 알제리에 정착했고, 그제야 다시 모험을 떠날 생각을 할 수 있게 된다. 1869년 1월, 그녀는 알제리의 사하라를 횡단하여 아프리카 중심부에 가기로 결정했다. 여행 초기는 순조로웠고, 낙타 100마리로 이뤄진 카라반은 사막을 가로지르며 전진했다. 그녀는 그토록 사랑하는 경관과 사구, 오아시스, 구엘타 다르쉐 호수, 카르스트 오목 지형인 다야를 다시 만났다. 리비아 남서쪽에 위치한 오아시스 도시 무르주크에 도착한 알렉산드린은 이케누켄 족장을 만났고, 투아레그족 마을을 방문하기 위해 그에게 신변 보호를 요청했다.

　하지만 족장은 투아레그족의 물욕을 제지하지 못했다. 그녀는 총에 맞아 죽었고, 그녀의 많은 트렁크들은 투아레그족이 나눠 가졌다. 그녀의 시신은 발견되지 않았다. 알렉산드린 티네는 자신이 꿈꾸던 모래 속에 종적 없이 묻혔다.

/////////////////////////////

3

LE TEMPS DE
LA REVENDICATION

요구의 시대

빅토리아 우드헐·마리아 드렘·엘로이사 디아스 인순사
이자베우 두 브라질·에멀린 팽크허스트·사라 베르나르
알리스 기·샬롯 쿠퍼·마리 퀴리·베르타 폰 주트너·추근
아네트 켈러먼·셀마 라겔뢰프·클라라 체트킨
엘리노어 데이비스 콜리·커레스 크로스비

빅토리아 우드헐 Victoria Woodhull   1872

ELLE A OSÉ 최초로 여성 대통령 후보로 출마하다

///

△ 빅토리아 클라플린 우드헐.

빅토리아는 여동생 테네시와 함께 기존의 질서를 뒤엎는, 특히 여성으로서 대중이 미처 예상 못한 시도를 했다. 사랑, 신앙생활, 금융, 매스커뮤니케이션, 언론, 정치, 여성의 권리 등 모든 분야에서 유례를 찾아볼 수 없었다.

그렇지만 어느 모로 보나 빅토리아는 미합중국의 대선 후보에 나설 운명은 아니었다.

빅토리아는 1838년 9월 23일, 오하이오주 호머에서 스코틀랜드 출신 부모 아래 태어났다. 아버지는 보잘것없는 상인이었고, 어머니는 그 가게에서 일하며 남는 시간엔 사람들에게 점을 쳐주곤 했다. 빅토리아의 형제는 열 명이나 되었고 부모는 자식들을 부양하기 힘든 형편이었다.

결국 부모는 열다섯 살밖에 안 된 빅토리아를 나이가 두 배나 많은, 알코올중독자 의사에게 시집보냈다. 하지만 바람둥이 남편은 다른 여자들에게는 돈을 펑펑 쓰면서도 아내에게는 아주 인색했다.

빅토리아는 남편과 함께 샌프란시스코로 이주했고, 장애가 있는 아이를 낳았다. 남편은 거의 일을 하지 않았고, 빅토리아가 배우로 일해서 버는 돈으로 살았기 때문에 생활엔 여유가 없었다. 살길이 막막했던 빅토리아는 여동생 테네시가 있는 인디애나폴리스로 가족을 데려갔다. 자매는 영매술로 식구들을 부양했다. 얼마 후 가족 모두가 뉴욕으로 떠났고, 빅토리아는 거기서 딸을 낳았다.

빅토리아는 계속 이동하면서 영매술 강사로 돈을 벌었는데, 특히 그녀의 전문 소재는 여성의 권리에 관한 것이었다. 세인트루이스에서 제임스 블러드 대령을 만나 사랑에 빠진 빅토리아는 남편과 이혼한다. 하지만 이혼한 여성을 바라보는 사회의 시선은 곱지 않았다. 빅토리아는 '성적 노예'와 다름없는 아내들의 실태에 분개했다. 남자는 여러 여자를 둬도 되는데 여자는 남편에게 일편단심이어야 하는 게 말이 되는가.

빅토리아는 제임스 블러드와 함께 뉴욕으로 떠났다. 그사이 동생 테네시는 미국인 갑부 사업가인 코넬리어스 밴더빌트와 교제하고 있었다. 아들을 잃고 실의에 빠져 있던 코넬리어스도 영매술에 빠져들었다.

자매에게 반한 코넬리어스가 월스트리트에 환전소를 열어주었는데, 뉴욕에서 여성들이 차린 최초의 환전소였다. 언론에서 자매를 가리켜 '마법사 브로커'라고 부를 정도로 사업은 번창한다.

1869년, 빅토리아는 여성의 투표를 찬성하는 대회에 참석했고, 이때 그녀의 길이 정해진다. 미국 수정헌법 14조와 15조에는 모든 시민에게 투표권을 부여한다고 규정되어 있었다. 따라서 여성도 투표할 수 있어야 한다는 걸 확인한 것이다.

'전국 여성참정권 협회'의 주목을 받게 된 빅토리아는 자신의 이름과 딸의 이름을 따서 지은 주간지 《우드헐과 클라플린 위클리Woodhull and Claflin's weekly》를 발간했다. 그녀는 기사를 통해 자유연애, 여성의 투표, 노동조건 등 여성의 자유를 위한 여러 관점에 대해 견해를 피력했다. 그리고 최초로 칼 마르크스의 『공산당 선언』을 일부 번역한 기사를 싣기도 했다.

1870년부터 빅토리아는 2년 후의 차기 대선 후보 출마를 공식적으로 선언했다. 그렇지만 참정권은커녕 여성 투표권도 없던 시절이었다. 여성이 참정권을 얻어낸 것은 거의 반세기 뒤인 1920년이었다.

빅토리아는 당원이 수천 명에 이르는 '평등권당'의 지지를 받았다. 권력의 자리가 남성의 전유물이 된 것을 규탄하는 캠페인에 동참하면서 그녀는 여성 해방에 대한 자신의 생각을 발전시킬 수 있었다. 그렇게 잘나가던 빅토리아에

톡톡 튀는 빅토리아는 특별한 삶을 산 사차원적인 여성이다. 엉뚱하면서도 영리하고 지혜로운 빅토리아는 자칭 영매술로 상황을 예측하고 진로를 바꾸었다.

123

게 걸림돌이 나타난다. 남녀평등, 흑인과 백인의 평등에 대해 말하고, 자유연애와 더욱 공정한 사회의 도래를 주장하는 여성이 이혼녀라는 사실에 보수주의자들이 격분한 것이다.

빅토리아는 사실 당선될 확률이 거의 없었다. 미국인들은 여성 후보를 받아들일 준비가 되어 있지 않았고, 그녀는 대선 후보로 나설 수 있는 나이도 아니었다. 대선 후보의 자격은 서른다섯 살 이상이어야 하는데 그녀는 서른네 살이었기 때문이다. 게다가 빅토리아는 그녀가 발간한 주간지에 헨리 워드 비처 목사와 젊은 신자의 섹스 스캔들을 폭로했다는 이유로 투표 당일에 경찰서로 연행되어 한 달을 감옥에서 보내야 했다. 그녀의 이름이 기재된 투표용지는 모든 주에 배포되지 않았고, 따라서 개표할 것도 없었다. 최초의 여성 대권 후보가 과연 표를 얼마나 얻었을까는 영영 알 길이 없어진 것이다.

몇 년 후, 빅토리아는 다시 이혼하고 영국으로 떠났는데, 그곳에서 부유한 은행가를 만났다. 대선 후보로 출마했던 빅토리아 우드헐은 재혼한 남편과 평온한 여생을 보내다 여든여덟 살에 생을 마감했다. ////////////////////////////

마리아 드렘 Maria Deraismes 　　　　　　1882

ELLE A OSÉ　프리메이슨 단원이 되다

>> 에티엔 카르자(1828-1906),
마리아 드렘의 초상, 19세기,
파리.

'인류에 있어 여성은 남성과 동등한 의무를 가지고 있으므로, 가정과 사회에서 동등한 권리를 가져야 한다.' 국제 혼성 프리메이슨단 파리 지부 '인권Le Droit Humain'의 신이집트 양식 건물 외벽에 새겨져 있는 글이다.

　　이 지부는 19세기 말에 설립되었으며, 최초로 여성을 가입시킨 프리메이슨 단체다. 이 지부가 탄생한 것은 의사이자 정치가인 조르주 마르탱과 페미니스트 마리아 드렘 덕분이다. 마리아는 과감하게 프리메이슨 신전의 문을 밀고 들어간 최초의 여성이다. 그녀는 남녀를 구별하지 않고 받아들이는 새로운 지부가 창설되리란 놀라운 직관력을 가지고 있었다.

　　프리메이슨은 로지Lodge라는 집회를 단위로 구성되는 중세의 석공 길드에서 비롯되었으며, 1717년 런던에서 네 개의 로지를 통합한 그랜드 로지가 탄생했다. 1723년, 프로테스탄트 목사 앤더슨이 헌장을 편찬하면서 프리메이슨 단원이 준수해야 할 몇 가지 의무가 제정되었으며, 종교적 관용을 중시했다. 하지만 여성에게는 입회의 문이 닫혀 있었다. 앤더슨의 헌장, 제3조는 이렇게 규정하고 있다. '로지에 가입하려면 선량하고 충직하고 성숙하며 신중한 자유인이어야 한다. 농노, 여성, 부도덕한 추문에 연루된 남성은 입회를 허용하지 않는다.' 페미니스트 마리아 드렘은 이런 성차별을 받아들일 수 없었다.

1828년 파리, 볼테르주의를 신봉하는 중산층의 자유로운 환경에서 태어난 마리아는 교육을 받고 자랐다. 종교와는 무관하고 학식을 갖춘 공화주의자 마리아는 사회 개선에 적극적으로 참여하고 싶었다. 그녀는 여성해방 및 남성과 여성의 법적 평등을 위해 싸우기 시작했다. 기자이자 강연자로 활동하면서 마리아는 이내 프리메이슨의 주목을 받았다. 1882년 1월 14일, 파리 지역의 '르 페크의 자유사상가들Le Libres-Penseurs de la ville du Pecq'이란 로지에서 마리아를 받아주었다. 앤더슨의 헌장을 중대하게 위반하는 일이었다. 반대가 심해지자, 마리아는 단원들에게 피해를 주지 않으려고 스스로 물러났다.

그녀는 유언장에 이렇게 썼다. '여러분에게 미완성된 이 신전을 남기니, 신전에서 인류의 권리를 추구하시오.'

하지만 거기서 투쟁을 멈출 마리아가 아니었다. 여성해방을 지지하는 프리메이슨 단원인 조르주 마르탱이 그녀를 지원해주었다. 두 사람은 여성의 로지 입회 허용을 위해 애썼고, 1892년 6월 1일, 마침내 중산층 공화주의자 여성 열여섯 명이 수습생으로 프리메이슨에 가입할 수 있었다.

1893년 4월 4일, 스코틀랜드파를 상징하는 프랑스의 혼성 그랜드 로지, '인권'이 공식적으로 창단되었고, 나중에 국제 혼성 프리메이슨 단체 '인권'이 된다.

하지만 마리아 드렘은 혼성 프리메이슨이 실현되는 걸 보지 못한 채 1894년 2월에 사망했다.

126

엘로이사 디아스 인순사
Eloísa Díaz Insunza

1886

ELLE A OSÉ   남아메리카 최초의 여성 의사가 되다

△ 루이스 페르난도 라하스
(1857~1952), 엘로이사
디아스의 초상, 19세기, 판화,
칠레 국립도서관.

'명예로운 여성은 말하지 않는 여성이며, 그러면 사람들도 그 여성에 대해 말하지 않는다.' 이것이 19세기 칠레의 여성상이었다.

그러나 남아메리카의 태평양 전쟁으로 여성에 대한 시선은 달라졌다. 안토파가스타에서 광산 개발을 이뤄낸 칠레는 광물 자원을 두고 인접한 볼리비아와 갈등하게 되었고 페루와도 마찰이 일어나면서 1879년에서 1884년까지 전쟁을 치렀다. 전쟁할 때마다 여성들이 전면에 나서서 부상병들을 돌보았고, 뒤에서는 경제가 돌아가도록 힘썼다. 평화조약이 체결되자, 자유주의자들의 주도 아래 여성의 권리가 고려되기 시작했다.

1877년에 제정된 아무나테기 법령(교육부 장관의 이름을 딴)이 발효되면서 여성에게 대학의 문이 열렸다. 그때까지 여성에게는 고등교육이 금지되어 있었으나 이제 여성들도 사범학교를 나와 교사가 되거나 성심회 수녀들로부터 교육을 받을 수 있었다. 엘로이사 디아스 인순사가 교육을 받고 남아메리카 대륙 최초의 여성 의사가 될 수 있었던 것은 바로 이 법령 덕분이었다.

엘로이사는 1866년 칠레의 산티아고에서 태어났다. 그녀는 열다섯 살에 대학 입학 자격시험에 통과함으로써 여성은 공부를 위해 태어난 것이 아니라는 편견을 깼다. 1881년, 그녀는 의과대학에 응시해 심사위원들 앞에 섰다. 그녀가 면접시험을 치르는 동안 아무나테기 교육부 장관은 대기실에서 초조하게 결과를 기다렸다. 엘로이사는 만장일치로 합격했고, 라틴아메리카에서 대학

1910년, 엘로이사는 모든 의료 및 사회 활동에 대한 공로를 인정받아 '라틴아메리카의 영광스러운 여성'으로 선정되었다.

교에 입학한 최초의 여성이 되었다. 하지만 어머니와 함께 강의를 들어야 하는 사회적 관습 때문에 교수진과 학생들의 인정을 받기까지 어려움을 겪었다. 하지만 이 모든 난관을 극복하고 1886년 마침내 외과 박사 학위를 받았다.

　이때부터 엘로이사는 산티아고의 산 보르자 병원 산부인과에 근무하면서 대학에서는 의과 교수와 의료 감시관으로 활동했다. 그녀는 불굴의 의지로 유치원을 만들고, 모든 이에게 개방된 종합병원도 만들었다. 뿐만 아니라 빈곤으로 인한 질병 예방과 학교의 보건 위생에도 신경을 썼다. 오랜 세월 그녀는 국민의 건강을 위해 헌신했고 60세에 퇴직했다. 퇴직 후에도 여성 국가 위원회에서 적극적으로 활동하던 엘로이사는 그토록 고대하던 여성 투표권이 시행된 지 1년 후, 1950년 84세에 세상을 떠났다. ////////////////////////////

이자베우 두 브라질 Isabel Do Brazil   1888

ELLE A OSÉ 황금법에 서명함으로써 공식적으로 노예제를 폐지하다

《 루드비히 안제레(1827-1879),
이자베우 두 브라질, 1870.

1500년, 페드루 알바레스 카브랄이 이끄는 포르투갈 원정대가 브라질 해안에 도착했을 때, 그곳에는 반유목민 인디오들이 살고 있었다. 포르투갈 이주자들은 브라질 원주민들을 노예로 삼고자 했지만, 자유롭게 이동하며 살아온 원주민들은 죽는 쪽을 택한다.

1600년, 포르투갈은 세계 최대 설탕 생산지인 브라질에서 더 많은 사탕수수를 재배하고 더 많은 설탕을 뽑아내기 위해 아프리카 흑인들을 노예로 끌고 왔다. 노예 거래는 19세기까지 계속되었다.

1815년, 포르투갈은 식민지 브라질에 부왕령을 설치했다. 주앙 6세의 포르투갈 왕실은 리스본으로 귀환하지만, 아들 페드루 데 알칸타라 왕자는 섭정으로 잔류하다 1822년 브라질의 초대 황제 페드루 1세로 즉위했다. 그 뒤를 이은 페드루 2세는 개성이 강하고 문화를 사랑했으며 노예제를 혐오하는 군주였다.

페드루 2세는 1842년 시칠리아 부르봉 왕가의 테레사 크리스티나 공주와 결혼했는데, 얻은 자식

이 모두 딸이었다.

1846년 11월 15일, 리우데자네이루의 생 크리스토프 궁전에서 태어난 황녀 이자베우는 여동생 레오폴디네와 함께 교육받았다. 딸은 나라를 통치할 수 없다고 생각한 페드루 2세는 이자베우에게 통치권에 대해서 아무것도 가르치지 않았다. 이자베우는 열네 살 때 헌법에 따라 가톨릭을 유지하며 브라질의 정치 헌법을 준수하고 법과 황제에게 복종하겠다고 선서했다.

이자베우가 열여덟 살이 되자, 왕조의 존속을 염려한 페드루 2세는 두 딸의 배우자를 유럽 궁정에서 찾았다. 프랑스의 왕, 루이 필립 1세의 두 손자 중 오귀스트 드 삭스 코부르 코아리 왕자는 이자베우의 배필로, 가스통 도를레앙 왕자는 레오폴디네의 배필로 낙점했다. 그렇지만 페드루 2세는 두 왕자가 딸들의 마음에 들어야 한다는 조건을 달았다.

사촌 간인 두 왕자는 1864년 9월에 브라질에 도착했다. 그런데 자매는 아버지가 낙점한 왕자들을 서로 바꿔서 선택했다.

1864년 10월 15일, 이자베우는 가스통 도를레앙 왕자와 결혼했다. 커피, 설탕, 고무, 금 생산으로 경제가 급성장한 브라질은 안정기를 맞고 있었다. 하지만 그 풍요 뒤에는 비참한 노역으로 대가를 치르는 인간들이 있었다! 노예들이 아프리카에서 브라질로 향하는 화물선들에 실려 광산과 사탕수수 농장으로 보내지고 있었다. 노예들의 생활 조건은 말로 표현할 수 없을 정도로 참담했다. 그들은 굶주린 채 쉴 새 없이 일해야 했고 사슬에 묶인 채 학대를 받았으며, 가톨릭으로 개종해야 했다.

그러자 지식인들이 노예제에 대한 비판의 목소리를 내기 시작했다. 1823년, 자연주의자이자 정치가인 조제 보니파시우는 노예제에 대해 '국가의 기반을 위협하는 치명적인 병폐'라고 비판했다. 그러나 이 주장은 곧 강력한 저항에 부딪혔다. 상인과 대지주 들 그리고 노예의 노동으로 부유해진 농장주들이 노예제 폐지를 반대하고 나섰던 것이다. 그렇게 노예제는 폐지되지 않고 이어졌다.

1871년 페드루 2세는 유럽으로 돌아가고, 당시 스물네 살이던 이자베우가 섭정의 권한을 행사했다. 그해 10월, 이자베우는 1871년 이후에 태어난 노예의 자식들에게 자유를 주는 '자유인 출생법'을 조인했다. 그리고 1887년 다시 한 번 섭정으로서의 권한을 행사한다. 노예제를 폐지하려는 이자베우의 정책에 보수 내각이 저항했기 때문이다. 이자베우는 반정부 시위를 구실 삼아 내각을 해산하고 노예제 폐지를 지지하는 새 장관을 임명했다.

1888년 5월 11일, 노예제 폐지법이 의회에 상정되었다. 5월 11일과 12일에 토론을 거친 뒤, 13일 오전, 투표에 부쳐졌다. 오후 세 시, 브라질의 황녀 이자베우 드 브라간사는 페트로폴리스에서 '황금법'에 서명했고, 노예제는 공식적으로 폐지되었다. 이자베우는 이때를 위해 특별히 금으로 제작한 펜으로 서명했다.

모든 이가 반긴 것은 아니었다. 전 장관은 이자베우에게 말했다. '폐하는 노예들을 해방시켰지만, 황위를 잃었습니다.' 실제로 1년 후, 이자베우는 폐위된다. 끝까지 인도주의적 약속을 지킨 이자베우는 이렇게 대답했다. '내가 천 개의 옥좌를 가졌다면, 브라질의 노예들을 해방시키기 위해 천 개의 옥좌를 내어줬을 것이오.'

1889년 11월 17일, 이자베우는 가족과 함께 브라질을 떠나 프랑스로 향했다. 그녀는 남편의 집에서 여생을 보내다 1921년 11월에 사망했다. 1953년 7월, 이자베우의 유해는 브라질로 돌아갔다. 브라질의 황녀는 자신이 황금법에 서명했던 도시 페트로폴리스의 성당 황실 영묘에 안장되었다.

황녀 이자베우는 도망치는 노예들을 도와주고, 리우로 피신한 노예 공동체 '킬롬보 데 레브룽'을 지원해주었다. 노예제 폐지론자인 한 지주가 노예들을 보호하면서 동백나무를 재배했는데, 이때부터 동백꽃은 노예제 폐지를 지지하는 이들을 식별하는 징표가 되었다. 이자베우 역시 궁전을 동백꽃으로 장식했다. 그래서 동백꽃은 자유와 평등의 상징이 되었다.

에멀린 팽크허스트 Emmeline Pankhurst   1889

ELLE A OSÉ   영국 여성의 투표권을 획득하다

여성 투표 금지가 불공정한 만큼 에멀린의 결의는 강력했다.

에멀린의 투쟁은 가문의 역사일 뿐만 아니라 여성운동의 역사이기도 하다. 실제로 그녀의 남편과 딸들도 여성참정권 운동에 적극 참여한 여성 시민 해방의 주역들이다.

에멀린 팽크허스트는 1858년 맨체스터의 정치색이 강한 가정에서 태어났다. 당시는 언론에서도 참정권을 위해 투쟁하는 여성들을 조롱하던 때였다. 에멀린은 이미 열네 살 때부터 여성 투표권에 관심을 갖기 시작했고, 프랑스로 유학을 떠났다.

유학 생활을 마치고 영국으로 돌아온 에멀린은 1878년 스물네 살 연상의 변호사와 결혼했다. 급진적 성향을 가진 남편은 에멀린이 1889년 '여성참정권 연맹'을 결성하고 투쟁하도록 도왔다. 아이를 다섯이나 낳아 키우면서도 그녀는 정치 활동에 참여했고, 자유당에 이어 독립노동당에 들어가 여성부의 일원이 되었다. 그러나 여성의 권리에 소극적인 남성 중심의 정당들에 실망해, 여성만 받아들이는 '여성 사회 정치 연맹Women's Social and Political Union'을 결성했다. 이 연맹은 자주적 행동을 기반으로 했다. 슬로건은 '말이 아니라 행동으로!'였으며 1905년 3월 12일, 여성 투표에 관한 법안이 거부되자, 에멀린과 두 딸 크리스타벨과 실비아는 여성운동가들과 함께 국회의사당 앞에서 시위를 벌였다.

팽크허스트가의 어머니와 딸들은 끊임없이 신문과 국회의원, 시민 들의 관심을 끌었다. 건물의 유리를 박살내고, 불을 지르고, 가로등을 따라 전선을 자르고, 단식투쟁을 했으며 1908년부터는 수차례 감옥을 들락거리면서 영국 정부의 부당함을 폭로했다.

1914년 제1차 세계대전이 발발하면서 에멀린은 방법을 바꾼다. 그녀는 보수주의자인 수상의 요구에 호응해 여성들이 군수품 공장에서 일하면서 전시

체제에 적극 협력하는 쪽으로 운동을 변화해나갔는데, 그 대가로 자유당 출신의 총리 데이비드 로이드 조지로부터 여성 투표권을 획득하는 데 보수주의자들의 지지를 이끌어내기로 약속받았다.

1918년, 에멀린이 약속받은 대로 여성들은 투표권을 획득한다! 그러나 불완전한 선거권이었다. 남성은 스물한 살이 되면 투표할 수 있는 반면, 여성은 서른 살이 될 때까지 기다려야 했다!

10년 뒤, 1928년, 에멀린이 사망한 지 한 달 후 여성들은 마침내 스물한 살부터 투표권을 갖게 된다. //////////////////////////

사라 베르나르 Sarah Bernhardt　　　1895

ELLE A OSÉ 전설적인 연극배우로 신성한 괴물이 되다

>> 사라 베르나르, 1890.

빅토르 위고로부터는 '황금의 목소리', 장 콕토로부터는 '신성한 괴물', 비방하는 이들로부터는 '사라 바르넘'이라 불린 사라 베르나르. 그녀는 격정적이면서 과장된 연기로 무대를 평정하고, 자유분방한 행동으로 시대를 평정했다.

　자신의 삶을 무대로 만들고, 무대를 자신의 삶으로 만든 사라, 그녀의 전 생애였던 화려한 무대에는 여성으로서의 사라와 배우로서의 사라가 녹아 있다.

　사라는 1844년 파리에서 매춘부의 사생아로 태어났다. 어머니는 지방에 있는 한 탁아소에 사라를 맡겨 양육시키다 베르사유 인근의 그랑샹 수도원으로 보냈다.

사라는 13세에 유대교 세례를 받았는데, 전례와 의식이 마음에 들어서 수녀가 되려고 했다.

그러나 어머니의 여러 정부 중 한 명인 모르니 공작(나폴레옹 3세의 이복동생)이 배우를 해보라고 권유했고, 사라는 열여섯 살 때 파리 연극 학교에 응시해 합격했다. 그리고 2등으로 졸업한 뒤 열여덟 살 나이로 코메디 프랑세즈에 들어갔으나 얼마 되지 않아 한 여배우의 뺨을 때렸다는 이유로 퇴학당했다.

이후 오데옹 극단과 계약을 맺고 연기를 시작했으며, 프랑수아 코페의 〈통행인Le Passant〉에서 처음으로 남자 역을 연기했다. 작은 키에 마른 체형, 곱슬머리가 인상적인 사라는 당시 배우들의 전형적인 체격과는 거리가 멀었지만 연기 재능은 그런 통념을 뛰어넘을 정도로 탁월했다.

1872년, 〈뤼 블라스Ruy Blas〉에서 에스파냐 왕비 역을 맡았는데, 감동을 받은 극작가 빅토르 위고로부터 '황금의 목소리'라는 찬사를 받았다. 이 성공으로 사라는 코메디 프랑세즈의 부름을 받고 6년을 몸담은 오데옹 극단을 떠나 복귀했다.

코메디 프랑세즈로 돌아간 뒤, 라신의 〈페드르Phèdre〉와 빅토르 위고의 〈에르나니Hernani〉에서 주인공을 맡아 성공을 거두었다. 그녀는 점점 더 많은 관객을 열광시키면서 박수갈채와 호평을 받았고, 점점 더 많은 별칭을 얻었다. '몸짓의 공주', '무대의 여제', '여신 사라', '독보적인 배우'.

1880년에는 코메디 프랑세즈를 나와 자신의 순회극단을 창설했다. 1893년, 르네상스 시대의 작품으로 방향을 정하고 절친한 친구 에드몽 로스탕의 극을 연기하다가 다시 라신의 〈페드르〉, 소小뒤마의 〈동백꽃 부인La Dame aux Camélias〉에서 자신이 좋아하는 역을 맡아 열연했다.

특히 1895년, 사라는 무대 연기가 불가능하다고 정평이 난 뮈세의 작품 〈로렌자초Lorenzaccio〉를 무대에 올리고 주인공 로렌초 데 메디치를 연기했다. 쉰

≫ 가스파르 펠릭스 투르마숑 (1820-1910), 사라 베르나르, 19세기, 파리, 카르나발레 박물관.

>> 사라 베르나르, 1880.

다섯 살이 되는 해에는 자신의 이름을 딴 새 극단에서 에드몽 로스탕의 〈에글롱L'aiglon〉을 초연했다. 실제로, 사라는 남자 배역 맡기를 서슴지 않았으며, 오펠리아 역 못지않게 햄릿 역으로도 성공을 거둔 유일한 여성 배우였다. 그녀는 이렇게 말했다. '로렌자초나 햄릿, 에글롱을 연기하려면 남성다움을 버려야 한다. (……) 영혼이 육체라는 껍데기에서 벗어나려고 하기 때문이다. 그래서 나는 중성적인 특성과 신비로운 향기를 유지할 수 있는 지적인 여성들이 연기해야 성공할 수 있다고 주장한다.' 사라는 1917년부터 5대륙에서 성공을 거두면서 세계를 정복했다. 장 콕토가 그녀를 '신성한 괴물'이라고 표현한 것이 바로 이때였다. 안톤 체호프는 모스크바에서 그녀에 대해 이렇게 썼다. '양극점을 넘나드는 세계 일주를 했고, 옷자락으로 5대륙을 휩쓸었고, 바다를 건너고 하늘까지 올라갔던 여성.' 사라 베르나르는 전 유럽에서 환호를 받았다. 그녀의 관능, 천부적인 재능, 목소리, 몸짓은 관중을 열광시켰다. 뉴욕에서 만난 토머스 에디슨은 그녀에게 〈페드르〉 공연을 녹음해주었다.

사라는 독립적인 자유가 보장되는 독신을 택했다. 그녀 인생의 유일한 남자는 극작가이자 극단 감독인 자신의 아들 모리스 베르나르였다. 인간적이고 관대한 사라는 1870년 보불전쟁 동안 오데옹 극장을 병원으로 만들었고, 알프레드 드레퓌스를 옹호하는 에밀 졸라를 지지했으며, 여성 혁명가 루이즈 미셸을 옹호했다. 1914년에서 1918년까지, 여신 사라는 야전 위문 극단의 공연에 적극적으로 참여했고, 사형제에 반대했다.

뼈결핵에 걸려 일흔한 살 나이에 오른쪽 다리를 절단했지만, 사라를 멈추게 할 수 있는 것은 아무것도 없었다. 그때부터는 앉아서 연기할 수 있는 배역을 맡았다. 여동생이 죽자, 사라는 덧없는 생과 인간의 허영을 잊지 않기 위해 침대가 아니라 장미나무 관에 들어가서 잠을 잤다.

그녀는 사샤 기트리와 순회공연을 다니다 1923년 3월 26일, 무대를 완전히 떠났다.

여성들이 남편의 속박을 받으며 집에서도 코르셋을 착용하던 시대에 자신의 삶을 예술 작품으로 승화했던 여성은 그렇게 무대에서 사라졌다. 그러나 강인함과 재능으로 자유와 세계를 정복한 배우는 우리에게 남았다.

사라, 당신도 잘 알잖아,
연기하고 있을 때
이따금 셰익스피어의
입술이 당신 손가락의
반지에 살포시 닿는 걸.

– 에드몽 로스탕

알리스 기 Alice Guy　　　　　　　　1896

ELLE A OSÉ 여성 최초로 영화감독이 되다

///

︽ 알리스 기 블라셰, 1910.

영화의 선구자들을 말할 때 우리는 뤼미에르 형제, 토머스 에디슨, 조르주 멜리에스, 루이 푀이야드 등의 이름을 떠올린다. 픽션 영화를 촬영한 최초의 인물은 프랑스 여성, 알리스 기였는데도 말이다. 뤼미에르 형제의 세계 최초의 영화 〈기차의 도착 Des arrivées de trains〉, 〈공장을 나서는 노동자들 Des sorties d'usines〉을 보고 나서 알리스 기는 단순히 움직임을 화면에 담는 것이 아니라 픽션 영화를 만드는 혁신적인 시도를 선보인다.

1896년 최초의 픽션 영화 〈양배추 요정 La fée aux choux〉을 찍음으로써 알리스는 우리를 놀라게 하고 즐겁게 하는 제7 예술의 장르를 열었다. 알리스는 미국에서 경력을 쌓기 위해 파리를 떠나 뉴욕으로 갔고, 뉴욕에서 영화 제작사를 차린 최초의 여성이 된다.

할리우드 여배우와 바람난 남편이 떠났을 때 알리스의 꿈은 산산이 깨졌고 프랑스로 돌아가 다시는 미국으로 가지 않았다. 그 전까지 프랑스와 미국에서 천 편의 영화를 제작했는데도 알리스 기는 사람들의 기억에서 차츰 잊혔다.

알리스는 1873년 7월, 파리 부근에서 프랑스인 어머니와 칠레 인디오 사이의 사생아로 태어났다. 어린 시절을 스위스와 칠레에서 보냈고, 아버지 집안의 서점이 파산한 뒤 가족을 따라 프랑스로 돌아왔다.

알리스는 파리에서 속기 타이피스트로 일하다 사진 촬영 회사를 운영하는

알리스 기는 특별한
감성과 놀랍도록
시적인 시각, 기막힐
정도로 본능적 감각이
뛰어난 감독이었다.
그녀는 직접 시나리오를
쓰면서 천여 편의
영화를 감독하고
제작했다. 그렇지만
자신이 발전시킨 영화
산업에 의해 잊혔다.

– 마틴 스콜세지

레옹 고몽의 비서로 취직했다. 고몽이 '고몽사'를 차렸을 때도 함께했고, 카메라와 크로노포토그래피 그리고 알리스가 촬영한 시범 영화를 팔았다.

알리스는 풍경 사진 외에 애니메이션을 만들어보겠다고 레옹 고몽을 설득했다. 고몽은 근무 시간 외에 만든다는 조건으로 허락했다. 1896년, 알리스가 스물세 살 때 촬영한 최초의 픽션 영화는 그렇게 탄생했다.

알리스가 찍은 〈양배추 요정〉은 1분짜리 영화로, 한 여성이 양배추 밭을 거닐다가 양배추 밑동에서 남자 갓난아기들을 뽑아 올리며 행복해하는 모습을 담고 있다.* 알리스는 1907년 미국으로 떠날 때까지 고몽사의 픽션 애니메이션 제작에 대한 책임을 맡았고, 시나리오, 배경, 의상, 캐스팅, 연출까지 직접 담당했다. 예술적 감각과 넘치는 상상력, 기술적인 능력까지 갖춘 알리스는 모든 장르의 영화를 제작할 수 있었다. 촬영 기구 사용법을 완벽하게 숙지했고, 특수효과 기술을 배웠으며, 흑백필름에 색상을 입혔다. 1902년부터는 레옹 고몽이 고안한, 음성을 녹음할 수 있는 '크로노폰 장치'를 사용해 토키 영화, 즉 유성영화를 만들었다.

알리스는 영사기와 축음기를 결합하여 영상과 동시에 소리를 녹음하거나 재생하는 이 프로세스로 유성영화를 제작했다. 1901년부터는 빅토르 위고의 『파리의 노트르담』을 각색한 최초의 작품 〈에스메랄다〉처럼 영화의 상영 시간을 늘리고, 다양한 주제로 혁신적인 시도를 했다.

1906년, 알리스는 영화 역사상 최초의 고대 사극영화이자 첫 번째 장편영화인 〈예수그리스도의 생애 La vie de Jésus-Christ〉를 촬영했다. 상영 시간이 35분인 이 작품은 그림 25점으로 배경을 세운 세트장에서 배우를 비롯해 엑스트라 300명이 촬영한 영화였다.

남성 중심적인 환경에서 오로지 재능만으로 성공한 알리스는 영화에서 남성과 여성의 역할을 바꾸는 놀라운 시도를 했다. 1906년 작품인 〈페미니즘의 결과Les Résultats du féminisme〉에서 남자는 재봉틀로 바느질하고 아기들을 예쁜 유모차에 태워 산책을 나가는 반면, 여자는 신문을 읽으면서 차를 마시고 옷을 갈아입는다. 비록 7분이 지난 뒤, 여자와 남자는 제자리로 돌아가지만, 재미있는 영화라는 부드러운 호평과 가시 돋친 혹평을 동시에 받았다.

이듬해, 알리스는 남편 허버트 블라셰와 미국으로 떠났다. 남편은 〈프로방스의 미레유Mireille en Provence〉를 찍을 때 만난 열 살 연하의 영국인 촬영기사였다.

당시 미국은 영화 쪽에서는 아직 '약속의 땅'이 아니었기 때문에 알리스는 미국 영화 발전에 중요한 기여를 하게 된다.

1910년, 알리스가 뉴욕 부근 플러싱에 차린 '솔락스 필름'은 미국에서 가장 중요한 제작사가 되었다. 이 성공으로 알리스는 1912년 뉴저지주의 포트리에 새 스튜디오를 차렸고, 제1차 세계대전이 일어날 때까지 직접 시나리오를 쓰고 감독하면서 350여 편의 영화를 제작했다.

전쟁이 끝나자, 시대가 변하면서 영화 산업이 서부 쪽으로 이동했다. 독립 제작사들은 재정난에 처했다. 알리스도 솔락스를 닫고 다른 제작사들을 위해 일했다. 남편이 한 여배우와 바람이 나서 할리우드로 떠나버린 것은 이 시기였다.

1922년, 알리스는 자식 둘을 데리고 프랑스로 돌아간다. 소설과 동화를 쓰고, 영화 학교에서 강의도 했지만 영화는 더 이상 만들지 않았다. 1965년 딸 시몬을 데리고 뉴저지주의 마와로 돌아갔고, 3년 후 아흔다섯 살 나이로 사망했다. 몇 년 후, 알리스의 딸은 어머니의 미완성된 회고록을 찾아내서 출판했다. ////////////////////////////

---

*   이 이야기는 남자아이는 양배추 밭에서, 여자아이는 장미꽃 밭에서 태어난다는 프랑스 민간 설화에 기초한다.

샬롯 쿠퍼 Charlotte Cooper   1900

ELLE A OSÉ **여성의 참가가 허용된 최초의 올림픽 경기에서 우승하다**

△ 샬롯 쿠퍼, 윔블던 테니스,
1908.

테니스 경기에 나서는 여성은 수를 놓거나 주름이 잡히지 않은 긴 드레스만 입을 수 있었으며, 액세서리는 일체 착용할 수 없었다. 샬롯 쿠퍼는 흰색 긴 드레스 복장으로 코트에 나섰다.

12세기부터 시작된 테니스는 중세 프랑스의 실내경기인 '주드폼(손바닥 게임)'을 영국식으로 변형한 것이다. 주드폼은 단식 경기와 복식 경기가 있으며, 손으로 공을 네트 너머로 보내는 스포츠다. 선수는 네트에서 예순 걸음 떨어진 거리에 위치하고, 첫 번째와 두 번째 득점에서는 열다섯 걸음, 세 번째 득점에서는 열 걸음만 전진할 수 있다. 이것은 오늘날의 테니스에서 포인트를 계산하는 방식인 15, 30, 40과 일치한다.

1415년 백년전쟁 중 아쟁쿠르 전투에서 대패하면서 영국군에 생포된 샤를 도를레앙 공작이 이 게임을 영불해협 너머에 소개했을 것으로 전해진다.

주드폼 게임에는 여성도 참여할 수 있었고, 마르고 드 에노는 명실상부한 챔피언이었다. 1424년, 스물두 살의 마르고는 주드폼에서 남자들을 상대로 승리했다!

현재의 테니스 형식은 1863년 영국에서 시작되었다.

샬롯 라이네글 쿠퍼는 1870년 9월 22일 런던 부근의 일링에서 태어났다. 제1회 윔블던 테니스 대회가 시작되기 7년 전이었다. 어린 샬롯은 '일링 런 테니스 클럽'에서 테니스를 배웠고, 스물두 살 때 처음으로 출전한 대회에서 우승했다. 이때부터 샬롯은 계속 우승컵을 들었다. 하지만 윔블던 대회가 여성에게 허용된 건 1884년이었다. 1884년 쿠퍼 자매가 결승에 올랐는데, 우승자는 동생 모드 왓슨이었다.

샬롯은 스물다섯 살 때 윔블던 대회에서 우승했고, 이듬해 1896년, 1898년, 1901년, 1908년에도 우승을 차지하는 위업을 달성했다. 1908년 서른여덟 살의 샬롯은 이미 두 아이를 가진 어머니였다.

그사이, 샬롯은 1900년 5월 중순에서 10월 말 사이에 개최된 제2회 파리 올림픽 테니스 경기에서 우승했다. 최초로 여성의 참여가 허용되었지만, 골프와 테니스 경기에만 출전할 수 있었다. 테니스 경기는 퓌토섬에 위치한 클레이 코트에서 열렸다.

7월 6일에서 11일 사이, 샬롯은 긴 흰색 드레스를 입고 뛰었다. 샬롯은 특히 서브가 압도적이었다. 숟가락질 하듯 서브를 넣는 다른 선수들과 달리, 샬롯은 공을 높이 올려서 서브를 넣었다. 그리고 재빠르게 네트를 향해 뛰어가서 공을 넘겼다. 그녀는 모든 경기를 두 세트로 끝냈다. 준결승에서 미국인 매리언 존스를 꺾고 결승전에 올라 7월 11일, 프랑스인 엘렌 프레보를 이기고 우승했다.

그렇게 해서 샬롯은 기원전 396년 키니스카 공주 이후 최초의 여성 올림픽 챔피언이 되었다.

올림픽 챔피언 샬롯 쿠퍼는 스코틀랜드에서 아흔여섯 살이라는 존경스러운 나이에 세상을 떠났다. //////////////////////////

마리 퀴리 Marie Curie   1903

ELLE A OSÉ ## 노벨상을 두 번 수상하고 소르본 대학 교수가 되다

마리(본명은 마리아 스클로도프스카)는 1867년 러시아제국에 속한 폴란드 왕국의 수도 바르샤바의 교육자 집안에서 태어났다. 공립학교에 들어가 우수한 성적으로 졸업했지만, 당시 폴란드는 여성에게 고등교육을 허락하지 않았기 때문에 대학엔 들어갈 수 없었다. 그래서 러시아 당국의 눈을 피해 이동하며 수업하는 야간대학을 다녔다.

마리는 일생을 과학에 바치고 싶었지만 가정 형편이 넉넉하지 못해 그럴 수 없었다. 파리에서 공부하는 언니와 합류하기 위해 몇 년 동안 가정교사로 일하며 돈을 벌었고, 1891년 파리에 도착하자마자 소르본 대학 과학부에 입학하여 수학과 물리학을 전공했다. 물리학은 수석으로, 수학은 차석으로 졸업했다.

마리의 비범한 능력을 알아본 가브리엘 리프만 교수는 강철의 자성을 연구하는 실험실로 그녀를 불러들였다. 그렇게 그녀는 물질의 자성 분야 전문가인 피에르 퀴리를 만나게 된다.

마리와 피에르는 함께 연구하다 1895년 7월에 결혼했다. 마리는 밤마다 교수 자격시험을 준비했고, 1896년 당당히 수석으로 합격했다. 이듬해 딸 이렌을 낳고도 논문 준비에 열중했다.

1896년에 독일 물리학자 빌헬름 뢴트겐이 엑스선을 발견했고, 이듬해에는 프랑스 물리학자 앙리 베크렐이 물질을 통과할 수 있는 우라늄염 광선을 발견했다. 이 두 가지 발견에 자극받은 마리는 우라늄의 특이한 성질에 관해 연구하던 중 우라늄보다 훨씬 강한 빛을 방출하는 원소를 발견했다. 그녀는 그것을 '방사능'이라고 명명하고, 방사능의 성질에 관한 논문에 열중한다.

우라늄 광물 피치블렌드가 우라늄 자체보다 더 강한 방사능을 보인다는 걸 확인한 마리는 이 광석에 미지의 원소가 포함되어 있다고 생각했다. 마리는 남편의 도움을 받아 물리학과의 창고에 보관되어 있는 피치블렌드 몇 톤을 맨손으로 다루며 열심히 연구했다. 몇 년간의 연구 끝에 부부는 우라늄보다 백

<< 스테파노 비안체티,
마리 퀴리의 초상.

147

만 배나 더 활동적인 라듐과 폴로늄을 발견했다.

1903년, 마리는 「방사능 물질 연구」로 논문 심사를 받았고, 런던 왕립 학회의 데이비 훈장을 받았다. 그해 12월 10일, 마리는 뛰어난 연구에 대한 공로를 인정받아 남편 피에르 퀴리, 앙리 베크렐과 공동으로 노벨 물리학상을 수상했다. 그런데 애초에 노벨상 위원회의 문서에는 두 남자의 이름만 있었다. 이에 피에르 퀴리는 마리의 중요한 업적을 빼고 자신만 지명되는 것은 부당하다며 노벨상을 받지 않겠다는 탄원서를 냈고, 스웨덴 노벨상 위원회 위원인 수학자까지 가세하면서 마리가 공동 수상자로 등재될 수 있었다.

마리는 과학자로서의 연구 생활과 주부로서의 가사를 병행했다. 그녀는 1904년 둘째 딸 에브를 낳았는데, 이 딸만 과학자의 길을 선택하지 않았다. 어머니의 격려 속에 에브는 피아니스트에 이어 기자로 활동하다 외교관이 되었다.

피에르 퀴리는 1906년 4월, 마차에 치여 목숨을 잃었다. 남편의 비극적인 죽음으로 충격에 빠진 마리는 연구에 매진하며 위안을 얻었다. 그리고 남편의 자리를 이어받아 여성으로서는 최초로 소르본 대학 교수가 되었다.

마리는 1911년, 이번에는 폴로늄과 라듐의 특성을 연구한 공로를 인정받아 두 번째 노벨상인 화학상을 수상했다. 같은 해, 마리는 권위 있는 솔베이 국제 학술회의에 참석했는데, 그녀가 유일한 여성이었다. 그녀와 친분이 있는 어니스트 러더퍼드, 막스 플랑크, 알버트 아인슈타인 등, 많은 물리학자들이 참석한 자리였다.

마리가 소르본 대학에서 제공해준 라듐 연구소에 자리 잡았을 때, 제1차 세계대전이 발발했다. 마리는 엑스선 장치를 실은 구급차를 마련해 전쟁터에서 부상병을 치료하는 일에 자원했다. '작은 퀴리'라 불리는 이 구급차 덕분에 군의관들은 몸속에 박힌 파편과 탄환의 위치를 즉시 확인할 수 있었다. 당시 열

마리아 스클로도프스카 퀴리는 과학계가 남성의 전유물이나 다름없던 시대에 뛰어난 과학자로 인정받았다. 마리는 노벨 물리학상을 받은 최초의 여성이자, 노벨 화학상을 받은 최초의 여성이며 노벨상을 두 번이나 수상한 최초의 여성이었다. 번뜩이는 지성과 광범위한 지식에도 불구하고 프랑스 사회는 폴란드인이라는 이유로 이 여성의 재능을 인정하는 데 인색했다. 마리 퀴리는 중요한 발견으로 일상에서 우리의 삶을 변화시키는 업적을 남겼다. 하지만 안타깝게도, 그녀는 자신의 방사능 연구로 죽음을 선고받았다. 당시는 방사능에 노출되는 것이 얼마나 위험한 일인지 인식하지 못했기 때문이다.

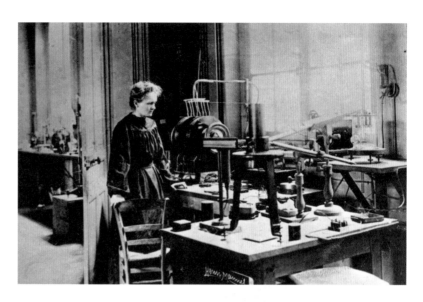

>> 1912년 퀴비에 거리 자신의
연구소에 있는 마리 퀴리, 파리,
퀴리 연구소 도서관.

여덟 살이 된 큰딸 이렌도 어머니와 동행해 부상병 치료를 도왔다.

　전쟁이 끝난 후, 마리는 연구소로 돌아왔고, 이렌은 어머니의 조수로 일했다. 1921년, 미국인 기자 매리 매팅리 멜로니는 마리 퀴리의 연구소 재원을 마련하기 위해 미국 여성들에게 기부금을 공모했고, 미국 여성들의 기부금으로 구입한 라듐 1그램을 마리에게 보내주었다. 그리고 1929년에 다시 한 번 라듐 1그램을 받게 되자 마리는 바르샤바 대학에 기부했다.

　방사능에 과다 노출된 마리는 백혈병에 걸렸다. 그녀는 딸 이렌과 사위 프레데릭 졸리오가 1935년 11월 14일 집안의 네 번째 노벨상을 수상하는 모습을 보지 못했다. 1934년 7월 4일, 영원히 눈을 감았기 때문이다.

/////////////////////////////

베르타 폰 주트너 Bertha von Suttner   1905

ELLE A OSÉ   일생을 평화에 헌신하다

︿ 베르타 폰 주트너, 20세기.

1843년 당시 오스트리아-헝가리 제국의 속국이었던 체코의 프라하에서 태어난 베르타 폰 주트너는 1876년 서른세 살 때 알프레드 노벨을 만났다. 그녀는 알프레드 노벨이 평화상을 제정하는 데 결정적 역할을 했다. 1843년에서 1876년 사이, 적어도 네 번의 전쟁이 일어났다. 크림전쟁, 프로이센-오스트리아 전쟁, 프로이센군과 오스트리아군 전쟁, 프로이센-프랑스 전쟁.

계몽주의 철학의 영향을 받은 베르타 폰 주트너는 그녀가 속한 시대, 그리고 특히 진부한 귀족 계층에서 자유로웠던 여성이다.

베르타는 일곱 살 연하의 아르투어 군다카르 폰 주트너 남작과 결혼했다. 아르투어의 집안에서는 결혼을 반대했지만 두 사람은 빈에서 비밀리에 결혼했다. 아르투어 집안에서 유산 상속권을 박탈하자, 두 사람은 조지아로 떠났다. 그들은 조지아에서 8년을 체류하며 글 쓰는 일로 생활비를 벌었다. 1877년 코카서스에서 일어난 러시아-투르크 전쟁의 참상이 그들에게 동기 부여가 되었다. 베르타는 기자가 되었지만, 당시엔 여성이 언론에 글을 쓰는 것이 허용되지 않았기 때문에 남성 이름으로 기고해야 했다.

러시아-투르크 전쟁 동안 목도한 잔혹한 행위에 깊은 상처를 받고 빈으로 돌아온 베르타는 평화운동가로 변모한다. 그녀가 1889년에 발표한 『무기를 내려놓으라!』는 수십 년 사이 네 번의 전쟁을 겪은 한 여성의 비극적인 삶을 그린 반전 소설이다. 남자들이 탁상공론으로 결정한 전쟁의 참혹함과 고통을 묘사한 이 책은 세계적인 성공을 거두었다.

1891년 9월 3일, 베르타는 인도적 성격의 '오스트리아 평화 연맹'을 설립했다. 여성은 정치 단체의 의장이 될 권리가 없었기 때문이다. 평화주의자일 뿐만 아니라 인종차별도 반대했던 베르타는 유대인 배척 주의와 식민 제국 주의에 맞서 싸웠으며, 인권과 여성해방을 위해 싸웠다. 그녀는 베른에 있는 국제 평화국의 부의장으로 선출되어 헤이그, 모나코, 로마, 빈, 보스턴에서 열리는 평화회의에 참석했다. 미국에서는 루즈벨트 대통령이 그녀를 맞았다.

　베르타 폰 주트너는 1905년 12월 10일 노벨 평화상을 수상한다. 노벨이 '깨어 있는 정신으로 전쟁과 싸우는 여전사'라고 부른 베르타는 1914년 6월 암으로 생을 마감했다. 제1차 세계대전이 발발하기 몇 주 전이었다. 주트너가 엄청난 대량 살상을 유발할 세계대전이 유럽에서 터질 거라고 경고한 대로였다.

　제1차 세계대전이 발발하자, 주트너의 친구였던 장 조레스는 프랑스와 독일의 전쟁을 막기 위해 반전운동을 전개하다 1914년 7월, 광신적인 국수주의자에게 암살당했다. /////////////////////////////

/////////////////////////////

베르타 조피 펠리시타스,
킨스키 폰 치니치 운트 테타우
백작 부인은 오스트리아-헝가리
제국의 귀족들과 사뭇 달랐지만,
변화하는 시대의 흐름과
어긋나지 않았다.
군인 집안에서 자란 그녀는
종교와도 연을 끊고
평화를 위해 헌신했다.

/////////////////////////////

추근 Qiu Jin

 시인으로서 중국 최초의 여성 혁명가가 되다

《 추근의 초상,
1905.

《

해와 달이 더 이상
빛나지 않아
천지가 어두운데
어느 누가
캄캄한 여성의 세계를
구해줄 수 있을까?
전족을 없애
천년 고통을
아물게 하고,
흥분된 가슴으로
여성들을
일깨우고자 하니,
내 머리를 싸맨 천이
핏물 반
눈물 반이네.

》

추근은 시를 통해, 청나라 말기 봉건 제국에 대한 불만을 표출하고 여성들에게 가해진 불공정을 규탄했다.

추근은 1875년 중국 남동쪽 푸젠성에서 태어났다. 부모는 딸에게 신문물과 사상을 접하게 하고 시와 무예를 익히게 했다. 어린 추근이 자연을 주제로 하는 시를 한 편 썼는데, 첫 줄에서 이미 투쟁 정신이 느껴진다. '여성은 영웅이 될 자질이 없다, 그런 말은 하지 마세요.' 확고한 신념에도 불구하고 추근은 아버지의 강요로 열아홉 살에 사랑하지 않는 남자와 결혼한다. 남편에 대해 추근은 '아내를 아무것도 아닌 것으로 취급하는, 짐승보다도 못한 남자'라고 말했다. 이때부터 그녀의 시는 훨씬 투쟁적으로 변한다. 추근은 봉건 체제의 속박에 갇힌 여성들의 해방을 갈망했다. 당시 청 왕조는 외세의 침입으로 경제적 수탈과 착취를 당하고 있던 데다 서태후의 부패와 정치적 과실로 쇠약해져 있었다. 추근은 청 왕조 타도를 위해 싸우다 장렬하게 생을 마감한다.

추근은 전족에도 반기를 들었다. 여성의 발 크기는 7.5센티미터가 이상적이며, 발이 작아야 아름다운 여성이라는 생각은 여성을 남성의 노예로 만들었다. 실제로, 연꽃 봉오리 같은 발로는 걷는 것이 불가능하기 때문에 여성들은 집에만 있어야 했다. 추근은 강제 결혼, 일부다처제, 여성에게만 금지된 교육 제도를 비판하며 저항했다.

강한 성격을 가졌던 추근은 불행한 결혼 생활로 숨 막혀 하다가 스물여섯 살 때 남편과 두 아이를 두고 베이징을 떠나 일본으로 유학을 갔다.

1906년 중국으로 돌아온 추근은 《중국여보中國女報》를 창간하고, 여성의 자립과 해방을 호소하는 한편, 최초의 여학교를 세우고 교사로 활동했다. 사실 이 학교는 혁명당원들을 양성하는 본거지이기도 했다. 그녀는 성 평등을 위해 싸우겠다는 약속을 실현하고자 남장을 하고 다니며 말을 타고 검술을 했다. 이후, 상하이 남쪽 샤오싱에 있는 대통학당을 운영하면서 이곳을 혁명의 전진 기지로 삼았다.

1907년 7월 13일 추근은 대통학당에서 체포되었다. 모진 고문을 받으면서도 그녀는 입을 열지 않았다. 7월 15일, 그녀가 쓴 수많은 시 중에 단 두 편을 증거로 추근은 반역죄 판결을 받고 참수되었다. 이후 '봉건의 속박을 벗어던진 신여성'은 중국에서 여성의 독립을 상징하게 된다. //////////////////////////

아네트 켈러먼 Annette Kellermann   1907

ELLE A OSÉ 최초로 원피스 수영복을 입다

△ 가사노동으로부터의 여성해방을 넘어 신체 문화의 혁신이라는 전례 없는 방식을 제시한 아네트 켈러먼, 1930.

오스트레일리아 출신 수영 선수 아네트 켈러먼은 해변에서 소매 없는 원피스 수영복을 입었다가 외설 혐의로 체포되었다. 원피스 수영복을 입기 위해 싸웠다고 하면 하나의 해프닝일 뿐이라고 생각할 수 있지만, 그렇지 않다! 아네트 켈러먼 덕분에 여성들은 관례대로 단순히 물에 몸을 담그는 것이 아니라 마침내 물에서 수영할 수 있게 되었기 때문이다.

이 수영복 혁명은 여성의 몸을 바라보는 시각에 문제가 있음을 지적하는 계기가 되었을 뿐 아니라 여성해방에도 크게 기여했다.

19세기에는 신체의 일부를 드러내는 것이 외설이고, 그을린 피부는 저속하다는 평판을 받았다. 얼굴과 손을 제외하고는 어디도 드러내지 말아야 했다. 해변에서도 여성들은 코르셋을 착용하고, 헐렁한 바지나 모직 원피스를 걸쳐 입고 모자를 써야 했다.

아네트는 1886년 7월 6일 오스트레일리아 뉴사우스웨일스주의 메릭빌에서 태어났다. 아버지는 오스트레일리아 출신의 바이올리니스트였고, 어머니는 프랑스 출신의 피아니스트였다. 여섯 살 때 소아마비에 걸려 다리를 지탱해주는 금속 막대를 착용하게 되자, 부모는 의사의 권유로 아네트에게 수영을 시켰다. 아네트는 차츰 두려움을 극복하고 물속에서 노는 걸 좋아하게 되었다. 열세 살 때에 다리가 정상으로 돌아오면서 열다섯 살 때 처음으로 오스트레일리아 수영 대회에 출전해 우승했다. 그녀는 또한 다이빙에도 열정을 쏟았다.

이때부터 아네트에게 불가능한 도전이란 없는 것 같았다. 1902년 최연소이자 유일한 여성으로 센강 수영 대회에 참가해 4위를 했다. 그 뒤로도 유럽

△ 1910년 수영복 금지령에 따른
'외설적인 복장'이라는 이유로
아네트 켈러먼과 한 친구가
체포되는 장면, 시카고, 미국.

에서 열리는 마라톤 수영 대회에 수차례 참가했다. 1905년, 열아홉 살 나이에
여성 최초로 영불해협 횡단을 시도했는데, 섭씨 11도의 수온에서 열 시간을
수영하다 중도 포기했다. 또 템스강의 42킬로미터 횡단에 성공했고, 1906년
에는 다뉴브강의 35킬로미터 횡단에서 우승했다.

　1년 후인 1907년, 아네트는 미국 보스턴의 리비어 해변에 있다가 외설 혐
의로 체포되었다. 입고 있는 수영복이, 소매가 없고 길이가 무릎 위로 올라가
있어 다리가 다 드러나는 데다 몸에 딱 붙는다는 이유였다.

　판사 앞에 선 아네트는 바지나 모직 원피스를 걸친 차림으로는 수영이 불가

>> 아네트 켈러먼, 1910년경.

능하다고 설명했다. 반박할 수 없는 설명이었으므로 판사는 물에 들어갈 때까지는 기존의 원피스를 입어야 한다는 조건으로 그녀에게 새로운 수영복 착용을 허용해주었다. 언론에 대서특필된 그녀의 체포 사건은 전 세계로 퍼져나갔다. 마침내 1915년, 미국 여성들에게 '위험한' 수영복 착용이 허락되었다.

이때부터 그녀는 '아네트 켈러먼'이라는 브랜드로 현대식 비키니를 선보였고, 1940년대부터 수영복이 시중에서 판매되기 시작했다.

음악을 사랑하는 집안에서 성장한 아네트는 수영에 예술을 접목시킬 생각을 하고 있었다. 그래서 수중발레를 구상하다 오늘날 싱크로나이즈드 스위밍이라 불리는 것을 창시했다. 영화에 출연해 선보인 수중발레로 성공을 거둔 아네트는 할리우드 최초의 세이렌이 된다!

1914년부터 수중발레 영화 여러 편에 출연했다. 〈신의 딸A Daughter of the Gods〉에서는 원피스 수영복 차림이 아니라 장식으로 치장한 긴 머리만으로 알몸을 가린 고대 여신으로 등장했다. 1952년, 아네트의 삶을 조명한 영화 〈백만 달러 인어 Million Dollar Mermaid〉에서는 수영 선수 출신의 배우 에스터 윌리엄스가 아네트 역을 맡았다.

영화가 성공하자, 아네트는 캘리포니아에 목욕과 수영의 장점을 살린 휴양 시설과 균형 잡힌 건강 식료품 가게를 열었으며, 건강 마사지와 관련한 책도 펴냈다.

제2차 세계대전 기간에는 적십자와 남태평양에 주둔한 군대를 위해 수중발레 위문 공연을 하기도 했다.

1970년에는 남편과 함께 오스트레일리아로 돌아가 태평양에 면한 골드코스트에 정착했다. 대담한 행동으로 모든 여성에게 바다를 즐길 수 있게 해준 아네트 켈러먼은 충만한 삶을 살다 1975년 11월 6일 세상을 떠났다.

그녀의 유골은 그레이트 배리어 리프 앞바다에 뿌려졌다. 세상의 여성들에게 신체 움직임의 자유를 유산으로 남기고 물로 돌아간 것이다.

수영 챔피언 아네트 켈러먼은 여성의 신체를 해방시켰을 뿐만 아니라 여성들에게 수영의 문을 열어주었다.
그리고 더 예술적인 새로운 형태의 수영, 싱크로나이즈드 스위밍을 창시했고, 영화에서 수중발레를 선보였다.

셀마 라겔뢰프 Selma Lagerlöf　　　　1909

ELLE A OSÉ　여성 최초로 노벨 문학상을 수상하다

자연이 주도적인 역할을 하는 현실, 꿈과 환상, 동화적인 상상이 공존하는 세계를 펼쳐낸 스웨덴의 동화 작가, 셀마 라겔뢰프. 그녀는 특유의 서정적인 문체로 자신이 쓴 동화 속 주인공 닐스 홀게르손처럼 조국 스웨덴과 자신이 산 시대를 날아다녔다.

셀마는 1858년에 스웨덴 서부, 거대한 숲이 수천의 호수를 에워싸고 있어 천연자원이 풍부한 베름란드주의 명문 모르바카 집안에서 태어났다.

이 매혹적인 풍광의 땅에서, 물에서, 공기에서 가장 아름답고 신기한 전설이 탄생한 것이다.

유서 깊은 프로테스탄트 가정에서 성장한 셀마는 이야깃거리가 풍부한 이 18세기의 영지, 특히 모르바카 저택에 애착을 가졌다.

어린 시절부터 동화책과 스웨덴 전설에 빠져 살던 셀마는 친숙한 자연환경에서 풍부한 상상력을 키우며 성장했다. 그녀는 스톡홀름 고등사범학교를 졸업하고 10년간 교사로 재직했다. 어린 학생들에게 신기하고 환상적인 이야기를 들려주는 그녀의 모습이 그려진다.

1890년, 셀마는 글을 쓰고 싶은 열망에 차서 구상한 소설의 다섯 챕터를 문학 경연 대회에 응모했다. 1등상을 받자, 다섯 챕터를 소설로 완성한 『예스타 베를링 이야기』를 이듬해 출간한다. 술을 너무 많이 마셔서 파면된 목사가 온갖 모험을 하며 살지만 결국 도덕이 승리를 거둔다는 내용인데, 엄청난 성공을 거두었다!

이후로는 교직 생활을 접고 여행하면서 글 쓰는 데 전념했다. 그런데 집안이 파산하면서 그녀가 그토록 애착하던 모르바카 저택이 남의 손에 넘어가고 만다.

셀마는 많은 작품을 썼는데, 그중 어린이 동화로 많이 읽히는 『닐스의 신기한 여행』은 스웨덴 교육부의 의뢰를 받아 만든 작품으로, 스웨덴의 아름다운

≪ 셀마 라겔뢰프, 1930년경.

자연과 지리, 풍속을 아이들에게 알려주기 위해 썼다. 그렇게 해서 개구쟁이 소년이 거위를 타고 하늘을 날면서 스웨덴을 일주하는 명작 『닐스의 신기한 여행』이 탄생한다. 동물을 괴롭히던 개구쟁이 소년 닐스가 모험을 통해 자연과 다양한 동물들을 만나면서 성장하게 되고, 착한 아이가 되어 집으로 돌아온다는 이야기이다.

1909년, 셀마는 『닐스의 신기한 여행』으로 여성 최초로 노벨 문학상을 수상한다. 그녀는 마침내 모르바카 집안의 저택을 되찾겠다는 꿈을 실현할 수 있었다. 1914년, 그녀는 여성 최초로 스웨덴 아카데미의 회원이 되었다.

국제적 명성을 얻은 셀마는 작품을 통해 사회문제를 지적하며 여성참정권과 세계 평화를 위해 노력했다.

셀마 라겔뢰프는 1940년 3월 16일 모르바카 저택에서 눈을 감았다. 그녀가 사망한 지 3주 후, 핀란드와 노르웨이는 나치의 침략을 받았고, 중립을 택한 스웨덴은 무사했다. ////////////////////////////

클라라 체트킨 Clara Zetkin　　　1910

ELLE A OSÉ　3월 8일을 세계 여성의 날로 만들다

△ 혁명가 클라라 체트킨과
로자 룩셈부르크, 독일,
1913. 4. 11.

클라라 체트킨은 1910년에 세계
여성의 날을 제안했지만, 진정한
효과는 1921년이 되어서야
발휘되었고, 유엔은 1977년이
되어서야 3월 8일을
여성의 날로 공식화했다.

독일의 여성운동가이자 사회주의자며 공산주의자인 클라라 체트킨에게 있어 투쟁은 살아가는 이유였다. 그녀는 여성해방운동에 전념하면서 소속 정치단체와 자주 마찰을 빚었다.

사회와 마찬가지로 좌파든 우파든, 정치 구조상 여성이 정치권에 들어가는 것은 쉽지 않았다. 1910년 클라라 체트킨이 여성의 날 제정을 제안하고 그 제안이 채택되기 이전까지는, 여성의 권리를 위한 모든 요구는 사실상 충족되지 않았다고 해도 과언이 아니다. 클라라는 전 세계에 인류의 절반이 여성이라는 사실을 주지시킨 여성이다.

클라라 아이스너는 1857년 독일제국의 작센 지방에서 교사인 아버지와 프랑스 출신의 페미니스트 어머니 사이에서 태어났다. 라이프치히에서 자라면서 훌륭한 교육을 받았으나 당시에는 여성에게 고등교육이 금지되어 있었기 때문에 공부를 계속할 순 없었다.

그녀는 여성이 공부할 수 있는 폰 슈타이버 사범학교를 다니면서 페미니스트인 저널리스트 프리드리히 빌헬름 슈미트 교수가 창설한 '독일 여성 단체 연합'에 가입했다. 클라라는 외국어 교사 자격증을 획득했는데, 이때 배운 여러 외국어는 그녀가 유럽 전역에서 활발하게 활약하는 데 큰 도움이 되었다.

클라라는 사회주의 단체들과 가까워졌고, 러시아에서 망명한 혁명가 오시프 체트킨을 만나 아들 둘을 낳았다. 결혼은 하지 않았지만, 1889년 남편이 세상을 떠난 뒤에도 성은 그대로 체트킨을 사용했다.

두 사람은 수년간 스위스에 이어 프랑스에서 망명 생활을 하면서 루이즈 미셸, 쥘 게드, 로라 막스, 폴 라파르그 같은 프랑스 사회운동가들과 교류했다.

1889년 7월, 파리, 프랑스 대혁명 100주년 기념일에 각국 사회주의 정당과 노동조합의 연합체인 제2 인터내셔널이 결성되었을 때, 클라라는 연단에 섰

다. 그녀는 여성해방과 특히 여성의 생산 활동 참여를 호소했다. 자본주의 사회에서 여성의 진출은 필연적인 것인데, 일하는 여성은 남성의 임금을 떨어뜨리는 경쟁자이기 때문에 여성이 가정으로 돌아가야 한다는 생각은 시대착오적이라고 비판하면서 남녀의 '동일 노동, 동일 임금'을 주장했다.

1891년 독일로 돌아간 클라라가 최초의 페미니스트 정치 신문 《평등Die Gleicheit》을 창간하고 편집장으로 활동하자, 전 유럽의 여성 사회주의자들이 글을 기고했다. 《평등》은 1902년 독일 사회민주당의 공식 기관지가 되었다. 클라라는 독일 사회민주당 내에서 여성운동을 조직화하기 위해 여성들의 사회주의 인터내셔널을 창설하고 자연스럽게 의장이 되었다.

1907년 8월, 슈투트가르트에서 열린 제1회 여성 사회주의 인터내셔널 대회의 목적은 여성참정권을 획득하는 것이었다. 1910년 코펜하겐에서 개최된 제2회 대회에서 클라라 체트킨은 세계 여성의 날을 정하자고 제안했고, 결의안은 채택되었다.

최초 여성의 날은 1911년 3월 19일에 시행되었는데, 1848년 혁명과 파리코뮌이 일어난 날짜들과 겹치지 않게 고려한 것이었다. 이날, 독일과 오스트리아, 스위스, 덴마크에서 백만 명이 넘는 여성들이 거리로 쏟아져 나와 투표할 권리, 일할 권리를 요구하고 성차별의 종식을 외쳤다.

하지만 또 다른 문제들이 발생했다. 유럽 전역에 전쟁의 그림자가 드리우기 시작한 것이다. 1912년 클라라는 바젤 사회주의 인터내셔널 대회에서 여성들에게 제국주의 전쟁에 참여하지 말라고 촉구했다. 그녀는 참전을 반대하는 로자 룩셈부르크* 및 독일 사회민주당의 좌파 인사들과 함께 1915년 독일 공산당의 모태가 되는 스파르타쿠스단을 창단했다.

1913년, 1914년, 1915년 3월 8일마다 러시아와 독일, 노르웨이, 스웨덴, 네덜란드, 스위스, 프랑스에서 여성들이 참정권을 요구하기 위해 결집했고,

《 클라라 체트킨의 초상,
　　1925년경.

163

클라라 체트킨의 슬로건을 외쳤다. '전쟁에는 전쟁으로!'

　하지만 제1차 세계대전이 일어나면서 클라라는 한창 본격화되고 있던 여성운동을 중단해야 했다. 1918년 독일제국은 패전했다. 독일 공산당 소속 의원들은 민주주의 체제를 갖춘 바이마르 공화국을 출범시켰다. 바이마르 공화국은 여성들의 오랜 기다림에 부응하며 1918년 11월 12일, 마침내 참정권을 승인했다. 같은 해, 클라라는 공산당에 입당하고 1920년부터 1933년까지 의원으로 활동했다.

　독일과 소련을 오가며 활동하던 클라라는 1920년 말, 소련에 정착한다. 클라라와 가까이 지내던 레닌은 1921년, 세계 여성의 날을 3월 8일로 확정했다. 레닌은 1917년 페트로그라드† 노동자 동맹파업을 언급했다. 이때부터 세계 곳곳에서 여성들이 들고 일어나 평등에 대한 권리를 주장했다.

　클라라 체트킨이 마지막으로 독일에 모습을 드러낸 때는 1932년 8월 30일이었다. 일흔다섯 살이었던 클라라는 독일 연방의회 의장 자격으로 개회사를 했는데, 나치 의원들이 앉아 있는 자리에서 파시즘을 물리쳐야 한다고 외쳤다. 클라라는 모스크바로 추방되었다.

　스탈린의 정치적 견해에 동조하지 않던 클라라 체트킨은 1933년 6월 20일 의문의 죽음으로 생을 마감했다. /////////////////////////////////

---

* 　폴란드 출신으로 독일에서 사회주의 이론가이자 여성 혁명가로 활동했다.

† 　상트페테르부르크의 옛 이름.

엘리노어 데이비스 콜리
Eleanor Davies-Colley

1911

ELLE A OSÉ　외과용 메스를 잡다

《 더 뉴 사우스 런던 여성 병원.

고대이집트 시대에는 여성에게 열려 있던 의학이 점차로 금지되었다. 여성들은 의학교에 들어가기 위해, 병원에서 일자리를 얻기 위해 투쟁하기 시작했고, 마침내 19세기 말, 문을 여는 데 성공한다.

　여성은 의사가 되기에는 신체적 능력이나 도덕적·지적 자질이 없다는 것이 남성들의 생각이었다.

　영국에서는 여성의 의대 입학에 대한 반대가 아주 심했다. 1900년, 스코틀랜드에서 여성 다섯 명이 에든버러 대학교에 입학했지만 남학생들이 반대 시위를 했고, 병원 역시 여성 의사를 받아들이지 않았다. 1939년, 영국 정부가 남학생 다섯 명 대 여학생 한 명의 비율을 의무화한 뒤에야 대학교는 여학생 입학을 허용했다.

　최초의 여성 외과의사 엘리노어 데이비스 콜리는 1874년 8월 21일, 서식스 지방의 의사 집안에서 태어났다. 아버지와 남자 형제 둘도 외과의였다. 엘리노어는 '런던 여성 의학교'를 졸업하고, 1910년에 의사 자격증을 획득했다. 1년 뒤, 영국 왕립 외과 학회 최초의 여성 회원이 되었으며, 1917년에는 '여성 의사 연맹'을 설립하는 데 적극 가담했다.

엘리노어는 '사우스 런던 여성 병원'에서 모드 채드번을 만났다. 가난한 환자들이 몰려들자, 두 의사는 새로운 스타일의 병원 '뉴 사우스 런던 여성 병원'을 열기로 의기투합했다. 이런 선택을 한 데는 몇 가지 이유가 있었다. 우선 가난한 여성들과 그 자녀들을 성심껏 돌봐야 할 필요가 있었고, 무엇보다 병원들이 여성 의사를 고용하는 걸 거부했기 때문이다.

엘리노어는 사촌이자 여성운동가이며 주간지 《프리우먼 Freewoman》의 책임자인 해리엇 위버의 도움으로 모드와 함께 새 병원을 건립하는 데 필요한 자금을 모금할 수 있었다. 다만 두 가지 규정이 있었다. 여성들과 7세 이하의 아동만 치료하고, 의료진을 포함한 모든 직원을 여성만 채용하는 것이었다.

1916년 7월, 조지 5세의 아내 메리 왕비가 뉴 사우스 런던 여성 병원의 낙성식을 거행했다.

뉴 사우스 런던 여성 병원은 여유가 있는 환자들에게는 병원비를 받되 가난한 여성들에게는 능력껏 내게 했다. 그렇게 해서 모든 여성이 우수한 진료를 받을 수 있었고, 여성 의사들은 의술을 향상시킬 수 있었다. 엘리노어는 30년 동안 병원에서 런던의 여성들을 진료하고, 수술하고, 치료했다.

엘리노어 데이비스 콜리는 1934년 예순 살의 나이로 갑자기 사망했다. 엘리노어 사후에도 병원은 그 특별한 원칙을 고수하면서 1984년까지 운영되었다.

//////////////////////////

커레스 크로스비 Caresse Crosby　　　1911

ELLE A OSÉ　코르셋을 벗어던지고 파리에서 자유롭게 살다

메이플라워호의 후예들이 중시하는 청교도적 관습과 편협한 윤리에 구속되지 않고 자유를 만끽하며 사는 것, 바로 그것이 커레스가 원하는 인생이었다. 그녀는 파리로 가서 그렇게 살게 되지만 우선 그전에 모든 장애로부터 벗어나야 했다.

메리 펠프스 제이콥은 1891년 보스턴의 아주 유서 깊고 부유한 집안에서 태어났다. 특권층의 체계화된 환경에서 자란 탓에 그녀는 자유에 대한 갈망이 컸다.

공부보다는 파티를 즐기던 스무 살의 메리는 어느 날 파티에 갈 준비를 하고 있었다. 관례대로라면 움직임과 행동에 제약을 받게 되는 코르셋을 착용해야 했다. 하지만 그녀가 파티 의상으로 준비한 드레스는 등이 많이 파인 옷이라서 상체를 싸매는 코르셋을 착용하면 다 드러나 보일 터였다.

메리는 묘안을 생각해냈다. 하녀에게 손수건 두 장과 분홍색 실크 리본, 실과 바늘을 가져오라고 하고는 얇은 손수건 두 장과 실크 리본을 가지고 가슴을 살짝 가리는 정도의 속옷을 만들었다. 당시 착용하는 올인원 스타일의 코르셋과는 달리 두 가슴을 분리시킨 현대식 브래지어를 고안한 것이다.

무도회장에서 메리는 아주 자유롭게 춤추며 움직였고, 친구들의 질투 어린 시선을 받았다. 친구들이 관심을 보이자, 그녀는 손수건으로 속옷을 만들어 선물로 주기도 했다.

메리는 집안에서 정해준 남자와 결혼했으나 답답한 생활을 견딜 수 없어서 이혼했다. 얼마 후, 젊은 해리 크로스비와 재혼하여 상류사회에 파문을 일으켰다. 결국 두 사람은 자유롭게 살기 위해 파리로 떠났고, 메리는 이때 남편이 부르던 애칭, 커레스로 이름을 바꾼다.

미국의 많은 지식인들과 마찬가지로 두 사람은 미국의 제약적이고, 인종차별적이고, 도덕적인 법을 멀리했다. 특히 1, 2차 세계대전 사이의 몇 년 동안 두 사람은 파리에서 무사태평하고 자유롭게 살았다. 『파리는 날마다 축제』를 쓴 헤밍웨이와 함께!

1927년, 커레스와 해리는 생제르맹데프레에 '검은 태양'이라는 출판사를 차렸다. 부부는 에드거 앨런 포, 어니스트 헤밍웨이, 제임스 조이스, D. H. 로렌스, 에즈라 파운드, 아나이스 닌의 책들을 출판했다. 부부 역시 일기 형식의 에세이와 시집을 내기도 했다. 하지만 파리에서의 축제는 1929년 해리의 자살로 빠르게 끝났다.

미국으로 돌아간 커레스는 또다시 상류사회에 파문을 일으켰다. 흑인 배우와 사귀는 것으로 인종차별에 반대하는 의사를 표명했던 것이다.

커레스 크로스비는 속박이나 억압과는 거리가 먼, 자유분방한 삶을 살다 1970년 79세의 나이로 생을 마감했다. ////////////////////////////

≫ 커레스 크로스비, 1930.

4

LE TEMPS DU

COURAGE

용기의 시대

밀룬카 사비치·루이즈 드 베티니·스테파니 세인트 클레어
아가사 크리스티·에텔 레진스카·앨리스 폴·마거릿 생어
후다 샤으라위·쉬잔 발라동·알렉산드라 다비드 넬
알로하 원더웰·조세핀 베이커·거트루드 에덜리
아멜리아 에어하트·헤디 라마·외제니 브라지에·레지나 요나스
사비하 괵첸·이레나 센들레로바·마리나 라스코바
버지니아 홀·누르 이나야트 칸

밀룬카 사비치 Milunka Savic   1912

ELLE A OSÉ **여군이 되어 참전하다**

//

교육받지 못한 단순한 아이, 조국을 지키겠다는 열망과 정의감이 투철한 소녀, 정 많고 연대 의식이 강한 여성, 바로 밀룬카 사비치를 두고 하는 말이다.

　1890년 세르비아의 농촌 코프리브니차에서 태어난 밀룬카는 훗날 제1차 세계대전에서 가장 많은 훈장을 받은 여성이 된다. 1912년 오스만제국이 붕괴된 후 발칸전쟁이 일어났을 때, 밀룬카는 조국을 위해 군대에 지원하려고 했다. 하지만 여성은 군대에 갈 수 없었기 때문에 동원령을 받은 오빠 밀룬 사비치의 이름으로 스물두 살 나이에 머리를 짧게 자르고 가슴을 감추는 등 남장을 하고서 입대했다. 1913년 7월, 불가리아와 벌인 브레갈니차 전투 후, 그녀는 뛰어난 전투 능력과 사격술을 인정받아 하사로 승진한다. 그러다 부상당해 병원으로 실려 갔을 때 지휘관이 밀룬카가 여성이라는 사실을 알아차렸다. 지휘관은 간호 부대로 배치해주겠다고 제안했지만, 그녀는 자신이 있을 곳은 전쟁터라며 단호히 거부했다. '제가 여자라는 걸 잘 알고 있습니다. 하지만 저는 지난 몇 년 동안, 총알이 귓가를 스쳐가고 수류탄 파편이 팔에 박히는 전선에서 보낸 병사입니다.' 군대는 밀룬카를 데리고 있기로 결정했다.

　1년 후, 제1차 세계대전이 발발했을 때, 밀룬카는 권위 있는 '미셸 왕자' 연대 소속이었다. 당시 세력이 약했던 세르비아군은 프랑스군에 합류해 연합군을 이루고 있었다. 밀룬카는 연합군 소속으로 오스트리아-헝가리군과 전투를 벌인 살로니크 전선에서도 뛰어난 활약을 했다. 무훈을 세운 공으로 그녀는 두 번째 카라조르주 별 훈장과 밀로쉬 오빌리치 훈장을 받았다. 프랑스군으로부터 무공 십자 훈장과 레지옹 도뇌르 훈장, 러시아군으로부터 성 게오르그 십자 훈장, 영국군으로부터는 세인트 마이클 앤드 세인트 조지 훈장을 받았다. 전쟁이 끝난 뒤, 밀룬카는 가장 훈장을 많이 받은 여성이 되었다.

　고향으로 돌아온 밀룬카는 결혼해 딸을 낳았고, 수도 베오그라드에 살면서 고아 세 명을 입양했으며 마을의 아이들이 학교에 갈 수 있도록 도와주었다.

>> 밀룬카 사비치, 파리 제4구,
　　오데옹 극장 계단에서, 1916. 4.

젊었을 때 자유를 위해 싸웠던 밀룬카는 제2차 세계대전 동안 다시 전투를 시작했지만, 이번에는 다른 방식이었다. 쉰 살이 넘은 나이에, 자신의 집을 부상병들의 은신처로 만들었다. 그녀는 바니차 강제수용소에서 10개월을 보내고 나온 뒤로는 평범한 시민의 삶으로 돌아왔다. 밀룬카 사비치는 1973년 여든세 살 나이에 사망했고, 장례식은 군대 의전을 받으며 군장으로 거행되었다.

////////////////////////////

루이즈 드 베티니 Louise de Bettignies　　　1915

ELLE A OSÉ 제1차 세계대전의 흐름을 바꾸려 하다

△ 전쟁 전에 찍은 필름을
1918년 이후에 수정한 루이즈
드 베티니의 사진. 사후에
그녀에게 수여된 훈장들을
사진사가 추가해놓았다.

제1차 세계대전 동안 여성들이 보인 용기와 희생은
남성들에게 가려 지워졌다. 제4 군대인 간호사 부
대, 즉 '백의의 천사'로 참전하고, 무기 공장에서 무
기를 만드는 데 노동력이 되었으며 레지스탕스로도
스파이로도 같이 싸우고 활약했지만, 이 모든 사실
들은 제대로 알려지지 않은 채 묻히고 말았다.

　오직 조국을 지키겠다는 의지로 위험을 무릅쓰
고 헌신한 여성들은 용기 그 자체였기에 이제라도
우리는 기억해야 마땅하다.

　루이즈 드 베티니는 벨기에 몽스의 대귀족 가문
출신으로, 1880년 7월 15일 일곱째로 태어났다.
하지만 가세가 기울면서 무일푼이 된 아버지는 소유하고 있던 도자기 공장을
팔았다. 가족은 프랑스 북부 도시 생타망레조에서 살았는데, 발랑시엔과 릴,
벨기에의 투르네와 인접해 있었다.

　루이즈는 발랑시엔에 있는 성심회 수녀원을 거쳐 영국 업턴에 있는 우르술
라회 수녀원, 그리고 옥스퍼드 대학에서 공부했다. 가톨릭 환경에서 성장했지
만 수녀원 생활보다 공부를 더 좋아했다. 그녀는 밀라노의 비스콘티가에 이어
갈리치아의 미키에비치 가문, 엘비라 드 바비에르 공주 가문 등 귀족이나 왕
족 가문에서 가정교사로 일했다. 그리고 유럽 곳곳을 여행하다 전쟁이 발발하

자 1914년 초 프랑스 릴로 돌아간다.

'무방비도시' 릴은 10월, 독일군에 점령되었다. 그러자 루이즈와 언니 제르맨은 간호사로 자원했다. 루이즈는 여러 언어를 알았기 때문에 부상병들을 위로해주고, 병사들을 대신해 집으로 보내는 마지막 편지를 써주기도 했다.

하지만 루이즈는 그 정도에서 만족하지 않았다. 그녀는 비밀리에 벨기에로 메시지를 전달하러 갔다가 영국 정보국 소속의 한 카메룬 출신 장교를 만나 정보국을 위해 일해달라는 제안을 받는다. 프랑스군 최고 사령관 조셉 조프르 장군의 동의를 얻은 것이었기 때문에 루이즈는 릴에 정보망을 갖춰달라는 제안을 받아들인다.

루이즈는 침략군의 수탈로부터 시민들을 지키는 데 힘쓰던 샤로 주교의 도움을 받아 연락원 80명으로 구성된 정보망을 조직했다. 이 연락원들은 기차를 감시하고, 주둔부대들과 탄약 창고의 위치를 탐지하고, 가짜 신분증을 만들고, 연합군 병사들을 네덜란드로 보내는 일을 하고 있었다. 신부가 된 친오빠 앙리가 가짜 신분증을 만들어주었다. 이때부터 그녀는 알리스 뒤부아라는 가명을 사용했고, 네덜란드 블리싱겐의 곡물 회사에 들어가서 일했다.

'알리스 정보망'은 군대의 이동에 관한 주요 정보를 제공했다. 루이즈는 샤를로트라는 가명을 사용하는 레오니 반하우트 중위로부터 임무를 받아 활동했다. 그들은 함께 수집한 정보를 벨기에의 '담 블랑쉬'로 보냈고 '담 블랑쉬'는 영국으로 정보를 전달했다. 또한 루이즈는 블리싱겐의 곡물 회사를 다니면서 수집한 정보를 한 달에 두 번, 네덜란드에서 활동하는 연락원 '에마 이모'에게 전달했다.

1915년 1월부터 9월까지, 알리스 정보망은 천 명에 이르는 영국군 병사들을 구했다. 이 정보망 덕분에 연합군은 카이저 빌헬름 2세가 탄 열차가 언제 어디를 통과해 전선으로 갈지를 알 수 있었다. 당시 영국군 폭격기가 투하한

루이즈 드 베티니는 프랑스 북부 지방에 거대 정보망을 조직했다. 그녀가 영국군에 전달한 귀중한 정보들은 전쟁의 추이에 영향을 주었다. 그리고 만약 그녀가 전하는 메시지에 좀더 주의를 기울였다면, 어쩌면 전쟁의 흐름까지 바뀌었을지도!

폭탄이 빗나가긴 했으나 독일에는 대단한 위협이 되었다. 군대와 관리들의 이동 동선에 대한 정확도가 높았기 때문에 독일군의 긴장이 고조되면서 알리스와 샤를로트도 압박을 받기 시작했다.

그럼에도 루이즈는 베르됭에 대한 대규모 공격이 준비되고 있음을 알리는 마지막 메시지를 보낸다. 불행하게도 프랑스 사령관은 그 정보를 믿지 않았다.

1915년 9월 24일, 레오니 반하우트가 브뤼셀에서 체포되었다. 15년 징역형을 선고받은 레오니는 1918년 독일을 탈출한다.

1915년 10월 20일, 루이즈 드 베티니는 벨기에의 투르네 부근에서 체포되었고, 사형 선고를 받았다가 종신 강제 노역 형으로 바뀌었다. 루이즈는 쾰른 부근 지크부르크 요새에서 레오니와 재회했다. 감옥에서 폭동을 일으킨 루이즈는 지하 독방에 감금된다. 이미 건강 상태가 나빴던 루이즈는 끔찍하게 열악한 환경으로 인해 폐렴에 걸렸다.

루이즈 드 베티니는 휴전이 되기 몇 주 전, 1918년 9월 27일 독일에서 사망했다. 1920년 3월 16일, 그녀의 유해는 군대 의전을 받으며 릴로 옮겨졌다.

/////////////////////////////

스테파니 세인트 클레어
Stéphanie St Clair   1915

ELLE A OSÉ 할렘의 갱단 보스가 되어 뉴욕 마피아에 맞서다

︽ '마담 퀸', 1938. 1.

사랑받지 못하고 자란 아이, 학대받은 소녀, 스테파니 생 클레르는 다시는 굴욕적으로 살게 되지 않길 바라며 프랑스령 앤틸리스 제도*를 떠났다.

1912년, 뉴욕에 도착한 스테파니는 무슨 수를 써서라도 사람들로부터 존중받는 삶을 살고 싶었다. 아일랜드계 갱단이 무일푼의 스테파니를 거두고 교육도 시켜주었다. 몇 년 후, 스테파니는 불법 복권 도박 사업의 우두머리로, '할렘의 여왕'이 된다.

전적으로 남성들의 세계, 특히 폭력적인 어둠의 세계에 여성은 거의 없었다. 폭력에는 이골이 나 있는 스테파니였다. 남성 중심적이고 인종차별이 극심했던 시대의 미국에서 흑인 여성이 갱단 두목이 된다는 것은 대단한 도전이었지만, 그녀는 오직 강단으로 극복해낼 수 있었다. 갱단의 여왕 스테파니는 지식인들과도 가까이 지냈다. 이 엘리트 흑인 여성은 평등과 시민권을 위해 투쟁한다.

스테파니 생 클레르는 1886년 마르티니크†의 주도 포르드프랑스 빈민가에서 태어났으며, 아버지는 누군지 모른다. 홀로 딸을 키우던 어머니가 병으로 앓아누우면서 어린 스테파니는 백인 가정의 하녀로 들어간다. 주인집 아들에게 성폭행을 당하고 어머니까지 사망하자, 스테파니는 무작정 뉴욕으로 떠났다. 1912년 스물여섯 나이로 새로운 땅에 도착한 스테파니는 제일 먼저, 너무나 프랑스적인 이름 '생 클레르'를 '세인트 클레어'라는 미국식 이름으로 바꾼다.

가난하고 힘없는 스테파니는 맨해튼 지구, 파이브 포인트 거리에서 생활했

는데, 이 거리는 아일랜드계 갱단의 소굴이었다. 스테파니의 대담함과 끈질긴 기질을 눈여겨보던 갱단 조직 '40인의 도둑'에서 그녀를 받아주었다. 그녀는 강탈과 불법 행위가 어떻게 이뤄지는지 빠르게 파악했다. 폭력 조직의 일원이 된 그녀는 갱단에서 나눠주는 면도칼을 늘 지니고 다녔고, 감히 치욕을 주는 남자는 가차 없이 거세해버렸다.

　1915년, 스테파니는 할렘 북부에 정착했고, 유대계와 이탈리아계의 무시무시한 마피아들과 맞붙지 않기 위해 '볼리토'라는 불법 복권 사업에 몰두했다. 사업은 아주 잘되었다. 이때부터 스테파니는 고가의 모피 코트에 금장 파이프를 손에 쥐고 호화로운 차를 몰고 다녔다. 마르티니크에 살던 불운한 스테파니의 모습은 씻은 듯이 사라졌다.

　금주법이 끝나자, 마피아들이 그녀의 사업에 관심을 드러내기 시작했고, 이권을 탐낸 유대계와 이탈리아계 마피아들이 무자비한 싸움을 걸어왔다. 더치 슐츠와 러키 루치아노가 먼저 총질을 시작했다. 스테파니는 가만히 있지 않았다. 그녀는 유대계 마피아단 '이디시 커넥션' 소속의 마피아를 경찰에 넘겨 감옥으로 보내버리고는 말했다. '난 아무도 두렵지 않다!' 이 싸움에서 그녀는 '범피'라고 불리는 엘스워스 존슨의 도움을 받았는데, 그는 그녀의 부하이자 연인이었다. 엘스워스는 온갖 궂은일을 불평 없이 이행했다. 백인 마피아들은 '퀸', 할렘 사람들은 '마담 세인트 클레어'라고 부르며 경의를 표하는 여성의 사업을 함부로 방해하면, 누구를 막론하고 큰코다친다는 걸 그녀가 과시하게 되는 사건이 일어난다.

　주기적으로 들이닥쳐 괴롭히던 경찰이 스테파니를 8개월 동안 웰페어 아일랜드 교도소로 보내버리자, 그녀가 그 보복으로 아프리카계 미국인들의 공동체에서 가장 많이 읽히는 신문 《뉴욕 암스테르담 뉴스New York Amsterdam News》에 비리 경찰 리스트를 넘겨버린 것이다. 뇌물을 받은 공무원들과 금액을 아주 자세히 기록해놓은 그녀의 작은 수첩 덕분에 공무원 열다섯 명이 파면되었다.

마피아들의 협박을 받으면서도 충직하게 스테파니를 지켜주던 보디가드 듀크는 그녀의 도주를 도왔다는 이유로 오른쪽 눈에 포크가 꽂힌 채 발견되었다. 그녀의 남자 중 무슬림계 미국인은 그녀를 둘째 부인으로 삼았다는 이유로 수십 발의 총격을 받고 쓰러졌다.

가까운 이들이 희생되자, 확고한 태도와 결의에 차 있던 스테파니도 결국 굴복하고 다른 마피아들과의 전쟁을 끝낸다. 그 대가로 그녀는 이탈리아계 마피아들에게 세금을 지불해야 했다. 마피아들과 휴전을 했다고 원한까지 사라진 건 아니었다. 1935년 더치 슐츠가 러키 루치아노의 총에 맞아 병원에서 죽어갈 때, 스테파니는 다음과 같은 메시지를 보냈다. '뿌린 대로 거두리라.' 스테파니는 할렘의 부유층 지구인 슈거 힐의 에지컴 거리에서 살았다. 그곳에 사는 이들 중에는 아프리카계 미국인으로는 최초로 하버드 대학에서 학위를 받은 사회학자이자 역사가인 윌리엄 에드워드 버가트 뒤 보이스, 시인 카운티 컬런, 최초의 흑인 노동조합을 설립한 필립 랜돌프가 있었다. 자칭 '프랑스계 흑인 여성' 퀴니는 그들과 함께 시민권 운동에 가담했다.

최악의 어린 시절을 보낸 뒤 뉴욕 역사상 최고의 시간을 살았던 스테파니 세인트 클레어는 은퇴한 뒤, 여든세 살 나이로 퀸스 양로원에서 숨을 거두었다.

//////////////////////////////

---

* 　카리브해에 위치한 제도.

† 　카리브해에 위치한 프랑스의 해외 영토.

아가사 크리스티 Agatha Christie　　1920

ELLE A OSÉ 세계에서 가장 많이 읽히는 작가가 되다

⌃ 영국 소설가, 1925.

그녀의 작중인물들이 얼마나 우리 삶의 일부가 되어 있었던지, 1975년 아가사의 소설 속에서 에르퀼 푸아로가 죽자, 《뉴욕 타임즈》는 벨기에 출신 명탐정의 죽음을 알리는 부고를 실었다.

범죄가 일생의 관심사였던 추리소설의 여왕 아가사 크리스티는 고양이와 비둘기처럼 독자들과 게임을 한다.

무엇보다 아가사 크리스티는 특별한 상황이 닥치면 누구든 범죄자가 될 수도, 탐정이 될 수도 있단 걸 보여준다. 이러나저러나 독자로서는 작가가 펼쳐놓는 '인간들의 끔찍한 이야기'에 빠져드는 희생양이 될 수밖에 없다.

아가사의 상상력은 외로웠던 어린 시절에서 비롯된 것이 틀림없다. 1890년 영국 남서부 데번주의 토키에서 미국인 아버지와 영국인 어머니 사이, 3남매 중 막내로 태어났다. 오빠와 언니는 기숙학교에서 공부했지만, 아가사 메리 클래리사 밀러는 집에서 부모로부터 교육을 받았다. 아버지가 사망하자, 열한 살의 아가사는 어머니와 더욱 친밀해진다.

아가사는 아픈 어머니를 따라 이집트로 휴양을 떠난 적이 있었다. 카이로에서 어머니와 함께한 나일강 유람, 가정 형편상 남편감을 찾기 위해 사교계에서 많은 시간을 보내다 알게 된 영국 상류사회의 비밀과 규범 등은 훗날 많은 소설의 배경이 된다.

혼자서 외롭게 공부한 탓인지 독서가 취미였던 아가사는 동화와 시를 많이 읽었고, 특히 〈셜록 홈즈〉 시리즈를 접하면서 수수께끼 풀이에 빠져들었다. 그래서인지 아가사의 작품에 등장하는 헌신적인 대위 아서 헤이스팅스는 명탐정 셜록 홈즈를 수행하는 충성스러운 왓슨을 떠올리게 한다. 가스통 르루의 『노란 방의 비밀』을 읽으면서 그녀는 살인이 닫힌 문 뒤에서 일어난다는 데 대해 흥미를 느꼈고, 언니가 건네준 모리스 르블랑의 책들에서는 '괴도 신사' 아르센 뤼팽을 발견하고 깊은 인상을 받았다. 상상력을 자극받은 그녀는 글을 쓰고 싶은 충동에 사로잡혔다.

　　아가사는 영국군 장교 아치볼드 크리스티와 결혼했다. 1914년에 발발하여 1918년에 끝난 제1차 세계대전으로 인해 불행히도 두 사람은 떨어져 지내게 된다. 육군 항공대 소속 조종사인 아치볼드가 전쟁터로 떠나자, 아가사는 토키에 있는 병원에서 간호사로 자원봉사를 한다. 1916년, 그녀는 육군 병원 의무실에서 화학자의 조수로 일하며 약사 면허를 받았고, 마약과 독약 같은 약품 제조를 하게 된다. 이 실습을 통해 사람을 죽일 수 있는 식물에 대한 해박한 지식을 갖게 된다. 아가사의 작품 속에 독극물이 다수 등장하는 것은 이때의 경험에서 비롯된 것이다.

　　첫 소설『스타일스 저택의 괴사건』이 세상에 나오게 된 것은 탐정소설을 써보라는 언니의 권유에서 비롯되었다. 아가사는 병원에서 퇴근해 나올 때마다, 영국으로 피신해 토키에 사는 벨기에 사람들과 자주 마주쳤다. 아가사 크리스티가 창조해낸 소설 속 명탐정 에르퀼 푸아로가 바로 벨기에 출신이다.

　　전쟁이 끝나고, 아가사와 아치볼드는 런던에 거주하면서 경제적 어려움에 직면했다. 아가사는 소설을 써서 생활비를 벌기로 결심한다. 그렇게 해서 1920년에『스타일스 저택의 괴사건』을 발표하고 호평을 받는다. 소설은 제1차 세계대전 중 영국 남부의 시골 마을에서 사건이 일어나며 시작된다. 어느 날 밤, 저택의 부인이 안에서 문이 잠긴 침실에서 독살된다. 헤이스팅스 대위는 도시에 칩거해 있는 오랜 친구 에르퀼 푸아로 탐정을 찾아간다. 푸아로 탐정은 이 작품에서 첫 선을 보인 이후, 장편 33편과 단편 51편에 계속 등장한다. 1926년에 발표한『로저 애크로이드 살인 사건』도 성공을 거두었다. 이때부터 푸아로는 차츰 등장하지 않게 된다. 작가인 아가사처럼 정원 가꾸기를 좋아하는 또 다른 탐정 미스 제인 마플이 불쑥 나타난 것이다. 마플은 장편 12편과 단편 20편에 등장하는데, 전 세계를 무대로 활약하는 푸아로와는 달리 그녀가 살고 있는 마을에서 벌어지는 사건을 해결한다.

《 작가 아가사 크리스티의 초상,
1958.

183

1928년, 아가사는 아치볼드와 이혼한다. 2년 후, 젊은 고고학자 맥스 말로 원과 재혼한 뒤에도 아가사는 전남편의 성을 그대로 사용했다. 중동으로 발굴을 떠나는 남편을 따라갔고, 그곳에서의 경험은 아가사의 작품 세계에 새로운 틀을 주게 된다. 이 시기에 『오리엔트 특급 살인』, 『나일강의 죽음』, 『그리고 아무도 없었다』 등 소설 여러 편을 썼고 모두 대성공을 거두었다.

또다시 전쟁 때문에 아가사는 남편과 떨어져 지내야 했다. 나무에 관한 지식이 해박한 고고학자 남편이 카이로로 차출되었기 때문이다. 전쟁이 끝난 뒤, 아가사 크리스티는 몇몇 소설을 극작품으로 각색해서 연극 무대에 올리기도 했다. 1956년부터 콜린즈 출판사에서는 '크리스마스에는 크리스티를'이라는 슬로건을 내세워 아가사의 소설을 1년에 한 권씩 출간했다.

영화와 텔레비전이 그녀의 소설을 훨씬 더 대중화시켰다. 그녀의 작중인물들이 얼마나 우리 삶의 일부가 되어 있었던지, 1975년 아가사의 소설에서 에르퀼 푸아로가 죽자, 《뉴욕 타임스》가 벨기에 출신 명탐정의 죽음을 알리는 부고를 실을 정도였다.

수많은 추리소설로 명성을 떨친 아가사 크리스티는 1971년 엘리자베스 2세로부터 대영제국의 데임 작위 훈장을 받았다. 이 훈장은 장편 67편과 단편 190편, 희곡 18편과 많은 시를 포함한 그녀의 전 작품에 월계관을 씌워주는 표창이었다.

1976년 1월 12일, 이 위대한 소설가는 여든여섯 살 나이에 옥스퍼드 부근의 자택에서 영원히 펜을 놓았다.

아가사 크리스티는 세계에서 가장 많이 읽히는 작가임에 틀림없다. 그녀의 소설은 이미 40억 부가 판매됐으며, 매년 4백만 부가 팔리고 있다. 57개국 언어로 번역되었으니 아가사 크리스티의 소설을 읽지 않은 사람이 있을까?

에텔 레진스카 Ethel Leginska   1920

ELLE A OSÉ   지휘봉을 잡다

⌃ 오케스트라 지휘자, 1935년.

작곡가든, 오케스트라 지휘자든, 연주자든, 음악 교사든, 여성 음악가는 다른 많은 예술 분야에서와 마찬가지로 재능을 인정받기가 힘들었다. 그럼에도 에텔 레진스카는 열여섯 살 때 빼어난 피아니스트로, 서른다섯 살 때는 작곡가로, 서른아홉 살 때는 지휘자로 재능을 인정받을 수 있었다.

에텔 레진스카의 국제적 이력은 여성도 오케스트라를 지휘하고 작곡할 수 있다는 걸 보여주었다. 20세기가 되어서도 남성에게만 부여된다고 여겼던 재능이었다. 마침내 여성에게 음악학교의 문이 열리기까지는 20세기 후반이 되도록 기다려야 했다.

에텔 리긴스는 1886년 영국 북부에서 태어났다. 부모는 딸에게 뛰어난 음악적 재능이 있다는 걸 이내 알아차리고 음악 공부를 시켰다. 에텔은 프랑크푸르트 예술 학교를 졸업한 뒤 빈으로 가서 피아니스트 테오도르 레셰티츠키에게서 사사받았다.

열여섯 살 때, 에텔은 런던 퀸스 홀에서 첫 연주회를 가졌다. 또 이름을 슬라브계 이름으로 바꿨는데, 당시는 러시아나 폴란드 예술가들이 인기가 좋았기 때문이다. 유럽과 미국에서 그녀는 레진스카라는 이름으로 공연했고, 늘 성공을 거두었다. 《뉴욕 헤럴드 트리뷴》은 폴란드 출신의 세계적인 피아니스트 이

그나치 얀 파데레프스키를 떠올리게 한다며 '여성 피아니스트계의 파데레프스키'라는 별명을 붙여주었다. 찬사와 환영에 레진스카는 미국에 정착한다.

에텔은 거장들에게서 작곡 수업을 들었다. 1921년 보스턴에서는 타고르의 시에서 영감을 받은 네 편의 자작곡을 연주했는데 사상 초유의 일이었다. 그녀는 또한 오케스트라 지휘 공부를 했고, 1920년부터 여성으로서는 최초로 대형 악단들을 정기적으로 지휘했다. 보스턴, 뉴욕, 클리블랜드, 할리우드, 댈러스, 하바나, 몬트리올, 런던, 베를린…….

교향악단에서 제외된 여성 연주자들이 여성으로만 구성된 악단을 조직하여 에텔 레진스카에게 도움을 청했다. 1926년, 에텔은 보스턴 여성 심포니 오케스트라를 설립하고 4년 동안 지휘하면서 전국을 돌며 순회공연을 했다. 에텔은 1927년부터 1929년까지 시카고 여성 심포니 오케스트라의 지휘도 맡았다. 여자들도 남자만큼 모든 악기를 연주할 줄은 아는 모양이라고 비아냥거리는 이들도 있었다. 에텔은 시카고와 보스턴 심포니 오케스트라를 모델로 삼아 뉴욕에서도 오케스트라를 설립하고, 1932년 카네기 홀에서 공연했다.

1939년, 에텔은 대학교수가 되어 로스앤젤레스에 정착했다. 재능과 용기로 세상을 놀라게 한 에텔 레진스카는 1970년 무대를 영원히 떠나는 그날까지 젊은 피아니스트들을 양성했다. ////////////////////////////

앨리스 폴 Alice Paul

1920

ELLE A OSÉ 백악관 앞에서 침묵의 항의 시위를 벌이다

《 앨리스 폴과 함께
여성참정권을 주장하는
여성들의 집회, 1920.

'미국의 시민 투표권은 성차별을
이유로 미국 정부나 어떤 주에
의해 거부되거나 제한될 수
없다.' 1920년 미국 수정헌법
제19조에 기록된 이 글은 수많은
여성들의 전투적인 참여로 얻은
위대한 결과다. 투쟁은 길고
지난했으나 여성참정권의
승리로 끝났다.

제1차 세계대전에 연루된 유럽의 여러 나라와 마찬가지로 미국 여성들은 많은 대가를 치렀다. 여성들은 전쟁에서 승리하는 데 공헌했고, 누구도 그 공헌의 중요성을 무시할 수 없다. 그럼에도 참정권을 얻는 것은 쉽지 않았다.

여성참정권을 주장한 운동가 중, 앨리스 폴은 미국 수정헌법 제19조 채택에 결정적인 역할을 했다. 그녀가 보인 끈기는 강한 결단력과 자라며 받은 교육에서 온 것이 틀림없다. 숨을 거두는 마지막 순간까지, 앨리스는 평등과 정의를 위해 싸웠다.

앨리스는 1885년 뉴저지주에서 퀘이커교 집안의 맏딸로 태어났다. 프로테스탄트의 한 교파인 퀘이커교는 인간은 누구나 어떤 신념으로부터도 자유롭다고 생각한다. 중요한 것은 '내면의 빛'인데, 이 내면의 빛은 평등하게도 모든 인간에게 갖춰져 있는 것이기에 인간이 인간을 차별할 수 없다는 것이다. 앨리스의 부모는 남성과 여성은 원칙적으로 평등하다고 주장하는 독실한 퀘이커교 교도들이었다. 그녀는 아주 개방적인 환경에서 성장했으며, 어머니는 전미 여성참정권 협회 소속이었고 앨리스도 훗날 이 협회에 가입했다. 재능이 뛰어났던 앨리스는 공부를 많이 했는데, 당시 미국 여성으로서는 아주 드문 경우였다.

앨리스는 1905년 스워스모어 대학에서 생물학 학위를 취득한 뒤, 영국으로 떠나 버밍엄에 있는 퀘이커 연구 센터에서 공부를 계속했다. 이때 에멀린과 크리스타벨을 만났다. 이 팽크허스트 모녀는 여성참정권 운동을 주도하면서 (여성 사회 정치 연맹) 이따금 과격한 행동도 서슴지 않는 여성운동가들이었다. 앨리스는 그들과 합류해, 영국 수상에게 신발을 던지며 여성참정권을 외쳤고, 경찰에 체포되었다. 감옥에서도 앨리스는 단식투쟁을 했다.

1910년 감옥을 나온 앨리스는 미국으로 돌아가 공부를 이어갔다. 그해 전미 여성참정권 협회에 가입했고 워싱턴 위원회 의장으로 선출되었다. 이 위원회의 목적은 우드로우 윌슨 대통령의 취임식 전날인 1913년 3월 3일, 수도에서 시위행진을 하는 것이었다. 경찰이 지켜보는 가운데 온갖 모욕과 성차별적인 농담, 남성들의 신체적 폭행이 있었음에도 불구하고 참정권을 위한 시위는 성공적이었다.

하지만 캐리 채프먼 캐트 의장은 주별로 투표권을 얻자고 주장하는 반면, 앨리스 폴은 정부를 압박해 헌법을 개정해야 한다고 주장하면서 의견 대립이 발생했다. 앨리스는 전미 여성참정권 협회를 나와 1916년 '국민여성당'을 창당하고 영국 여성 동지들의 방식을 따른다.

그렇게 해서 1916년 대통령 선거 기간, 앨리스 폴의 국민여성당 당원들이 총동원되어 윌슨 대통령을 거부했다. 1917년 1월, 국민여성당은 백악관 앞에서 평화적인 항의 시위를 시작했다. 여성 수천 명이 날마다 침묵 속에서 여성참정권을 위한 플래카드를 들었다. 한 마디도 하지 않고 서 있는 여성들을 사람들은 '침묵하는 초병들'이라 불렀다. 1917년 7월, 경찰이 투입될 때까지 이

나는 평등한 권리를 위한 투쟁이 올바른 방향으로 가리라는 걸 결코 의심하지 않았다. 물론, 변화하고 개혁하는 것은 힘든 일이지만, 일상에서 평등으로 인해 힘든 일이 일어나는 건 전혀 보지 못했다.

들의 항의 시위는 계속되었다. 시위대는 버지니아주에 있는 아주 열악한 환경의 감옥에 투옥되었다. 앨리스가 또다시 단식투쟁으로 항의하자 강제로 음식을 먹이는 일까지 벌어졌다.

마침내, 플래카드만 들었을 뿐인 여성들을 탄압한 것에 대해 언론이 비판하기 시작했다. 게다가 1917년 4월, 미국의 전쟁 참여를 위해서는 전 국민의 지지가 필요한 때였다. 앨리스 폴과 함께 항의 시위를 벌였던 여성들은 같은 해 11월에 석방되었다

1918년 1월 8일, 우드로우 윌슨 대통령은 이렇게 말했다. "이 전쟁에서 우리는 여성들을 파트너로 삼았는데, 어떻게 여성들에게 고통과 희생과 노동만 강요할 수 있겠습니까?" 그리고 그는 '여성참정권의 허용 여부가 전쟁 승리의 척도가 될 것'이라고 선언했다.

1920년 8월 18일, 여성참정권을 인정하는 수정헌법 제19조가 통과된다.

앨리스 폴과 여성참정권을 주장해온 여성들은, 올랭프 드 구주의 여성 인권 선언 이후 19세기 후반부터 참정권 획득을 위한 운동이 활발해진 지 70년이 지나서야 미국에서 합법적으로 참정권을 얻은 것이다! //////////////////////

마거릿 생어 Margaret Sanger   1921

ELLE A OSÉ   여성의 신체 해방을 위해 싸우다

오늘날 여성은 자신이 원할 때 아이를 갖는다. 그리고 여성이 자기 몸의 주인인 것도 당연한 일이다.

그렇지만, 태고부터 남성들은 이 권리를 문제 삼았다. 고대 그리스와 고대 로마의 여성은 아버지와 남편에게 복종하며 살아야 했다. 심지어 여성은 의사, 특히 산부인과 의사가 될 수 없었다.

기독교 세계에서 여성은 아이를 낳기 위해 태어난 존재였고, 출산을 위한 성생활만 인정했다.

중세 시대에는 임신으로 마녀사냥을 당하기도 했기 때문에 여성들이 낙태에 효력이 있는 식물을 알아둘 정도였다.

질서와 도덕성을 중시한 19세기에 이르러서도 여성에 대한 차별과 억압은 계속되었다.

대통령 선거에 출마한 빅토리아 우드헐처럼 여성들이 자유연애에 대해 말할 때도 엄청난 파문이 일었다. 마거릿 생어가 여성은 자기 몸의 주인이어야 한다고 주장했을 때 일어난 파문은 이전과 비교할 수 없을 정도였다.

> 나는 가정주부들의 너무나 비참한 운명을 바꾸기 위해 행동하기로 결심했다.

여성의 신체가 도덕성 못지않게 속박되어 있던 시대였으니 마거릿 생어가 내세우는 자유에 사람들이 몹시 당황할 수밖에! 그렇지만 마거릿은 개의치 않고 더 나아가 여성과 여성의 신체 그리고 모성에 대한 새로운 그림을 제시했다. 바로 피임이었다. 그녀는 여성 자신을 위해서나 태어날 아기를 위해서나 피임하는 방법을 알려주기 위해 모든 힘을 쏟았다. 1950년대 말, 먹는 피임약이 개발된 것은 마거릿 덕분이다.

임신의 문제점을 누구보다 잘 알고 있는 마거릿이었다. 그녀는 1879년 9월 뉴욕주 코닝에서 아일랜드계 부모의 열한 명 자식 중 여섯째로 태어났고, 어머니는 열여덟 번의 임신과 유산을 반복하면서 열한 명의 자식을 키우다 마흔 살이라는 젊은 나이에 사망했다.

≫ 미국 산아제한 운동의 지도자, 마거릿 생어.

>> 산아제한 운동에 함께 나선
여성들에게 둘러싸인
마거릿 생어, 1924, 뉴욕.

간호사 교육을 받은 마거릿은 뉴욕의 빈민가에서 일하면서 원하지 않은 잦은 임신과 출산으로 지친 여성들을 보았고, 강제로 비밀리에 낙태를 하는 여성들도 보았다.

여성들의 불행한 운명에 화가 난 마거릿은 '산아제한'이라는 용어를 사용해 운동을 펼치기로 결심한다.

당시는 피임을 '외설적'이라고 비판하던 시대로, 피임에 대한 정보를 주는 것조차 금지되어 있었다. 그렇지만 사회주의 일간지 《뉴욕 컬 New York call》을 비롯한 몇몇 신문이 그녀의 주장을 게재했다. '모든 어머니가 알아야 할 것'과 '모든 여성이 알아야 할 것'이란 제목으로 실린 기사였다. 1914년에 마거릿은 직접 《여성의 반란 The Woman Rebel》이라는 신문을 발간하고 '여성의 몸은 여성 자신의 것이니, 누구도 지배할 수 없다'라는 제목의 기사를 실었다.

역경은 있었지만 차츰, 이 무정부주의 투사의 생각에 여성들이 관심을 보이기 시작했다. 마거릿은 1916년 브루클린에 최초의 피임 클리닉을 열었으나 열흘 만에 폐쇄되었다. 풍기문란죄로 마거릿이 몇 주일간 감옥에 수감되었기 때문이다.

뉴욕에서의 활동이 여의치 않자 마거릿은 하는 수 없이 런던으로 떠났다. 그녀는 여성운동이 활발한 영국에서 피임에 대한 연구를 계속하던 중 피임용

페서리*가 해결책이라고 생각했다. 그래서 미국에 페서리를 보내지만 그것으로는 충분하지 않았다. 강제성이 덜하고 사용하기 쉬운 다른 피임법을 찾아야 했다.

1921년, 뉴욕으로 돌아온 마거릿은 '미국 산아제한 연맹'을 창설했다. 이 기구는 1942년에 미연방 가족계획 협회로 바뀐다. 동시에 최초로 가족계획 센터를 열고 여성들을 받았다. 마거릿은 여성들에게 성생활과 피임에 대해 설명하고 설득했다. 피임에 대한 정보를 전도할 필요성이 커지면서 3년 만에 가족계획 센터 250개가 미국에 개소되었다.

마거릿은 여성들의 사연을 들으면서 기존의 피임 기구(페서리, 살정제, 콘돔)로는 충분하지 않으며, 원치 않는 임신을 완벽히 예방하지 못한다고 확신했다. 그래서 포유류의 수정에 관해 연구하는 그레고리 핀커스 박사를 찾아가 도움을 청했다. 그레고리 박사는 1937년부터 호르몬으로 다산성을 조절할 수 있다는 걸 증명하기 위해 실험하고 있었다. 마거릿 생어에게서 활기를 얻은 그레고리 박사는 성호르몬 연구 센터를 열고 연구를 재개했다. 그렇게 해서 1956년, 최초로 먹는 피임약이 발명된다.

피임약 덕분에 여성들은 원할 때 임신하고 아기를 낳을 수 있었다. 특히 가난하고 취약한 계층의 사람들에게 산아제한은 아주 긍정적이었다. 오늘날, 전 세계에서 실행되고 있는 가족계획은 여전히 여성의 권리를 개선하고 주장하는 것을 목표로 하고 있다. 원할 때 아이를 갖고, 원하지 않을 때 아이를 갖지 않을 수 있는 행복은 마거릿의 길고 긴 투쟁의 결과다. 우리 모두 1966년에 사망한 마거릿에게 빚지고 있는 것이다. ///////////////////////////

---

*   고무로 만든 기구. 현재는 치료용으로 쓰인다.

후다 샤으라위 Huda Sharawi   1923

ELLE A OSÉ 히잡을 벗어던지다

///

《 후다 샤라위, 최초로 히잡을
벗고 얼굴을 드러낸 이집트
여성.

후다 샤으라위의 삶은 19세기 말부터 20세기 중반까지 이집트가 겪었던 변화
를 반영한다. 쇠퇴하는 오스만제국의 하렘에서 태어난 후다는 처음에는 유럽
화되었다가 영국 점령자들에 맞서 범아랍주의를 지지했다. 하지만 그녀가 가
장 열렬하게 옹호한 것은 여성 인권이었고, 히잡을 벗어던지기까지 했다.

후다는 1879년 상이집트의 미니아에서 부유한 집안의 딸로 태어났다. 아버
지 무하마드 술탄은 국회의장이었고, 어머니 이크발은 캅카스 북부에 위치한
시르카시아 출신의 노예였다. 하렘에 기거하는 상류층 여성들은 선택적인 교
육의 혜택을 누리고 있어서, 후다는 이탈리아인 보모에게서 프랑스어를 배우
고 코란을 암송했지만 아랍어는 말할 줄도, 읽을 줄도 몰랐다.

아버지가 사망하자, 후다는 사촌인 알리 샤으라위의 보호를 받다가 열세 살
때 그와 결혼했다. 알리에게는 이미 아내와 여러 명의 자식이 있었다. 후다의
어머니는 일부다처제가 재검토되고 있으니 후다를 유일한 아내로 삼으라고
요구했다. 하지만 알리가 따르지 않자 후다는 이혼한다.

이혼 후 7년은 자유와 자각의 시간이었다. 후다는 다시 공부를 시작하고 개종했으나, 스물한 살 때 오빠의 강압으로 알리 샤으라위와 재결합했다. 남편과 함께 떠난 파리에서 후다는 샹젤리제 거리를 오가는 우아한 여성들을 보며 한없이 부러워했다. 이집트로 돌아오고서는 여성의 운명을 개선해야 된다는 생각에 다시 히잡을 쓰고 학교와 여성 전용 보건 진료소를 설립했다.

1919년 영국으로부터 독립을 요구하는 대규모 시위가 이집트에서 벌어졌다. 히잡을 쓰고 거리로 나온 여성들은 영국 점령자들에게 이집트를 떠나라고 외쳤다. 후다는 이집트 민족주의 정당 '와프드당'의 부총재인 남편의 편에 서서 싸웠고, 여성 중앙위원회를 조직하여 독립 운동에 앞장섰다. 이집트와 영국 사이에 독립을 위한 협상이 진행되는 동안 여성들은 배제되었다. 아랍 여성들은 아랍연맹이 창설된 1945년이 되어서야 정치에 참여할 수 있게 된다.

1922년 남편이 사망하자, 후다는 공식 석상에서 더 이상 히잡을 착용하지 않겠다고 선언하고 이집트 여성 연맹의 초대 회장을 맡아 모든 아랍 여성의 인권 운동을 이끌었다. 후다 샤으라위는 1947년 죽는 순간까지 범아랍 통일과 여성의 자유를 위해 싸웠다. //////////////////////////

쉬잔 발라동 Suzanne Valadon   1923

ELLE A OSÉ 남성 누드화를 그리다

교육받은 여성도 인정받기 어려운 예술계에서 쉬잔 발라동은 독학으로 그림을 그리다 재능을 인정받은 화가다. 처음에는 이름난 화가들의 모델로 일했다. 어깨 너머로 그림을 익히면서 화가가 되기로 결심했고, 실제로 화가가 되었다. 쉬잔은 자주 위험한 사랑에 빠졌고 마음 가는 대로 살았다. 미모를 타고나고 자의식이 강했던 쉬잔은 예술적이면서도 감성적인 선택을 했다.

쉬잔에게 금지된 것이란 없었다. 그녀는 자유로우면서도 남성 화가와 같은 화가로 인정받기 위해 싸웠다. 1894년, 스물아홉 살이 되어서야 국립 미술 협회로부터 여성으로서는 최초로 화가로 인정받았다.

인습에 얽매이지 않은 쉬잔은 많은 화가들과 사랑을 나눴고, 아들 모리스 위트릴로, 음악가 에릭 사티와 화가 앙드레 위테르 등 인물화를 주로 그렸다.

본명이 마리 클레망틴 발라드인 쉬잔은 처음부터 화가가 될 운명을 타고난 건 아니었다. 마리 클레망틴은 1865년 프랑스 리모주 부근에서 사생아로 태어났고, 세탁부로 일하던 어머니 마들렌은 딸이 태어나자 파리로 이주했다. 마들렌은 몽마르트르 언덕 부근에서 싸게 나온 집을 발견한다. 이름난 화가, 떠돌이 화가, 시인과 소설가, 음악가와 가수 들이 집결해 보헤미안적 삶을 사는 동네에 터를 잡은 것으로 마들렌은 자신도 모르게 딸의 운명을 결정짓게 된다.

쉬잔은 몽마르트르의 물랭 드 라 갈레트에서 열리는 무도회나 작은 카페에 가는 걸 좋아했고, 그곳에서 예술가들의 여신으로 떠받들어지며 쾌락을 즐겼다. 그녀가 에스파냐 카탈루냐 출신의 우울한 건축가 미구엘 위트릴로를 만난 곳도 몽마르트르였다. 그녀는 미구엘과 사랑을 나누다 열여덟 살 나이에 아들 모리스를 낳았다. 바로 이 아들이 몽마르트르의 주정뱅이 화가로 유명한 모리스 위트릴로다.

몽마르트르의 화가들은 항상 모델을 찾고 있었다. 균형 잡힌 몸매와 매혹적

《 앙리 드 툴루즈 로트레크
(1864-1901), 쉬잔 발라동의
초상, 1886-1887, 채색화,
칼스버그 글립토테크 미술관,
코펜하겐.

인 얼굴을 감싸는 붉은빛 도는 긴 금발을 가진 마리 클레망틴은 화가들의 관심을 끌었고, 그녀 또한 누드모델로 서는 걸 두려워하지 않았다. 1883년, 마리 클레망틴은 인상파 화가 피에르 퓌비 드 샤반과 오귀스트 르누아르에게서 모델 제의를 받았고, 두 화가가 작업하는 모습을 관찰하면서 많은 걸 배운다.

툴루즈 로트레크는 마리 클레망틴이 '늙은이들'의 누드모델이라는 사실을 알고는, 구약성서 속의 음탕한 두 늙은이가 목욕하는 수잔나를 훔쳐보는 일화를 언급하면서 진지하게 쉬잔이라는 이름을 사용하라고 제안했다. 이때부터 그녀는 본명 대신 쉬잔 발라동으로 불리게 된다.

쉬잔 발라동은 재능과 일, 개성을 인정받고 남성과 동등한 화가가 되는 데 성공했다. 서민 출신이라는 신분과 인습의 틀에 갇히지 않은 생활 방식 덕분에 그녀는 규범을 무시할 수 있었고, 나머지는 그녀의 강한 자의식이 이뤄낸 것이다.

>> 아담과 이브, 1909,
캔버스 유화, 파리,
국립 현대 미술관, 퐁피두.

△ 그물 투척, 1914,
캔버스 유화, 낭시 미술관.

쉬잔과 앙리 드 툴루즈 로트레크는 몽마르트르에서 재회했고 몽마르트르에서 함께 쾌락을 즐겼다.

아름다운 쉬잔과 신체장애가 있는 못생긴 로트레크는 공개적으로 연애했다. 쉬잔은 틈틈이 그린 데생을 보여주었고, 그녀의 재능을 알아본 로트레크는 화가가 되라고 권유했다.

쉬잔은 어머니에게 아들의 교육을 떠맡긴 뒤, 1893년에는 피아니스트 에릭 사티와 불같은 사랑을 시작했다. 하지만 화가가 되고 싶었던 그녀는 가난한 음악가와의 동거를 끝내고, 1896년 4월, 돈 많은 주식 중개인인 폴 무시와 결혼했다. 생활이 안정되자 이때부터 쉬잔은 그림에 전념하면서 정기적으로 개인전을 열었다.

그런데 아들이 문제였다. 열여섯 살 나이에 이미 알코올 중독자가 되어버린 모리스를 생탄 정신병원에 입원시켜야 했다. 의사의 권유로 쉬잔은 아들에게 그림을 그리게 했는데, 모리스는 술을 마실 때만큼이나 쉬지 않고 그림에 열중했다. 모리스가 집에 들어올 수 없는 상태가 될 때마다 종종 집에 바래다주는 친구가 있었다. 그렇게 쉬잔은 아들의 친구인 화가 앙드레 위테르를 만나게 된다.

그때 쉬잔은 마흔 살이 넘었고, 앙드레는 스물세 살이었다. 큰 키에 파란 눈과 금발, 매혹적인 얼굴, 특히 균형 잡힌 몸매를 지닌 미남이었다.

남편 폴 무시와의 생활은 무미건조했다. 앙드레의 열정에 끌린 쉬잔은 풍족한 부르주아의 삶을 내버리고 이혼한다. 이때부터 쉬잔은 자신만의 화풍을 구축하게 되고, 개인전을 자주 열었다.

쉬잔은 〈아담과 이브 Adam et Ève〉에 거침없이 앙드레와 자신의 알몸을 그렸다. 이런 누드화는 대개 남성 화가들의 전유물이었다. 프랑스에서는 1903년이 되어서야 여성이 누드화 수업을 받을 수 있었기 때문이다.

〈아담과 이브〉에서 대담함을 보여준 쉬잔은 거기서 멈추지 않고, 젊은 연인 앙드레 위테르를 모델로 남성 누드화를 그렸다. 〈그물 투척 Le Lancement du Filet〉에서는 그물을 던지려는 남성의 세 가지 모습이 표현되어 있는데, 근육질로 탄탄한 앙드레의 뒷모습과 옆모습, 앞모습을 볼 수 있다.

1914년 8월, 제1차 세계대전이 발발하자 두 사람은 서둘러 9월에 결혼했고, 앙드레는 전쟁터로 떠났다. 전쟁이 끝난 뒤, 둘의 관계는 식어가기 시작했다. 쉬잔은 나이 차로 인한 질투심 때문에 힘들어했다. 시대가 변하면서 예술가들은 몽파르나스로 이동했다.

여성 화가들에게 길을 열어준 쉬잔 발라동은 1938년 4월 7일, 앙드레 드랭, 파블로 피카소, 조르주 브라크 같은 화가 친구들이 지켜보는 가운데 숨을 거두었다. ////////////////////////////

알렉산드라 다비드 넬
Alexandra David-Néel

ELLE A OSÉ 　티베트 라싸의 땅에 들어가다

△ 알렉산드라 다비드 넬,
디뉴에서, 1968.

알렉산드라 다비드 넬은 단순한 여행가라기보다 탐험가였다. 아시아에 매료된 그녀는 오랜 세월을 아시아에 바쳤고 붓다의 지혜를 따르는 영적인 삶을 추구했다.

1924년, 이방인들에게는 금단의 땅이었던 티베트의 라싸에 들어간 최초의 유럽인 알렉산드라는 민족학적이면서 특히 영적인 증언을 남겨서 독자로 하여금 존재가 주는 의미와 마주하게 한다.

1868년 파리 교외에서 태어난 루이즈 외제니 알렉산드린 마리 다비드, 일명 알렉산드라는 히말라야로 떠나서 살 운명은 아니었다.

어머니는 엄격한 가톨릭교도였고 공화주의자인 아버지는 교사이자 프리메이슨 단원으로, 지리학자이자 무정부주의 사상가인 엘리제 르클뤼와 막역한 사이였다. 이런 환경 탓인지 알렉산드린은 어릴 적부터 집에서 탈출하는 꿈을 꾸었다.

알렉산드라는 번번이 어머니와의 약속을 어기고 가출했다. 아버지와 마찬가지로 엘리제 르클뤼의 영향을 받아 무정부주의 운동에 가담했고, 마르그리트 뒤랑이 창간한 여성에 의한, 여성을 위한 최초의 페미니스트 신문 《라 프롱드 La Fronde》에 글을 기고하기도 했다.

늘 영적인 삶을 추구하던 알렉산드라는 스무 살 때 프리메이슨에 입단한 뒤, 1년 후 불교로 개종했다. 먼저 영어를 배우고, 산스크리트어와 티베트어도 공부했고 파리에 있는 아시아 미술관인 기메 미술관을 열심히 다녔다.

알렉산드라는 다재다능했다. 파리 음악원에서 피아노와 성악을 공부했다. 부모가 경제적으로 어려움을 겪고 있을 때 하노이, 아테네, 튀니스 등으로 오페라 공연을 다니며 돈을 벌기도 했다. 1900년, 서른두 살 때 튀니스에서 생

//////////////////////////

온몸에 숯가루와 카카오 가루를
바르고, 먹물로 머리를 시커멓게
물들여 티베트 걸인으로
위장한 알렉산드라는 아푸르
용덴과 함께 출발해 8개월에
걸친 대장정 끝에 '눈의 거처'
히말라야를 횡단했다.

//////////////////////////

소뵈르 출신의 필리프 드 넬을 만나 결혼했다. 생활이 안정되자, 진정한 모험이 시작된다. 1911년 8월 9일, 그녀는 남편에게 답사가 끝나면 돌아오겠다고 약속하고 인도로 여행을 떠났다. 물론 그녀는 프랑스로 돌아오지만, 14년이 흐른 뒤였고 다시 떠난다.

알렉산드라는 인도 북부에 위치한 히말라야의 시킴주에 도착했는데, 시킴은 네팔과 부탄, 티베트와 인접한 곳이었다. 왕세자이자 영적 지도자인 시드케옹 툴쿠를 만난 것이 결정적인 계기가 되어, 그녀는 많은 불교 사원에서 수련할 수 있었다. 더 결정적인 것은 열다섯 살의 어린 승려 아푸르 용덴과의 만남이었다. 아푸르 용덴은 양아들이 되어 이후 40년 동안 그녀를 수행한다. 그녀는 히말라야 고지에서 명상 수련을 하고 요가로 심신을 단련하면서 도덕적, 육체적 고행을 했다.

하지만 그녀는 이방인들에게 금지된 티베트에 들어가길 갈망했다. 실제로 유럽 여성이 히말라야 지역에 나타나자, 왕국은 문을 닫아걸고 넘지 못할 산맥을 방패로 삼았다. 하지만 알렉산드라에게 불가능이란 없었다.

온몸에 숯가루와 카카오 가루를 바르고, 먹물로 머리를 시커멓게 물들여 티베트 걸인으로 위장한 알렉산드라는 아푸르 용덴과 출발해 8개월에 걸친 대장정 끝에 '눈의 거처'라는 뜻의 히말라야를 횡단했다. 두 사람은 탐험되지 않아 위험한 미지의 땅에 발을 내딛으며 꽁꽁 얼어붙은 산속을, 끊임없이 내리는 눈보라를 헤치며 몇 시간씩 걸었고, 추위와 배고픔과 싸워야 했다. 하지만 지리적인 장애물은 물론 그 어떤 역경도 그녀의 발길을 돌리지 못했다.

2,000킬로미터가 넘는 세계의 지붕을 걸어서 횡단한 뒤, 마침내 1924년 1월 28일, 알렉산드라는 쉰여섯 살 나이에 지친 몸을 이끌고 라싸에 도착했다. 그 금단의 땅에 들어간 최초의 서양 여성이었다. 많은 이들이 실패했지만, 그녀는 해냈다. 알렉산드라와 아푸르 용덴은 라싸에서 들키지 않고 두 달을 머물렀지

<< 알렉산드라 다비드 넬과
양아들이자 여행 동반자인
라마승 아푸르 용덴, 1939.

>> 네팔을 탐험하는 알렉산드라
다비드 넬, 1912.

만 라싸에는 별로 관심이 없었던 것으로 보아 이 여행의 진정한 목적은 도전에 있었음이 확실하다.

'길을 끝까지 가는 것이 중요하지 여정이야 어떻든 그게 무슨 상관인가.' 알렉산드라는 자신의 존재 깊은 곳에서 갈망하던 영적인 아시아 여행을 통해 온갖 우발적 사태를 극복할 수 있는 힘과 에너지를 얻었다.

그녀가 라싸에 들어갔다는 소식이 전 세계 신문에 보도되었고 그녀의 책 『영혼의 도시 라싸로 가는 길』은 엄청난 성공을 거두었다. 1928년 유럽으로 돌아온 알렉산드라는 프랑스 남부에 작은 집을 하나 사서 1937년까지 머물며 글을 썼고, 예순아홉 살에 다시 양아들과 함께 중국으로 떠나 몇 달간 체류했다. 중일전쟁과 제2차 세계대전이 일어나면서 두 사람은 아시아에서 9년간 머물게 된다. 1941년, 그녀는 절친한 친구이기도 했던 어머니의 사망 소식을 듣는다.

1946년 10월, 알렉산드라와 아푸르 용덴은 프랑스로 돌아왔다. 그녀는 10여 권의 책을 더 썼다. 1955년 사랑하는 양아들이 갑자기 요독증으로 사망한 것은 그녀의 인생에서 가장 큰 슬픔이었다. 여든여섯 살, 지칠 대로 지친 나이였지만 그녀는 다시 일어섰고, 백한 살 나이에 여권 갱신을 신청했다. 하지만 그녀의 육신은 프랑스를 떠나지 못한다. 1969년 9월 8일, 알렉산드라 다비드 넬은 백한 살 나이에 영원히 눈을 감았다. 그녀의 영혼만큼은 만년설에 덮여 있는 히말라야 정상에 가 있을 것이 틀림없다. /////////////////////////////

알로하 원더웰 Aloha Wanderwell 1925

ELLE A OSÉ 자동차로 세계 일주를 하다

︽ 알로하 원더웰, 1912. 12.

알로하 원더웰은 모험가로, 스파이로, 탐정으로, 사랑받는 여인으로 소설 같은 삶을 살았다.

그녀는 1906년 10월 3일 캐나다 위니펙에서 태어났다. 본명은 이드리스 갈시아 홀. 아버지 허버트 홀은 부유한 부동산 개발업자였고, 제1차 세계 대전이 일어날 때까지는 밴쿠버섬에서 풍족하게 살았다.

캐나다 원정대에 입대한 허버트 홀이 영국으로 파견되자, 아내와 두 딸도 함께 영국으로 갔다. 1917년 7월에 남편이 전사한 뒤, 홀 부인은 프랑스 남부에 정착하고 딸들을 종교학교에 입학시켰다.

'지적이고 용감한 미모의 젊은 여성들이여, 세계 탐험에 참가하는 행운을 잡으세요.' 1922년, 이 광고문을 본 이드리스는 숨 막히는 기숙사를 도망쳐 나와 파리로 갔다. 그리고 광고를 낸 캡틴 원더웰이라고 불리는 남자를 만나게 된다.

캡틴이라지만 원더웰은 군인이었던 적이 없다. 1893년 폴란드에서 태어났고, 본명은 발레리안 요하네스 피체친스키였다. 월터 원더웰은 미국에 도착한 뒤 부르기 좋게 개명한 이름이었다. 제1차 세계대전 동안, 월터는 독일군에게 매수된 스파이라는 의혹을 받고 수감되었다가 1918년에 석방됐고, 버라이어

티쇼 가수로 활동하는 넬 밀러와 결혼했다.

원더웰은 국제연맹을 지원하기 위한 단체인 '세계 직업교육 클럽'을 설립했다. 사실, 이 단체는 소규모 사설 군대여서, FBI의 전신인 수사국 국장 에드거 후버의 엄중한 감시를 받고 있었다.

광고를 보고 지원한 이드리스를 처음 본 월터는 열여섯 살의 금발 소녀에게 끌려 즉시 채용한다. 그래서 이드리스는 탐험대의 통역사이자 비행기 조종사, 비서로 일하게 된다. 월터는 이드리스에게 알로하라는 이름을 붙여주었다. 알로하는 하와이어로 '안녕'이란 뜻이지만 사랑이라는 뜻도 있다.

자동차 세계 일주 탐험은 1921년 11월 27일 디트로이트의 포드 공장에서 출발하는 것으로 시작됐다. 탐험에 적합한 차량이 포드사의 T 스페셜 모델이었기 때문이다. 유럽으로 출발한 캡틴 원더웰의 탐험대는 런던에 도착한 뒤 파리로 이동했고, 이드리스는 파리에서 탐험대에 합류했다.

알로하는 파리에서 베이징까지 차를 몰았다. 그들은 함께 유럽, 아프리카, 중동, 아시아를 주파했다. 세계 일주 투어는 포드사의 후원을 받았다. 모자라는 자금은 여행 일지와 강연, 일주하는 동안 촬영한 기록 영화를 판매해 조달했다. 그들은 홍해를 건넌 뒤 인도로 들어갔지만 연료가 떨어진 데다 차가 진창에 빠졌고 현지에서는 수리가 불가능했기 때문에 수백 킬로미터를 밧줄로 끌어야 했다. 중국은 당시 격변의 시기라서 자동차 횡단이 위험했다. 우여곡절 끝에 시베리아를 횡단한 뒤, 일본에 이어 샌드위치섬*을 거쳐 마침내 1925년 1월 5일, 샌프란시스코에 도착했다. 이렇게 해서 알로하는 자동차로 세계 일주를 한 최초의 여성이 된다.

알로하와 월터가 미국 땅을 밟았을 때, 두 사람은 맨법에 걸렸다. 부도덕한 일을 목적으로 여성을 국내 또는 국외로 수송하는 것을 금하는 법률이었다. 알로하는 열여덟 살이었고, 월터는 스물아홉 살의 유부남인 데다 감시를 받고 있

그녀는 어릴 적부터 용감하게 위험에 맞부딪쳤고, 탐험을 좋아했다. 첫 남편은 그녀를 세상의 모든 길로 이끌어준 뒤 피살되었다. 그녀는 자동차로 세계를 일주한 최초의 여성이 되었다.

알로하는 수단의 사막에서 물이 떨어지는 바람에 목이 말라서 죽을 뻔한 적이 있었다. 시베리아에서는 붉은 군대의 '명예 대령' 칭호를 받기도 했다. 예기치 못한 상황이 발생했을 때 대처 능력이 빨랐던 그녀는 아프리카에서는 코끼리 지방을 엔진오일로 사용하고, 으깬 바나나를 기계 부품의 윤활유로 사용했다.

는 상태였다. 결국 월터 원더웰은 넬 밀러와 이혼했고, 1925년 4월 7일 알로하와 재혼했다.

알로하와 월터는 자식을 둘 낳고도 계속 여행을 다니면서 다큐멘터리를 촬영했다. 중국에 갔을 때, 알로하가 도둑으로 몰려 체포된 적이 있는데 중국인들에게 경기관총 다루는 방법을 가르쳐주는 것으로 간신히 풀려나기도 했다. 두 사람은 촬영한 다큐멘터리 덕분에 할리우드의 더글러스 페어뱅크스와 메리 픽포드를 만날 수 있었다. 월터는 캘리포니아 롱비치에서 다큐멘터리를 찍기 위해 요트를 구입했다. 하지만 바다 횡단의 꿈은 이루지 못했다. 1932년 12월, 캘리포니아에서 피살되었기 때문이다. 범인은 찾지 못했다.

남편을 잃은 뒤에도 알로하는 모험가로서 살아간다. 그녀는 수상기 조종을 배운 뒤, 브라질의 아마존을 탐험하던 중 실종된 지리학자이자 고고학자인 퍼시 포셋 수색 작업에 나섰다. 하지만 수상기가 정글에 불시착하면서 알로하는 몇 달 동안 아마존 부족과 지내다 발견되어 미국으로 돌아왔다. 1933년에 사진가 월터 베이커와 재혼한 뒤에도 그녀는 계속 여행했다. 5대륙의 80개 나라를 여행했는데, 그 거리는 80만 킬로미터에 이른다.

1996년 6월 4일, 그녀는 돌아오지 못할 마지막 여행을 떠난다. 그녀의 나이 아흔 살 때였다.

---

* 　하와이섬을 말함.

조세핀 베이커 Joséphine Baker   1925

ELLE A OSÉ   뮤직홀의 스타를 넘어 만능 엔터테이너가 되다

재능 있는 댄서이자 가수였던 조세핀 베이커는 레지스탕스 운동에 적극적으로 가담했고, 마틴 루터 킹 편에 서서 인종차별과 세상의 편견에 당당하게 맞섰다.

그녀는 아름다운 육신과 숭고한 영혼을 가진 예술가였다.

프레다 조세핀 맥도널드는 미주리주 세인트루이스에서 흑인과 인디언의 혼혈인 어머니와 아마도 음악가였을 아버지 사이에서 1906년 6월 3일 태어났다.

가난과 인종차별로 인한 굴욕은 어린 조세핀의 일상이었다. 글을 읽지도 쓰지도 못했던 조세핀은 열세 살에 결혼해 열네 살에 이혼했고, 열다섯 살에 재혼하여 베이커라는 성을 얻었다.

조세핀은 춤을 좋아했고, 춤은 비참한 상황을 잊게 해주었다. 특별한 에너지를 지닌 덕분에 그녀는 길거리 공연단 '존 패밀리 밴드'에 이어 '딕시 스테퍼스'의 일원으로 활동했다.

그녀는 뉴욕의 브로드웨이, 파리의 무대에 서는 더 큰 꿈을 꾸기 시작했다. 실제로, '플랜테이션 클럽'에서 공연할 당시 파리 주재 미국 문화원의 여성 공보관과의 만남은 그녀의 인생에 전환점이 되었다. 공보관이 파리에서 공연해달라고 조세핀을 초대한 것이다. 1925년 9월 25일, 조세핀은 대서양 횡단 여객선 베렝가리아호를 타고 셰르부르에 도착했다. 수백 킬로미터 이상 떨어진 이국땅, 그것도 프랑스의 수도, 파리 샹젤리제 극장에서 공연한 〈흑인 버라이어티 쇼〉는 전설적인 성공을 거둔다!

완벽한 성공이었다. 이국적이고 화려한 무대 배경과 조세핀 베이커의 에로틱한 춤에 파리는 열광했다. 바나나를 주렁주렁 매단 벨트를 차고 무대에 등장한 그녀의 '야성적인 춤'은 조세핀 베이커를 일약 스타로 만들어주었다. 그녀와 함께 뉴욕에서 온 음악인들 중에는 재즈 색소폰 연주자 시드니 베쳇도 있었다.

>> 파리 카지노에서 조세핀
     베이커, 1930.

208

조세핀은 유행을 만들었고, 폴 푸아레를 비롯한 최고 패션 디자이너들이 그녀에게 옷을 입혔다. 피카소, 일본인 화가 후지타, 키스 반 동겐 같은 최고 화가들을 비롯해, 미국인 사진가 맨 레이도 그녀의 모습을 담았다. 파리 뮤직홀의 '검은 비너스'를 모방한 여성들이 짧게 자른 보이시한 머리에 머릿기름으로 윤을 낸 헤어스타일을 하고 다닐 정도로 그녀의 인기는 선풍적이었다.

1920년대를 휩쓴 프랑스 패션과 예술 분야의 사조를 지칭하는 '광기의 해'는 1914년에서 1918년까지 일어난 전쟁의 공포를 잊고자 촉발된 것이었다. 파리는 쾌락과 창조의 도시였다. 제국주의의 망령에도 불구하고 조세핀은 감옥에 끌려갈 위험 없이 백인 남성의 팔짱을 끼고 산책할 수 있는 자유를 누렸다.

조세핀은 애완 표범 '치키타'를 데리고 파리 시내를 산책하면서 폴리 베르제르 극장 층계에서 수많은 패션 사진을 찍은 것으로도 유명하다. 그녀는 절대적인 디바였다. 영화계와 음악계에서도 그녀를 열렬히 환영했다. 1931년 뱅상 스코토가 그녀를 위해 작곡한 〈나의 두 사랑J'ai deux amours〉은 엄청난 성공을 거두었다. 영화 촬영도 계속되었다. 그러나 1936년, 미국으로 돌아간 조세핀은 크게 실망했다. 미국은 여전히 인종차별이 개선되지 않은 상태였다. 뉴욕에서는 호텔 스위트룸으로 들어가려면 뒷문을 이용해야 했다. 어린 시절의 세인트루이스와 마찬가지로 또다시 굴욕을 당한 것이다. 1937년, 조세핀은 국적을 프랑스로 바꾸었고, 제2차 세계대전이 발발하자, 즉시 레지스탕스 운동에 가담해 1939년부터는 대간첩 활동 요원으로 활약했다. 그녀는 이동이 용이하다는 점을 이용해, 순회공연 계획을 세우면서 레지스탕스에 메시지를 전달했다. 그녀의 악보에는 펜으로 쓴 여러 가지 정보가 깨알같이 적혀 있었다. 발각될 경우를 대비해 그녀는 북아프리카로 떠났고, 그곳에 주둔하는 군대와 적십자를 위해 위문 공연을 다녔다. 전쟁이 끝나고, 드골 장군 지지파였던 조세핀은 레지스탕스 훈장, 레지옹 도뇌르 훈장, 1930-1945년 전쟁의 무공 훈장을 받았다.

자유와 평등을 위해 싸워온 조세핀은 인종차별 반대 운동과 흑인 해방을 위한 투쟁에 참여했다. 시민권 운동을 지지하면서 마틴 루터 킹의 꿈을 공유했고, 1963년 워싱턴 대행진 때는 군복 차림으로 사열대에 참석했다.

아이를 낳을 수 없게 된 조세핀은 인류 평화를 위한 박애 정신으로 열두 명의 아이를 입양했다. 오케스트라 단장인 남편 조 부이용과 함께 페리고르 지방의 밀랑드성에서 아이들을 양육했는데, 그녀는 자신의 가족을 '레인보우 부족'이라고 불렀다. 5대륙에서 온 고아들이었고, 얼굴색과 인종, 종교가 모두 달랐지만, 아이들은 조세핀을 중심으로 한 지붕 밑에서 평화롭게 살았다. 불행히도 조세핀은 씀씀이가 컸기 때문에 돈 문제로 시련이 닥쳤다. 남편은 조세핀과 헤어지면서 밀랑드성을 팔아버렸다. 그러자 조세핀이 박애의 꿈을 이루도록 모나코의 그레이스 켈리 왕비가 로크브륀에 집을 마련해주었다. 하지만 레인보우 부족을 먹여 살리려면 일을 해야 했다. 1975년 4월 9일, 그녀는 사랑하는 파리에서의 50년을 축하하기 위해 보비노 뮤직홀 극장의 무대에 올랐다. 그녀의 나이, 예순여덟 살이었지만 에너지는 여전했고, 관객들은 열광했다. 그러나 공연이 끝난 다음 날, 조세핀 베이커는 뇌졸중으로 쓰러졌다. 자신의 성공에만 만족하지 않고 세상의 차별과 편견에 당당히 맞섰던 그녀는 생에 대한 치열한 사랑을 보여주고 영원한 별이 되었다. //////////////////////////

나의 두 사랑,
내 고향과 파리.

사실, 조세핀에게는 많은
사랑이 있었다. 뮤직홀,
무엇보다 자유와 평등
그리고 박애.

거트루드 에덜리 Gertrude Ederle   1926

ELLE A OSÉ 수영으로 영불해협을 횡단하다

《 올림픽 수영 금메달리스트,
브라이튼, 1925. 7. 2.

누구도 여성이 수영으로 영불해협을 건널 수 있다고 생각하지 못했다. 그러나 1926년 거트루드 에덜리는 열아홉 살 때 그 일을 해냈다. 남성이 세운 영불해협 횡단 최고 기록까지 갈아 치우면서.

1924년 파리 올림픽 때까지 세운 신기록이 29개나 되지만 사실, 거트루드 에덜리는 투쟁 정신으로 핸디캡을 극복한 여성이다. 그녀는 어릴 때 앓았던 홍역 때문에 청력 장애가 있었다.

1905년 뉴욕의 독일계 이민자 가정에서 태어난 트루디는 아주 어린 나이에 수영을 시작했다. 여자 수영 협회에 가입해, 열네 살 때부터 우승을 독차지하면서 기록을 내기 시작했다. 1924년 그녀는 파리 올림픽에서 금메달 한 개와 동메달 두 개를 받았다.

그러나 트루디에게는 다른 꿈이 있었다. 여성 최초로 영불해협을 횡단하는 것이었다. 그녀는 우선 맨해튼 남쪽 끝과 샌디훅까지 34킬로미터를 횡단했다. 7시간 11분 30초. 이전에 남성이 세웠던 기록은 교체됐다. 그녀의 기록은

2006년이 되어서야 깨진다.

1925년 8월 18일, 트루디는 영불해협의 프랑스 해안에서 횡단에 도전했다. 수영하는 도중, 그녀가 기침을 하자 코치는 레이스를 멈추게 했다. 결국 그녀는 코치를 바꾸고 이듬해 다시 도전한다.

1926년 8월 6일, 7시 8분, 트루디는 파드칼레의 그리네곶에서 영불해협 횡단에 도전했다. 출발 직전, 여동생은 트루디의 몸에 라놀린과 돼지기름, 올리브기름을 발라주었는데 추위와 해파리의 공격으로부터 몸을 보호하기 위해서였다. 프랑스 해안에서 영국 해안까지의 거리는 34킬로미터였다. 14시간 31분 후, 트루디는 거친 바다와 폭풍우를 헤치며 킹스다운 해변에 도착했다. 수백 명의 인파가 켄트 해변에서 기다리고 있었고, 그녀가 물에서 나온 시간은 21시 39분이었다. 트루디는 당시 최고 수영 선수였던 세바스찬 티라보스키보다 1시간 59분을 단축시키면서 기록을 경신했다.

뉴욕은 열광의 도가니였다. 퍼레이드와 함께 200만 명이 환호성을 지르며 그녀의 쾌거를 축하했다. 캘빈 쿨리지 대통령은 백악관으로 그녀를 초대해 '미국 최고의 여성'이라고 치하했다. 트루디는 자신의 쾌거에 대해 간략하게 말했다. "나는 해낼 수 있다는 걸 알고 있었고, 해내야 했고 그리고 해냈다!"

1933년, 청력을 잃으면서 국제대회에 나설 수 없게 되지만, 수영에 대한 열정은 변함이 없었다. 그녀는 농아들에게 수영을 가르치는 데 여생을 보내다, 2003년 아흔여덟 살의 나이로 세상을 떠났다.

아멜리아 에어하트 Amelia Earhart   1932

ELLE A OSÉ   대서양 횡단 비행에 성공하다

//

"비행으로 대서양을 횡단한 최초의 여성이 되고 싶지 않으세요?" 1928년 4월, 퍼트넘스 선즈 출판사의 한 편집자가 열혈 비행사 아멜리아 에어하트에게 던진 제안이다.

영예로운 제안이었지만 이 제안은 그녀를 잃는 계기가 된다. 영예라고 하는 것은 그녀의 위업 달성으로 여성들에게 비행사의 문이 열렸기 때문이고, 그녀를 잃었다고 하는 것은 바다에 떨어진 그녀의 비행기가 전혀 발견되지 않았기 때문이다.

아멜리아 메리 에어하트는 1897년 7월 24일, 미국 캔자스주 애치슨의 하늘 아래서 태어났다.

스물세 살 때 로스앤젤레스에서 열린 에어쇼를 구경하러 갔다가 비행기를 타보게 될 기회를 얻은 그녀는 비행기에 매료되었고 비행이야말로 자신의 운명이라고 생각하게 된다.

제1차 세계대전 동안 비행기 제조 기술은 나날이 발전했다. 전쟁 후, 비행기는 목적이 완전히 달라졌다. 우편물과 화물 및 승객 수송이 목적이었다. 또한 비행사들이 세계를 발견하는 일에 뛰어들었으니, 모험가들에게 새로운 세상이 펼쳐진 것이다.

이런 열기에 자극받은 아멜리아 에어하트는 비행 수업을 받았다. 1922년 그녀는 노란색 중고 복엽기 키너 에어스터를 마련해서 '카나리아'라고 이름 붙였다. 그해, 9월 22일 여성 최초로 고도 1만 4,000피트 비행에 성공했다. 이듬해에는 국제 항공기 조종사 자격증을 받고 세계에서 열여섯 번째 여성 비행사가 되었다.

1928년 6월 17일, 아멜리아는 수상비행기에 올랐고, 뉴펀들랜드에서 이륙한 지 20시간 40분 후, 영국 웨일스에 착륙하는 데 성공했다. 여성 최초로 대서양 횡단 비행에 성공한 것이지만 혼자서 조종한 것이 아니었기 때문에 훗날

>> 아멜리아 에어하트, 보스턴,
1925.

자신의 수상기 '프렌드십' 앞에
선 아멜리아 에어하트, 캐나다,
1928. 6. 14.

을 기약한다. 아멜리아는 출판사 대표 조지 퍼트넘
의 권유로 대서양을 횡단하는 데 걸린 시간을 제목
으로 한 『20시간 40분 20 Hours, 40 Min』이라는 책을
썼다. 아멜리아에게 반한 퍼트넘은 여섯 번이나 프
러포즈를 했고, 두 사람은 1931년에 결혼한다.

마침내 아멜리아의 꿈이 구체화되기 시작했다.
1932년 5월 20일, 캐나다 하버 그레이스에서 항공
기 록히드 베가를 타고 이륙했는데 이번에는 혼자
조종해서 대서양을 횡단한다. 14시간 56분 후, 북
아일랜드 컬모어의 한 농촌에 착륙했다. 드디어 여
성 최초로 대서양 횡단 단독 비행에 성공한 순간이었다!

이후 아멜리아는 적도를 따라 지구를 한 바퀴 도는 비행에 도전한다. 한 달
여 동안 대서양을 건너 아프리카에서 아시아를 거치는 기나긴 비행에 성공하
고 뉴기니에 도착했다. 그리고 1937년 7월 2일, 뉴기니를 이륙한 아멜리아는
비행기와 함께 사라졌다. 미국은 충격에 빠졌다. 루즈벨트 대통령은 그녀를
찾기 위해 비행기 수십 대와 군함들을 동원해 남태평양을 샅샅이 수색했지만
수색대는 아무런 소득 없이 철수했다.

그녀의 실종 사건은 여러 가지 의혹을 불러일으켰고 그에 따른 추측성 소문
만 무성했다. 그만큼 아멜리아 에어하트는 미국과 세계가 사랑한 전설적인 여
성 비행사였기 때문이다. ////////////////////////////

헤디 라마 Hedy Lamarr　　　　1933

ELLE A OSÉ　최초로 누드 신을 찍다

⌃ 구스타브 마하티의 〈엑스타시〉,
에바 역의 헤디 라마, 1933.

'세계에서 가장 아름다운 여인'은 환상적인 배우일 뿐만 아니라 주파수 도약 기술*을 개발한 과학자이기도 했다. 하지만 이런 면보다는 여섯 번의 결혼과 이혼, 유명인들의 연인이었던 것으로 더 많이 알려져 있다. 헤디 라마는 1930년 빈에서 데뷔해 베를린에서 연기 활동을 하다 1933년 〈엑스타시〉에서 영화계 최초로 알몸 연기를 선보인다. 그 후, 할리우드에 진출해 유명 배우들과 함께 연기하며 승승장구한다. 섹스 심벌이자 할리우드의 여왕이었던 그녀가 개발한 기술은 당시 군에서는 중요하게 받아들이지 않았으나, 무선통신 기술의 근간이 되어, 오늘날 널리 사용되는 와이파이와 블루투스 기술로 발전하게 된다.

헤드비히 에바 마리아 키슬러는 1914년, 당시 오스트리아-헝가리의 수도였던 빈에서 태어났다. 가톨릭으로 개종한 유대인 가정이었다. 열여섯 살에 자샤 영화 촬영소에서 데뷔해 베를린에서 연출가 막스 라인하르트에게 연기를 배웠다. 거기서 영화감독 오토 프레밍거와 샘 스피겔을 만났고, 샘 스피겔과는 몇 년 후 미국에서 재회한다.

〈엑스타시〉는 불행한 결혼 생활을 하던 젊은 여성이 젊고 잘생긴 연인의 품에서 황홀경을 알게 된다는 내용의 영화다. 이 영화는 두 가지 장면이 세간의 이목을 끌었는데, 헤디가 알몸으로 호수에서 수영하는 장면과 오르가슴을 연기하는 장면이다. 하지만 비도덕적이고 불온하다는 비판을 받았다. 헤디 라마는 자서전 『엑스타시와 나 Ecstasy and Me』에서 그 장면에 대해 바늘에 수없이

찔리는 것 같았다고 소회한 바 있다.

1933년 헤디는 부모의 강요로, 가톨릭으로 개종한 오스트리아의 무기상 프리드리히 만들과 결혼했다. 오스트리아와 독일, 이탈리아에서 무기 거래를 하던 만들은 자신의 이미지가 걱정되어 아내가 연기한 논란의 장면을 당연히 좋게 보지 않았다. 만들이 영화의 필름 사본을 모조리 사들여 더는 나돌지 못하게 했다는 설도 있다. 미국에서는 〈엑스타시〉 상영을 금지했고, 교황 비오 12세는 당시 유럽을 휩쓸던 독재 체제보다도 이 영화를 더 비난했다.

프리드리히 만들은 '오스트리아 파시스트'지만 이탈리아 파시스트에 더 가까운 독재자였다. 전제주의를 신봉하는 남편이 연기 활동과 사생활까지 간섭하며 통제하자, 젊은 헤디는 숨 막히는 생활을 견디지 못했다. 그녀는 하녀에게 약을 먹인 뒤, 하녀의 옷과 신분증을 갖고 집을 탈출했다. 오스트리아를 벗어나자 안심한 헤디는 파리로 피신했다가 런던으로 건너갔고, 런던에서 MGM사의 창립자 루이스 버트 메이어를 만나게 된다. 그녀는 메이어와 7년 전속 계약을 맺고 1937년, 할리우드에 입성했다.

MGM에서 본격적인 배우 활동을 하면서 헤디의 스타 신화가 이뤄진다.

헤디는 당대 최고의 감독 및 배우 들과 연기 호흡을 맞추며 영화 열다섯 편을 찍었다. 여섯 번의 결혼 외에도 배우들과의 염문설로 더 유명해졌다. 말론 브란도, 오손 웰스, 데이비드 니븐, 장 피에르 오몽, 찰리 채플린, 스펜서 트레이시, 클라크 케이블 등의 배우들과 빌리 와일더, 오토 프레밍거…… 등 여러 감독의 연인이었다.

스타가 되는 것은 쉽지 않은 일이었다. 헤디는 조국 오스트리아의 날씨를 느끼기 위해 캘리포니아의 자택에 비를 내리는 기계를 설치했다고도 한다. 할리우드의 여왕이 되었음에도 그녀는 전쟁에 참여했다. 스물일곱 살 때 헤디 라마는 미국군과 연합군을 위해 과학적 재능을 발휘했다. 나치에 점령되는 유

≪ 오스트리아 배우, 헤디 라마,
1940.

럽의 상황을 목도한 그녀가 자신의 뿌리와 조국을 잊지 않고 행동한 것이다.

헤디는 피아니스트이자 아방가르드 작곡가이며 발명가인 조지 앤타일과 함께 적의 교란 장치로부터 어뢰를 보호하는 시스템을 고안해냈다. 헤디는 첫 남편과의 결혼 생활 중 군사기술 전문가들에게서 들은 지식을 모두 기억하고 있었다. 1941년 두 사람은 미군에 '주파수 도약 기술'을 제안했다. 당시 해군은 어뢰 구조와 맞지 않는다는 이유로 이 기술을 채택하지 않았다. 그리고 1962년 쿠바 미사일 사태 때 비로소 이 기술을 사용하게 된다. 주파수 도약으로 스펙트럼을 흩트리는 이 기술은 1980년대부터 위성을 통한 위치 측정, 우주선, 휴대폰에 유용하게 사용되고 있다. 1997년에서야 헤디 라마와 조지 앤타일은 와이파이 기술의 근간이 되는 무선통신 기술을 개발한 공을 인정받아 미국의 '전자 프런티어 재단'으로부터 공로상을 수상했다.

전쟁이 끝나고, 1946년 헤디는 영화 제작에 뛰어들기도 했다. 1949년, 세실 B. 데밀 감독의 〈삼손과 데릴라Samson and Delilah〉에서 데릴라 역을 훌륭하게 해낸 뒤, 그녀는 차츰 은막에서 사라졌다. 늙어가는 걸 받아들이지 못한 헤디는 성형수술에 집착하다 가산을 탕진하고, 2000년 여든여섯 살의 나이로 숨을 거두었다.

전설적인 은막의 스타 헤디 라마. 인류의 진보에도 관심이 많았던, 한때 세계에서 가장 아름다웠던 이 여성은 또한 세계에서 가장 총명한 여성 중 한 명이었다. ////////////////////////////

＊　순간적으로 주파수를 변경하여 도청이나 감청을 방지하는 기술.

외제니 브라지에 Eugénie Brazier 1933

ELLE A OSÉ 미슐랭 가이드의 별 세 개를 따내다

⌃ 화덕 앞의 외제니 브라지에,
1950년경.

전 세계의 거물급 인사들이
외제니의 요리를 높이 평가했다.
그녀의 많은 제자들 중엔 현재
'프랑스 요리계의 대부'로
불리는 폴 보퀴즈와 베르나르
파코도 있다.

요리는 오랫동안 여성의 일이었다. 대지와 다산을 주관하는 여신들 이후, 모유 수유부터 가정의 식탁에 이르기까지 여성은 인류에게 음식을 먹여왔다.

리옹에서는 근로자들에게 건강한 가정식을 만들어주는 음식점 여주인들을 '어머니'라고 불렀다. 세월이 흐르면서 그 '어머니'들은 대중 음식을 예술적인 요리로 변화시켜 리옹을 미식의 도시로 만들었다.

이 어머니들 중, 외제니 브라지에는 두 레스토랑에서 1933년 여성 최초로 미슐랭 가이드에서 별 세 개를 따냈다.

그렇지만 외제니 브라지에가 최고의 셰프 중 한 명이 될 팔자를 타고난 건 아니었다.

그녀는 1895년 부르앙브레스 부근에서 농부의 딸로 태어났고 내내 어렵게 살았다. 열 살 때 어머니가 사망하자, 아버지는 그녀를 돼지 농가로 보냈다. 열아홉 살 때 유부남의 아이를 임신해 아버지로부터 내쳐진 외제니는 아들을 보모에게 맡기고 일자리를 찾아 리옹으로 떠났다.

그녀는 파스타 제조업체 밀리아에 고용되어 요리를 제외한 허드렛일을 도맡아 했다. 그러다 요리사가 병이 난 날, 그녀에게 요리를 하게 되는 행운이 찾아왔다. 스무 살에 요리야말로 자신의 적성임을 알게 된 것이다. 1915년부터 외제니는 버터를 입힌 새우 완자 요리와 소스를 바른 영계 요리로 유명한 메르 필리우의 수습생으로 들어가 요리에 매진했다.

스물여섯 살 때, 그녀는 준비가 되었다. 1921년 4월 19일, 리옹 루아얄 거리에 레스토랑을 차렸다. 아티초크와 푸아그라, 바닷가재 요리 벨 오로르, 간 케이크는 특히 '미식의 왕자'라 불리던 요리 비평가 퀴르농스키가 그녀의 놀라운 재능 앞에 고개를 숙일 정도로 호평을 받았다.

1928년, '요리계의 대모' 외제니는 피로에 지쳐 조용히 살기로 하고 아들 가스통에게 레스토랑 경영을 맡겼다. 그리고 리옹에서 17킬로미터 떨어진 뤼에르에 구입한 별장으로 들어간다. 하지만 자동차가 발달하면서 미식 관광 가이드들이 그녀를 찾아와, 리옹 레스토랑의 지점으로 여름 레스토랑을 내보라고 제안했다.

외제니는 제안을 받아들였고, 1933년 여성 셰프로는 최초로 본점과 지점에서 미슐랭 가이드 최고 등급인 별 세 개를 받는 영예를 안았다. 그녀는 1968년 은퇴할 때까지 미슐랭 별 세 개를 유지했다.

찾아오는 손님들에게 좋은 음식을 대접하던 외제니 브라지에는 자신의 비법을 전수한 뒤, 1977년 여든둘 나이에 별이 되었다.

///////////////////////////////

레지나 요나스 Regina Jonas   1935

ELLE A OSÉ   **랍비가 되다**

///

⌃ 레지나 요나스, 여성 랍비,
　　1936. 2.

어느 사회나 여성을 위한 자리는 너무 부족하다. 다신교 사회든, 일신교 사회든 여성의 권리는 결코 남성과 동등하지 않다. 레지나 요나스는 랍비가 되고 싶었지만 서품을 받는 것이 문제였다. 하지만 과감히 도전했다.

레지나가 베를린에서 살던 때는 나치가 통치하던 끔찍한 시기여서, 이 이야기는 특히 비극적인 역사적 배경을 안고 있다.

1902년 8월에 태어난 레지나 요나스는 베를린의 빈민촌에서 성장했는데, 러시아와 폴란드, 우크라이나의 박해로 쫓겨난 유대인들이 모여 사는 곳이었다.

아버지가 사망하자, 어머니는 프란츠라우어베르크 지역으로 이사했다. 모녀의 숙소는 리케스트라스 유대교회당 부근에 위치해 있었다.

레지나는 동네의 학구적인 분위기가 마음에 들었고, 랍비 막스 베유의 도움을 받아 1923년 교사자격증을 따냈다.

레지나는 그 정도에서 만족하지 않고, 랍비가 되겠다는 열망으로 이듬해 유대인 고등 학사원에 입학했다. 여성들은 1860년부터 모세 5경인 '토라'를 공부해서 성무일도를 집행할 수 있길 바랐으나 뜻을 이루지 못하고 있었다.

1930년 마침내 레지나는 종교학자로서 활동할 수 있었다. 그건 첫걸음에 지나지 않았다. 랍비가 되겠다는 자신과의 약속을 지키기 위해 레지나는 논문 주제로「유대교 관례 법규에 따라 여성도 랍비가 될 수 있는 게 아닌가?」를 택했다. 당연히 랍비가 될 수 있다는 게 답이었다.

그러나 서품을 받는 것이 문제였다. 레지나는 교수들에게 문의했지만, 아무도 여성 랍비를 원하지 않았다. 레지나는 열심히 문을 두드렸고, 1935년이 되어서야 개방적인 사고를 가진 한 랍비로부터 인정받았다. 1935년 12월 27일, 레지나는 오펜바흐에서 공식적으로 서품을 받았다.

하지만 어떤 유대교회당에서도 여성 랍비를 받으려고 하지 않았다.

불행히도 나치의 박해로 많은 종교 지도자가 이주하거나 사라졌기 때문에 레지나는 랍비가 필요한 공동체를 찾을 수 있었다. 그녀는 베를린의 한 유대인 공동체에서 성무일도를 집행했다. 그러나 애석하게도 그 기간은 짧았다. 전국 각지를 돌며 강연을 하던 레지나는 1942년 11월 6일, 게슈타포에 체포되어 체코의 테레지엔슈타트 강제수용소로 이송되었다. 수용소에서도 레지나는 수용자들을 돕고 지원했다.

2년 후, 1944년 10월 12일, 레지나 요나스는 아우슈비츠로 이송되어 마흔두 살의 나이에 사망했다. 미국 클리블랜드에서 한 여성이 레지나의 발자취를 따라 투쟁을 재개했으나, 랍비 서품을 받는 건 1972년이 되어서야 이루어졌다.

//////////////////////////////

사비하 곡첸 Sabiha Göçken   1937

ELLE A OSÉ 전투기를 조종하다

△ 사비하 곡첸과 그녀의 전투기,
1935.

사비하 곡첸은 하늘의 딸이다. 그녀의 성 '곡첸'이 정확히 '하늘에 속한다'는 뜻이기 때문이고, 비행이 그녀의 열정이었기 때문이다. 이 터키 여성은 전투기를 조종한 최초의 여성이다.

1913년에 태어났으며, 부모는 제1차 세계대전 초기에 사망했다. 어린 사비하는 열두 살 때까지 힘겹게 살다 무스타파 케말을 만나면서 인생이 바뀐다.

터키공화국의 초대 대통령인 무스타파 케말이 아나톨리아의 도시 부르사에 왔다가 한 학교를 방문한다. 그곳에서 한 소녀가 교육 시설을 갖춘 큰 학교에서 공부하는 게 꿈이라고 말한다. 소녀의 이름은 사비하였다. 사비하의 진지한 의욕에 감동한 대통령은 소녀를 입양해, 앙카라에 있는 샹카야 중학교에 이어 이스탄불의 위스퀴다르 고등학교에 입학시킨다.

무스타파 케말 대통령은 터키 사회를 근본적으로 개혁했다. 공화국을 선포하면서 정교분리 원칙과 남녀평등권을 헌법에 명시했다. 1934년, 대통령은 모든 터키인에게 성을 갖도록 하면서* 사비하에게 '하늘에 속한다'는 뜻의 '곡첸'이라는 성을 만들어주었다. 공교롭게도 곡첸이라는 성은 그녀의 비행에 대한 열정과 일치한다.

225

1935년, 대통령을 따라 '튀르크 쿠슈' 항공 학교 개교식에 간 사비하는 낙하산병이 되라는 그의 뜻에 따라 학교에 입학, 최초의 여성 연수생이 된다. 하지만 스물두 살의 사비하는 조종사가 되어 하늘을 날고 싶었다. 그녀는 기어이 조종사 면허증을 획득했고, 유일한 여성으로 다른 비행사 일곱 명과 함께 비행 훈련을 위해 소련으로 떠났다. 그 후, 사비하는 에스키셰히르 군사 항공 학교에 입학해 최초의 여성 전투기 조종사가 되었다.

1937년, 사비하는 터키 동부 데르심에서 쿠르드 반군과 싸우는 터키 정부군에 공중 지원을 하는 전투 임무 수행에 성공했다. 사망자 수가 수만 명에 이르는 전투였다.

사비하는 비행 능력을 인정받아 터키 항공 학교의 수석 교관이 되었고, 다양한 기종의 항공기를 조종하며 하늘에 있는 걸 늘 행복해했다. 그리고 꿈은 이뤄질 수 있다는 걸 잊지 않았다. 무스타파 케말이 다른 아이들 일곱 명과 함께 그녀를 입양해주었기 때문이다. 1981년 사비하는 '터키의 아버지' 탄생 100주년을 기념하며 『아타튀르크의 발자취 속 나의 삶A Life Along the Path of Atatürk』이란 책을 출판한다.

사비하는 여든세 살이 되어서야 조종간을 놓았고, 5년 후 세상을 떠났다. 이스탄불에 위치한 사비하 괵첸 국제공항의 이름은 그녀를 기리기 위해 명명한 것이다. ////////////////////////////

＊　케말 자신도 아타튀르크, 즉 '터키의 아버지'라는 뜻의 성을 만들어 썼다.

이레나 센들레로바 Irena Sendlerowa　　1939

ELLE A OSÉ　바르샤바 게토에서 어린이 2,500여 명을 구해내다

1965년 이스라엘로부터
'세계의 의인'이란 칭호를
얻으면서 세상에 알려진
이레나 센들레로바, 1942. 5.

나는 여전히 더 많은
아이들을 구출해내지
못한 것에 대해 양심의
가책을 느끼고 있다.

1939년 9월, 폴란드의 수도가 독일군에게 점령되고 몇 달 후, 바르샤바의 유대인들은 조직적으로 박해받기 시작했다. 1940년 9월 7일, 유대인 거리는 '전염병 구역'으로 지정되었다가 11월에는 비유대인에게 금지된 '감염 구역', 이른바 유대인 격리를 위해 나치가 만든 게토로 변했다. 살아가기 힘든 조건이었다. 인구 과밀, 식량 부족, 난방 부족, 각종 전염병까지, 1942년 초에는 출생자 한 명에 사망자 수는 마흔다섯 명에 이르렀다. 1942년부터 유대인들은 트레블린카 강제수용소로 이송되기 시작했고, 매일 수천 명이 독가스로 죽어나갔다.

이레나 센들레로바는 1910년 2월 15일 바르샤바에서 태어났다. 교외 노동자 거주 지역에서 병원을 운영하던 의사 아버지는 찾아오는 모든 환자를 하등의 차별도 두지 않고 치료해주었다.

이런 가정에서 자란 이레나는 자연스럽게 사회복지사가 되었고 곧바로 빈곤층을 돌보는 일에 뛰어들었다. 그리고 18세기 이래로 유럽에서 가장 크고 강력한 반유대주의 공동체에 맞서 싸웠다. 독일군이 점령하면서 그녀는 점점 더 많은 유대인 가정을 돌봐야 했다. 바르샤바 시청에 근무하면서 빈곤층 주민들을 도와줄 조직을 만들고 특히 아이들에게 헌신했다.

1939년, 이레나는 게토에서 아이들을 몰래 빼내기 시작했다. 처음에는 벽에 낸 구멍이나 중환자 후송 차량 또는 쓰레기차에 실어서 아이들을 빼냈다. 그녀는 탈출시킨 아이들을 위해 가짜 출생증명서를 만들어주었을 뿐 아니라

조직망을 통해 아이들을 받아주기로 약속한 안전한 시설이나 가정으로 극비리에 보냈다.

　유대인들에 대한 대량 학살이 시작되자―독일 침공 초기부터 폴란드에서만 사망자 수가 백만 명이 넘었다―레지스탕스는 1942년, '제고타'라는 암호명으로 유대인 지원대를 조직했는데, 주동 인물은 가톨릭 보수주의 작가 조피아 코삭과 사회주의 운동가 반다 크라헬스카였다. 이 두 여성은 지원 활동을 통합하고, 런던에 있는 폴란드 망명정부로부터 받은 자금을 지원대에 전달했다.

　이레나는 당연히 이 조직에 합류했다. '욜란타'라는 암호명으로 불린 그녀는 바르샤바에 있는 아이들을 책임졌고, 계속 방법을 바꿔서 아이들을 구출해냈다. 배관과 자물쇠 기술을 배운 이레나는 차에 공구 상자와 쓰레기 담는 자루 그리고 개를 싣고 게토를 드나들었다. 실제로 작은 아이는 공구 상자에 넣어 감추고, 더 큰 아이는 쓰레기 자루에 넣어서 게토를 빠져나왔다. 개는 독일군 병사들이 가까이 올 때 짖어대는 것으로 혹시라도 아이들이 울음을 터뜨릴 경우 은폐하는 일에 쓰였다. 이렇게 해서 이레나는 목숨을 걸고 어린이 2,500여 명을 구출해냈다.

　1943년 11월 20일, 이레나는 게토로 들어가지 못했다. 게슈타포에 체포되었기 때문이다. 그녀는 파비악 감옥에서 고문을 당했다. 팔과 다리를 부러뜨리는 고문을 받으면서도 비밀을 끝까지 지켰고, 사형선고를 받았지만 제고타 조직이 독일군 병사를 매수해 이레나를 탈출시키는 데 성공한다.

　나치의 유대인 이송 명령에 격렬하게 저항하는 바르샤바 봉기가 일어난 뒤, 바르샤바 게토는 1943년 5월 16일 완전히 붕괴되었다.

　전쟁이 끝나자, 이레나는 집으로 돌아왔다. 그녀는 한 나무 밑에서 흙을 파내고 항아리 하나를 꺼냈다. 항아리 안의 서류에는 그동안 구출한 아이들의 이름이 적혀 있었다. 이레나는 폴란드 유대인 평의회에 서류를 전달했고, 어

>> 이레나 센들레로바 덕분에
바르샤바 게토에서 구출된
아이들, 1941.

린이 2,000여 명은 자신의 실제 신원을 찾았으나, 아이들의 가족은 거의 대부분 사망한 상태였다.

1965년, 이레나 센들레로바는 이스라엘로부터 유대인을 보호하고 도운 '세계의 의인'이란 칭호를 받았으며, 이스라엘의 명예시민이 되었다. 또 2003년, 폴란드는 이레나에게 최고 등급인 백독수리 훈장을 수여했다.

이레나 센들레로바는 2008년 5월 12일 98세를 일기로 숨을 거두었다. 마지막 순간에도 그녀는 이렇게 당부했다. "선의의 사람들이여, 전시뿐만 아니라 평화 시에도 사랑과 관용, 평화를!" ////////////////////////////

마리나 라스코바 Marina Raskova   1941

ELLE A OSÉ '밤의 마녀들' 군단을 결성하다

☆ 마리나 라스코바, 모스크바,
   1938. 7.

오랜 세월 동안 여성은 전쟁의 희생자일 뿐이었다.
역사상 전사들은 대부분 남성이었기 때문이다.

　제1차 세계대전 때 여성들은 전쟁의 노역에 참
여했지만, 제2차 세계대전에서는 전선으로 나갔
다. 소련 여성들이 최초였다. 특수부대에서 훈련받
은 여성들은 군복을 입고 전투에 참여했다. 소련의
붉은 군대에 여군은 약 80만 명에 이르렀다. 가장
이름난 부대는 마리나 라스코바가 창설한 비행대
로, 독일군에게 막대한 피해를 주어 '밤의 마녀들'
로 불렸다.

　이 비행대의 특기는 독일 비행기에 대한 야간
습격이었다.

　1912년 모스크바의 예술가 집안에서 태어나고 자란 마리나는 위험한 비행
사가 될 운명은 아니었다. 오페라 가수인 아버지는 마리나를 푸시킨 음악학교
에 보내 피아노를 배우게 했고, 마리나도 피아노에 뛰어난 재능을 보였다. 그
러나 아버지가 교통사고로 갑자기 사망하자 마리나는 예술 분야에서 멀어졌
고, 화학을 전공했다. 1930년 항공 엔지니어 세르게이 라스코프와 결혼하면
서 비행에 관심을 갖게 된다. 1934년, 마리나는 소련 공군 사상 최초의 여성
조종사가 되었고, 1935년 조종사 면허증을 획득한 뒤, 1937년에 시험 비행사

로 내무 인민 위원회(NKVD, 소련의 정부 기관이자 비밀경찰)에 들어갔다.

마리나는 저돌적으로 도전했고, 여러 기록을 세웠다. 1937년 그녀의 비행 거리는 세계기록이었다. 1938년 수상비행기로 1,749킬로미터를 비행한 데 이어, 모스크바에서 태평양 방향으로 6,450킬로미터를 비행한 그녀는 착륙 하다 추락했지만 침엽수림 지대의 눈과 추위 속에서도 살아남아 열흘 만에 구 조되었다. 이에 스탈린은 마리나에게 소련의 영웅 칭호를 내리고 최고 등급인 레닌 훈장과 황금별 메달을 수여했다. 이때의 인연으로 마리나는 스탈린과 가 까운 사이가 된다.

1938년, 마리나는 붉은 군대에 입대했다. 1939년 8월에 맺은 독일과 소련 의 불가침조약에도 불구하고 독일군은 1941년 6월 22일 소련을 침략했다.

제2차 세계대전의 시작점인 민스크 전투 초기에 마리나 라스코바는 사적인 친분을 이용해 스탈린에게 여성 항공 여단을 만들자고 건의했지만, 군 당국은 망설였다.

마침내 1941년 10월, 마리나는 스탈린으로부터 여성 전투기 3개 여단을 만 들라는 허락을 받았다. 586 전투기 연대, 587 폭격기 연대 그리고 588 야간폭 격기 연대.

훈련은 모스크바에서 500킬로미터 떨어진 도시 엥겔스에서 이뤄졌다. 여 성 비행사들은 평소 18개월이 걸리는 훈련을 6개월 만에 마쳤다. 그렇게 해서 조종사, 정비사, 무선전신 기사들로 이뤄진 여성 항공사 400명은 전투에 투입 될 만반의 준비를 갖췄다.

1942년 5월, 588 야간폭격기 연대는 우크라이나와 스탈린그라드 전선으로 출격했다. 588연대의 주된 목표는 집요한 야간공격으로 적군을 괴롭히는 것 이었다.

588연대의 폭격기는 원래 농업 분야에서 농약 살포 등을 위해 목재와 천으

588연대 조종사들은 대담한 용기로 야간에 적군을 습격했다. 독일군은 폭격기 조종사들이 여성이라는 사실에 아연실색해 소련 폭격기 조종사들을 '밤의 마녀들'이라고 불렀다.

231

△ 소련 여성 조종사, 1942.

로 만든 복엽기였다. 여성 비행사들은 비행 기술을 개발하여 소형 비행기의 단점을 장점으로 바꿔놓았다. 복엽기가 저속 비행과 저공비행에 적합하다는 점을 이용해 나무 뒤에 은폐하고 있다가 목표물에 폭탄을 투하했다. 게다가 적군의 서치라이트를 피하기 위해 초저공비행을 하다 최후의 순간에 고도를 올리되 소리를 내지 않기 위해 엔진을 끄고 목표물에 폭탄을 투하하는 것으로 독일군을 당황하게 만들었다. 588연대는 3대씩 편대를 이뤄 출격하여 2대는 미끼로 이용했다. 이들의 습격은 가공할 만한 파괴력을 발휘해서 독일군에 막심한 피해를 주었을 뿐만 아니라 사기도 떨어뜨렸다.

독일군 전투비행대 지휘관이었던 요하네스 슈타인호프는 1942년 9월에 다음과 같이 회고했다. '우리를 그렇게 괴롭히던 소련 조종사들이 여성이라는 걸 믿을 수가 없었다. 그들은 아무것도 두려워하지 않았다. 밤마다 복엽기를 몰고 와서 우리를 괴롭혔다. 우리는 한동안 밤에 잠을 잘 수 없었다.'

588연대는 1942년부터 제2차 세계대전이 끝날 때까지 2만 3,000회 이상 출격해서 폭탄을 3,000톤 가까이 투하했다. 전쟁이 끝난 뒤, 588연대는 소련 공군에서 가장 많은 훈장을 받았다.

여성 전투기 3개 연대를 구상하고 만들었던 마리나 라스코바는 전쟁이 끝나는 걸 보지 못했다. 1943년 1월 4일, 전선으로 향하던 그녀의 폭격기는 스탈린그라드 북부 지점에서 눈보라를 만나 방향을 잃고 추락했다.

스탈린은 마리나 라스코바의 장례를 국장으로 치르고 그녀의 유골을 크렘린궁의 벽 안에 안치했다. /////////////////////////////

버지니아 홀 Virginia Hall 1941

ELLE A OSÉ 제2차 세계대전에서 가장 위대한 스파이 중 한 명이 되다

《 미국인 기자 버지니아 홀,
영국 특수작전 집행부 요원.

지능과 용기로 임무를 수행하는 스파이의 이미지는 대부분 남성으로 각인되어 있다. 여성 스파이는 창문을 통해 볼 수 있는 정보를 전달하거나 미인계로 권력자들을 내실로 끌어들여 정보를 캐내는 정도였다. 하지만 제1차 세계대전 동안 여성 영웅들은 격이 다른 활약을 했다. 비록 그들의 활동은 남성 동료 스파이들의 활약에 너무 자주 묻혔지만.

제2차 세계대전 동안 지성과 능력을 다 갖췄다고 모두가 인정하는 여성 스파이가 있었으니, 바로 미국인 버지니아 홀이다.

버지니아는 아름다웠을 뿐만 아니라 신분과 얼굴을 바꾸는 위장술이 뛰어난 훌륭한 스파이였다. 제르멘, 카미유, 필로멘, 브리지트 르콩트르, 마리 모넹은 그녀가 사용한 암호명이다. 어떤 상황에서든 그녀의 의지를 배신할 수 있는 한 가지가 있다면 그건 바로 의족이었다.

버지니아 홀은 1906년 4월 6일, 미국 메릴랜드주 볼티모어에서 태어났다. 부유한 집안에서 자란 버지니아는 언어학과 경제학을 전공했다. 외국어에 홍

미가 있어서 유럽에서 어학연수를 하면서 외교관을 꿈꾸었다. 영어는 물론이고 프랑스어, 독일어, 이탈리아어, 에스파냐어, 러시아어에 능통했다. 이런 능력 덕분에 그녀는 1931년부터 바르샤바 주재 미국 대사관에서 서기관을 맡았고, 1933년에는 터키 이즈미르의 영사관에서 일했다. 터키에서 사냥 중 오발사고로 왼쪽 다리 무릎 아래에 총상을 입는 바람에 의족을 사용하게 되었다. 미국으로 돌아가 짧은 휴식을 취한 뒤, 이번에는 베네치아 미국 영사관에서 근무하다 1938년부터 에스토니아의 탈린 영사관에서 근무했다.

다리 장애 때문에 외교관직을 계속할 수 없게 되자 사직한 버지니아 홀은 런던에 머물렀다. 1940년 9월 초 세계대전이 발발했을 때는 파리에서 구급요원으로 활동했다.

프랑스가 독일에 점령당하자 이듬해 런던으로 탈출한 버지니아는 영국의 특수작전 집행부, SOESpecial Operations Executive의 프랑스 지부 고위급 책임자를 알게 되었고, 영국 비밀 정보기관으로부터 독일에 점령된 유럽 전역의 레지스탕스를 지원하는 임무를 부여받았다.

버지니아는 《뉴욕 포스트》의 기자로서 프랑스 비시에 파견되었지만, '제르멘'이라는 암호명으로 레지스탕스를 도왔다. 첩보원들에게서 받은 메시지와 에마뉘엘 다스티에 드 라 비제리와 제르멘 틸리옹 같은 레지스탕스 대장들의 보고를 런던에 전달하는 것이 임무였다. 1942년 7월 16일, 도르도뉴 지방의 모자크 수용소에서 프랑스와 영국 비밀 요원 열한 명이 탈출했다. 그녀가 관여한 탈출 작전이었다. 탈출에 성공한 비밀 요원들이 레지스탕스의 무기와 폭약 공급책이었기 때문에 그들은 계속 임무를 수행할 수 있었다.

1942년 11월, 독일군이 경계선(독일 점령지와 자유 프랑스 사이)을 넘어왔고, 이미 1942년 6월부터 리옹에 주둔한 게슈타포의 총수 클라우스 바르비는 '암캐' 버지니아 홀을 체포하기 위해 혈안이 되어 있었다. 이중간첩이었던 로베

영국 비밀 요원 데니스 레이크는 그녀에 대해 이렇게 말했다. "내 관점에서는, 많은 동료 요원들도 그렇지만, 버지니아 홀은 전쟁에서 가장 위대한 요원이었다." '리옹의 도살자'라 불렸던 클라우스 바르비의 관점에서는 '가장 위험한 연합군 요원'이었다. 그는 버지니아를 '암캐'라고 부르며 그녀를 체포하기 위해 수단과 방법을 가리지 않았다.

르 알레쉬 신부가 그녀의 위치를 알아냈기 때문에 버지니아는 체포될 위기에
처했다. 1942년 말, 버지니아는 나치를 피해 의족을 한 다리로 걸어서 힘겹
게 피레네 산맥을 넘었다. 기적적인 도피였다. 버지니아는 사전에 런던에 '커
트버트'(그녀가 의족에 붙인 이름이었다)가 도주할 때 방해가 될 수 있다고 알렸
다. 커트버트가 뭔지 모르는 집행부에서는 지체 없이 커트버트를 제거하라고
답했다.

　버지니아는 에스파냐에서 런던으로 돌아간 뒤, 무선통신 기술을 익혔다.
1944년 3월부터는 미국 전략정보국(CIA의 전신)의 요청으로 프랑스에서 노
르망디상륙작전 준비를 도왔다. 프랑스 중부 지역에서 병력과 무기를 투하할
장소를 지도로 만들고, 특공대를 위한 은닉처를 물색하는 것이 임무였다. 버
지니아는 '다이앤'이라는 암호명으로(독일군은 그녀를 '아르테미스'라는 별명으
로 부르고 있었다) 셰르와 니에브르, 오트루아르에서 활동하는 항독 지하 단체
들의 봉기를 총괄했다.

　1945년 9월, 버지니아 홀은 수훈 십자 훈장을 받았다. 이 훈장을 받은 최초
의 민간인 여성이었다.

　전쟁이 끝난 뒤에도 버지니아가 CIA에서 정보 분석가로 근무한 것은 어쩌
면 당연한 일이었다. 1957년, 오트루아르에서 만났던 전직 미국 전략정보국
요원 폴 고일로트와 결혼했다.

　신체장애를 극복하고 특수 임무를 성공적으로 수행한 전쟁 영웅, 버지니아
홀은 1982년 7월 8일, 메릴랜드주 반즈빌의 한 농가에서 일흔여섯 살 나이로
생을 마감했다. /////////////////////////

누르 이나야트 칸 Noor Inayat Khan   1943

ELLE A OSÉ 너무나도 자유를 사랑하다

//

인도의 무슬림 공주는 1914년 모스크바의 크렘린궁에서 태어나, 런던과 파리에서 공부하다 독일 나치주의에 직면했다. 아름다운 이나야트 칸은 자유의 편에 섰고, 제2차 세계대전 동안 프랑스에 침투한 영국 비밀 요원으로 활동하면서 무선통신을 담당했다.

누르는 수피 음악가인 인도인 아버지와 이슬람으로 개종한 미국인 어머니의 딸로, 크렘린궁에서 태어났다. 수피는 이슬람 신비주의자를 일컫는 말로, 누르의 아버지는 성자라 불린 괴승 라스푸틴으로부터 차르 니콜라이 2세에게 수피즘에 대해 말해달라는 초대를 받고 아내와 함께 모스크바에 와 있었던 것이다. 볼셰비키 혁명으로 러시아가 혼란에 빠지자, 1916년 부부는 러시아를 떠나 런던에 수피 학교를 설립했다. 1921년 세 아이가 더 태어나면서 일가족은 파리에 정착했는데, 한 네덜란드인 갑부가 이 '축복의 집'에 경제적 지원을 해준 덕분이었다. 1926년, 아버지는 구도의 길을 완성하기 위해 인도로 돌아갔다가 몇 달 후 사망했다. 어머니와 아이들은 파리 근교에 머물렀고, 이나야트는 공부를 계속했다. 바칼로레아를 통과한 누르는 소르본 대학에서 심리학을 공부하고, 음악 사범학교에서 하프를 전공했다. 예술적 성향이 뛰어났던 그녀는 피아노와 하프를 위한 곡을 만들고, 파리 라디오 방송국을 위해 동화를 쓰기도 했다.

1939년, 제2차 세계대전이 발발하면서 누르의 삶은 완전히 바뀐다. 영국 시민권자였던 누르는 마지막 배를 타고 런던으로 탈출했고, 영국에서 반나치 항쟁에 뛰어들었다. 누르는 영국 공군 여성 보조 부대에 지원해 무선전신 요원 훈련을 받은 최초의 여성 중 한 명이었다. 1941년에서 1942년까지, 영국 공군의 폭격기 조종사들과 몇 차례 무선전신을 수행했고, 윈스턴 처칠의 비밀 조직이었던 특수작전 집행부에 발탁되어 무선전신과 암호 훈련을 완수했다.

1943년, 파리에서 무선통신 요원이 필요하다는 긴급 요청이 들어왔다. 프

>> 일명 '마들렌'이라 불렸던
누르 이나야트 칸, 1943.

236

랑스어를 완벽하게 구사했던 누르는 6월 17일 유모로 위장, 잔마리 레니에라는 가명으로 투입되었다. 그녀의 나이 스물아홉 살 때였다. 누르는 신속하게 프로스페-피지시앙* 조직망과 그 서브 조직망인 '포노'의 대원들과 접촉해 앙리 가리와 연결이 되었다. 앙리 가리는 낙하산 투하, 방해 공작, 레지스탕스 대원들의 지도, 기습조 모집 및 훈련 같은 위험한 임무를 수행하는 요원이었다. 경계 태세에 들어간 독일군은 레지스탕스 소탕 작전에 들어갔다. 1943년 6월 21일, 장 물랭과 레몽 오브라크 그리고 다른 레지스탕스 대원들이 리옹 부근 칼뤼르에서 체포되었다.

　그러자 런던으로부터 돌아오라는 지시가 왔지만 누르는 파리에 머물렀다. 레지스탕스를 무선전신 요원 없이 내버려두고 싶지 않았던 것이다. 그녀는 날마다 목숨을 걸고 런던으로 메시지를 전했다. 독일군의 레지스탕스 소탕 작전 여파로 그녀는 파리 주변에서 활동하는 자유 프랑스의 유일한 무선전신 요원이었다.

　누르는 장 물랭의 후임으로 레지스탕스 국가 위원회 수장이 된 조르주 비도에게 메시지를 전송했다. 1943년 9월, 영국 특수작전 집행부의 신임 국장 콜린 거빈스는 '그녀의 부서가 현재 프랑스에서 가장 중요하고 가장 위험하다'고 말했다. 실제로 1943년 10월 18일, 포노 조직망의 대장 앙리 가리가 파리에서 체포되었다. 그는 프렌 감옥†에 있다가 부헨발트‡에서 처형되었다.

　도처에 위험이 도사리고 있었기 때문에 누르는 수시로 변장을 하고 계속 장소를 바꿔 이동하면서도 메시지를 보냈다. 상황은 점점 더 절망적으로 되어갔다. 조직망의 대원들이 하나둘 체포되었다. 누르는 파리에 도착한 지 석 달 보름이 된 1943년 10월 13일에 체포되었다. 조직망의 대원 중 한 명의 여동생이 게슈타포에 밀고한 것이 틀림없었다. 파리 포슈 거리에 있는 한 건물에 억류된 누르는 잔혹한 고문을 받으면서도 입을 열지 않았고, 두 번이나 탈출을

'자유!' 1944년 9월 13일, 다하우 강제수용소에서 폭행을 당한 뒤, 목덜미에 총을 맞고 쓰러진 누르가 나치 친위 대원 앞에서 외친 마지막 말이다. 누르의 나이는 불과 서른이었다.

238

감행했다. 자유를 위한 고집이 그녀를 죽음으로 이끌었다.

1943년 11월 27일, 누르는 독일 카를스루에 부근 포르츠하임의 감옥으로 이송되었고 '밤과 안개Nacht und Nebel'라 불리는 나치 최악의 극형을 받았다. 그녀는 쇠사슬에 손발이 묶여 옴짝달싹하지 못하는 상태로 9개월 동안 이중 철문으로 잠긴 독방에 격리되어 있다가 1944년 9월 12일, 다하우 강제수용소로 이송되었다. 이튿날 아침, 누르는 폭행을 당한 뒤 목덜미에 총을 맞고 쓰러졌다. 숨이 넘어가는 마지막 순간에도 그녀는 '자유!'를 외쳤다. 시신은 소각장에서 불살라졌다.

위험을 무릅쓰고 자유를 외치던 아름다운 인도 공주는 그렇게 사라졌다.

//////////////////////////////

---

* 영국의 특수작전 집행부 특수요원 프란시스 서틸이 조직한 프랑스 내 조직망. '프로스페prosper'가 그의 암호명이다.

† 파리 남부에 있는 프랑스에서 두 번째로 큰 감옥.

‡ 독일 바이마르 근교에 위치해 있던 수용소.

5

LE TEMPS DE

L'ENGAGEMENT

참여의 시대

마릴린 먼로·시몬 드 보부아르·로잘린드 프랭클린
로자 파크스·시리마보 반다라나이케·엘라 피츠제럴드
메리 퀀트·발렌티나 테레시코바·레나 가노코기
캐서린 스위처·골다 메이어·마들렌 생캥·다베이 준코
로살리아 메라 고예네체아·시몬 베이·비그디스 핀보가도티르
풀란 데비·나왈 엘 무타와켈·베나지르 부토
메르세데스 소사·리고베르타 멘추

마릴린 먼로 Marilyn Monroe　　　1946

ELLE A OSÉ　세계를 유혹한 섹스 심벌이 되다

육감적인 몸매와 아름다운 금발을 가진, 가장 화려한 스타였으나 애정 결핍에 시달린 불행한 여인이기도 했던 마릴린 먼로는 출생부터 비극적이었다. 그녀를 대중과 가깝게 만든 것은 불꽃같은 열정으로 스타가 되기까지의 치열한 노력 때문임이 틀림없다. 그녀는 고혹적인 섹스 심벌이었을 뿐만 아니라 서른여섯 살에 의문의 죽음으로 생을 마감한 상처받은 영혼이기도 했다. 직업적으로는 정점에 이르렀지만 애정 생활은 늘 엉망이었다. 스포츠맨, 극작가, 배우와 차례로 결혼했으나 실패했고, 유명 정치인들과 숱한 염문을 뿌렸으나 진정한 사랑을 누리지 못했다.

마릴린이 태어난 때는 영화 산업이 출현하는 시기와 맞물려 있다. 1926년 6월 1일 캘리포니아주 로스앤젤레스에서 태어났다. 영화 현상소에서 편집을 담당하던 어머니 글래디스 베이커는 무성영화 시대의 여배우 노마 탈머지의 이름을 따서 딸의 이름을 노마라고 지었다. 심신미약 장애가 있던 어머니는 애인이 많았고, 노마는 아버지가 누군지도 몰랐다. 조현병에 걸린 어머니가 딸을 돌볼 수 없게 되면서 할머니의 이웃들과 어머니의 친구들 집을 전전하며 불우한 어린 시절을 보냈다. 노마는 열여섯 살 때, 이웃집 남자 제임스 도허티와 결혼했는데, 남편은 결혼 즉시 '행운의 남자 짐'이라는 별명으로 불렸다.

노마는 사진작가들의 눈에 띄어 모델로 일하다, 1945년 12월 대중영화를 찍으면서 할리우드에 입성한다. 그녀는 20세기 폭스와 계약을 맺었고, 마릴린 먼로라는 이름으로 데뷔하게 된다. 그녀가 선택한 이름은 미국 배우이자 가수인 브로드웨이 스타 마릴린 밀러에서 따온 것이고, 먼로는 어머니의 결혼 전 성이었다. 그사이 노마는 남편과 이혼했다.

그녀는 데이비드 밀러 감독의 〈러브 해피Love Happy〉, 존 휴스턴 감독의 〈아스팔트 정글The Asphalt Jungle〉, 조셉 맨키위츠의 〈이브의 모든 것All About Eve〉 등에 출연하면서 마릴린 먼로라는 이름을 알렸다. 마릴린은 자발적으로 연극

미국의 아이콘, 마릴린 먼로는 사후 50년이 넘도록 세계에서 가장 유명한 배우로 남아 있다. 그녀 자체로 완벽한 예술이었던 마릴린 먼로는 사람을 끌어당기는 힘과 처연함으로 세대를 아우르며 여전히 관객들을 유혹한다.

《 1954년, 한국의 미군 기지를 찾아 10만 장병들 앞에서 위문 공연하는 마릴린 먼로.

243

⌃ 해변의 마릴린 먼로, 1946,
　미국.

수업을 듣고, 책을 읽으면서 교양을 쌓았다. 백치미 가득한 금발 미녀 이미지에서 벗어나고 싶었고, 진정한 배우라는 걸 증명해 보이기 위해 셰익스피어의 작품을 연기하는 것이 그녀의 꿈이었다.

　마침내, 1953년 마릴린은 〈나이아가라Niagara〉에서 주연을 맡았다. 행복은 잇달아 오는 법, 마릴린은 1954년 1월 14일, '미국 프로야구의 살아 있는 전설' 조 디마지오와 샌프란시스코에서 결혼한다. 하지만 일 년도 안 돼 이혼했는데, 시칠리아 태생의 조가 아내에 대한 대중의 관심을 못마땅해했기 때문이다. 마릴린은 6만 미군 장병들을 위문하기 위해 한국에 가서 위문 공연을 했고, 〈7년만의 외출The Seven Year Itch〉에서 뉴욕 지하철 환풍구 바람에 드레스가 들리는 전설적인 장면을 찍었다. 그렇지만 마릴린이 도움을 필요로 할 때마다 조 디마지오는 곁에 있었다. 두 사람을 연결해주는 것은 성공이나 영광이 아니라 비참하고 불행한 어린 시절이라는 공통된 과거였다.

>> 검은색 레이스 차림의 마릴린
먼로, 1953, 미국.

　　마릴린은 뉴욕의 액터스 스튜디오에서 유명 감독 리 스트라스버그로부터 연기를 배웠다. 그는 이렇게 말했다. '나는 수백 명의 배우들과 작업했는데, 그 중 최고의 배우는 두 명이다. 말론 브란도와 마릴린 먼로!'

　　이 시기에 마릴린은 극작가 아서 밀러와 자주 만났다. 희곡 「도가니 The Crucible」를 쓴 그는 아내와 이혼하고 1956년 6월 마릴린과 결혼했다. 마릴린은 이 지성인 곁에서 마침내 행복을 찾은 것으로 보였으나 가족을 만들고 싶었던 그녀의 꿈은 두 번의 유산과 심각한 우울증으로 끝났다. 1958년 밀러는 그녀를 설득해서 〈뜨거운 것이 좋아 Some Like It Hot〉를 촬영하게 했다. 비록 촬영은 엉망이었지만—마릴린의 지나친 요구로 스태프들이 녹초가 되었다—영화는 대성공을 거뒀다. 1960년, 마릴린은 골든 글로브 어워드에서 코미디 부문 여우주연상을 수상했다.

그녀의 애정 생활은 아서 밀러가 시나리오를 쓴 존 휴스턴 감독의 〈어울리지 않는 사람들The Misfits〉에 등장하는 로잘린과 닮아 있다. 아서는 이 영화에서 마릴린을 완벽하게 묘사했다. 1961년 1월, 아서가 이혼을 선언한다. 마릴린은 알코올과 약물 중독으로 정신병원에 입원해야 했다.

1962년 초, 법무부 장관 로버트 케네디에 이어 대통령 존 케네디와의 염문설이 퍼졌지만, 새 영화 촬영으로 마릴린은 안정되는 듯 보였다. 5월 19일, 존 F. 케네디 대통령의 마흔다섯 살 생일에 매디슨 스퀘어 가든에 초대된 마릴린은 몸에 꼭 맞는 핑크색 드레스를 입은 요염한 모습으로 나타나 육감적인 목소리로 〈생일 축하해요, 나의 대통령Happy Birthday, Mr. President〉을 불러 청중을 매료시켰다.

6월에는 〈Something's Got to Give〉(미완성)의 촬영이 중단되었고, 마릴린은 병원에 입원했다. 몇 달 후, 1962년 8월 4일에서 5일 사이, 그녀는 서른여섯 살의 나이에 약물 과다 복용으로 사망했다. 경찰은 자살로 결론지었다.

〈당신에게 사랑받고 싶어요I wanna be loved by you〉를 노래하던 마릴린 먼로는 끝내 사랑을 찾지 못한 채 그렇게 무대를 떠났다. 대중으로부터 받은 무조건적인 사랑은 제외하고. ////////////////////////////

시몬 드 보부아르 Simone de Beauvoir   1949

ELLE A OSÉ   현대 페미니즘의 기초를 놓다

///

△ 여성해방 운동(MLF) 시위에
참여 중인 시몬 드 보부아르,
레퓌블리크 광장과 나시옹
광장 사이에서, 1971, 파리.

철학자이자 소설가인 시몬 드 보부아르는 무엇보다 신여성의 탄생에 기여했다.

『제2의 성』의 저자인 시몬은 남성에게 종속적인 여성의 전통적인 이미지에 반기를 들었다. 여성은 행동뿐만 아니라 생각에서도 자유로워질 수 있고, 자유로워야 한다. 사회적 제약으로부터 해방되어야 여성은 비로소 남성과 마찬가지로 자유롭게 태어나 자유롭게 살 수 있다.

시몬 드 보부아르는 여성의 사회적 불평등을 남성 중심 사회의 권력 구조에서 비롯된 것으로 보았다. 그녀는 이런 새로운 시각으로 일상적인 성차별 철폐, 가정 폭력 근절, 피임과 낙태에 대한 자유로운 결정 등 여성해방을 주장했고 시위에도 적극적으로 참여함으로써 그녀가 행동하는 지성인임을 보여주었다.

생제르맹데프레의 대표적인 카페, 플로르와 되마고는 시몬 드 보부아르가 실존주의 철학자인 장 폴 사르트르와 함께 자주 드나든 곳으로 유명하다. 그녀는 자서전과 소설에서 여성해방, 믿음, 사랑, 죽음, 안락사, 문학의 역할 같은 주제를 다뤘다.

시몬은 1908년 파리의 부르주아 가정에서 태어났다. 아버지는 아들을 원했지만 딸만 둘이었다. 두 딸은 사립 가톨릭 학교에 입학해 제6구에 사는 좋은 집안 출신의 소녀들을 만났다. 하지만 가세가 완전히 기울었고, 두 딸이 사회적으로 성공할 수 있는 길은 공부밖에 없었다. 때문에 총명한 시몬은 이미 작가가 될 꿈을 꾸고 있었다. 소르본 대학에 가서도 수학, 문학, 라틴어, 철학,

여성은
태어나는 것이 아니라
만들어지는 것이다.

심리학에서 두각을 나타냈고, 이때 장 폴 사르트르를 만났다. 두 사람 모두 철학 교수 자격시험을 통과했는데 사르트르가 수석이었고, 시몬이 차석이었다. 그녀는 교수 자격증을 최연소로 획득한 여성이었다.

시몬은 스물한 살, 사르트르는 스물세 살이었다. 이때부터 두 사람은 특별한 관계가 되었고, 이 관계는 평생토록 지속된다. 두 사람은 자신들의 특별한 관계에 대해, 사랑에 근거해 갱신할 수 있는 계약이며 '서로에게 필요한 연인이지만 우연한 사랑을 허용해주는 관계'라고 정의했다. 새로운 유형의 남녀 관계를 창출한 것이다. 단순한 연인 사이를 넘어 각자의 철학과 사상을 공유하는 동반자 관계였다. 시몬은 더 이상 '얌전한 처녀'가 아니라 부르주아의 도덕성에 도전하는 교수였다. 그녀는 종교를 거부하고, '필요한 연인' 사르트르와 마찬가지로 제자들과 우정을 나누며 '작은 가족'을 이루었다. 시몬과 사르트르는 서로를 속박하지 않으면서 연인이자 지적인 동반자로 평생을 함께했다.

1943년, 첫 소설 『초대받은 여자』가 호평을 받으면서 시몬은 본격적인 작가 생활을 시작했다. 1949년에는 『제2의 성』을 발표하여 엄청난 반향을 일으켰다. 남성에게 종속적인 여성의 이미지를 규탄한 것이다. 남성이 세상과 인식의 주체가 되고 여성은 대상으로만 존재하는 타자, 즉 객체가 되어 있으니 이런 조작되어온 인식 체계 아래에서 그 어떤 것도 여성이 열등하다는 생각을 정당화할 수 없다는, 현대 페미니즘의 이론적 자원을 제공한 이 철학 에세이에 대한 반응은 다양했다. 인류학자이자 민족학자인 클로드 레비스트로스는 그녀를 지지했고, 공산당은 냉담한 반응을 보였으며, 바티칸에서는 출간을 금지했다. 미국에서는 이 책의 반향이 훨씬 컸고, 페미니스트 활동가들에게 지속적으로 영향을 미쳤다.

1954년 『레 망다랭 Les Mandarins』으로 공쿠르상을 수상하며 시몬은 문학적

≪ 시몬 드 보부아르, 페미니스트,
작가이자 철학자, 1950,
프랑스.

으로도 인정받았다. 그녀는 당시 열정적으로 사랑에 빠져 있던 미국인 작가 넬슨 올그렌에게 상을 바쳤다. 1958년에 발표한 자전적 소설『얌전한 처녀의 회상』에서 우리는 스물한 해 동안 그녀가 어떻게 부르주아 교육을 탈피하고 성장했는지를 엿볼 수 있다.

　전쟁 후부터 시몬은 사르트르를 비롯한 좌파 지식인들과 함께 잡지《현대 Les Temps modernes》를 창간했는데, 전 세계의 정치와 문학을 다루는 잡지였다. 알제리 전쟁 동안, 시몬은 변호사 지젤 알리미, 철학자 엘리자베스 바댕테르와 함께 잔혹한 고문에 대해 반기를 들었다. 그리고 이 세 여성은 특히 '343인의 선언'을 통해 임신중절을 할 수 있는 권리를 위해 투쟁했다. 여성 343명이 임신중절을 했다는 이유로 징역형을 받았다는 사실을 알리는 탄원서였다. 1971년 4월 5일 주간지《르 누벨 옵제르바퇴르Le Nouvel Observateur》에 실린 이 선언으로 임신중절법이 가결되었다. 시몬 드 보부아르는 지젤 알리미와 페미니스트 단체 '선택'을 조직하고 낙태의 합법화와 성폭행 범죄 근절, 정치 정당 참여의 합법화를 위한 운동을 벌였다.

　사르트르가 세상을 떠난 이듬해에 쓴『작별 의식La Cérémonie des adieux』은 사르트르와 지낸 10년 세월을 묘사하는 작품이다. '그의 죽음으로 우리는 갈라졌다. 내 죽음으로 우리가 다시 결합되지는 않을 것이다. 우리의 삶은 아주 오랫동안 서로 합의한 것이기에 이미 아름다운 것이다.' 시몬은 1986년, 사르트르가 사망한 지 6년 후, 거의 비슷한 날짜에 일흔여덟 살의 나이로 숨을 거두었다. 그녀는 넬슨 올그렌이 처음 만난 날 선물한 은반지를 낀 채로, 몽파르나스 묘지, 사르트르의 곁에 묻혔다. //////////////////////////

로잘린드 프랭클린 Rosalind Franklin　　1953

ELLE A OSÉ　DNA 구조를 발견하다

>> 분자생물학 개척자, 1956,
　　미국.

남성들에게 배신당한 영국 여성 과학자 로잘린드 프랭클린의 이야기다. 분자
생물학자 프랭클린은 데옥시리보핵산, 즉 DNA의 구조를 알아냈다. 하지만
프랭클린은 연구를 중단해야 했고, 그녀가 발견한 것은 남성 과학자 세 명의
공으로 돌아갔다.

전쟁 후, 잠재해 있던 성차별과 인종차별이 더 심화되고 있을 때였다. 이 젊
고 총명한 여성 과학자는 유대인이었다. 더구나 그녀의 발견은 노벨상을 탈
만한 가치를 지니고 있었으니! 1962년 노벨 생리의학상은 세 명의 찬탈자들
에게 수여되었다. 로잘린드가 일찍 사망하면서 그녀의 엄청난 공헌은 조용히
묻히게 된다.

로잘린드 프랭클린은 1920년 런던에서 태어났다. 캠브리지 대학에서 화학
을 전공한 뒤 1941년 학업을 중단하고 제2차 세계대전 동안 방공 활동에 참
여했다. 1945년에 화학 박사 학위를 취득했고, 2년 뒤 파리로 떠나 국립 중앙
화학 연구소에서 엑스선회절 기술을 배웠다. 이후 런던으로 돌아간 프랭클린

은 1951년 런던 대학의 킹스 칼리지에 자리를 잡았고, 엑스선회절에 관한 지식을 DNA의 생명 물질 연구에 적용했다. 그리고 마침내 DNA의 엑스선회절 사진을 찍는 데 성공한다.

존 랜달이 이끄는 연구소에서 연구원들 간의 갈등으로 분위기가 험악해지자, 로잘린드는 연구 팀을 떠나 버크벡 칼리지로 자리를 옮겼다. 몇 달 후인 1953년, 그녀는 존 랜달로부터 DNA 연구에서 손을 떼라는 내용의 편지를 받는다. 그리고 일주일 후, 1953년 4월 25일 《네이처》에 최초로 DNA 분자의 이중나선 구조를 기술하는 기사와 함께 킹스 칼리지의 두 연구원, 프랜시스 크릭과 제임스 왓슨이 제출한 논문이 실렸다. 마지막에 로잘린드 프랭클린의 논문이 언급되어 있었지만, 단지 몇 가지 기술적인 데이터를 제공했다는 정도였다. 진실은 아주 달랐다. 로잘린드가 킹스 칼리지에서 찍은 DNA의 엑스선회절 사진들을 크릭과 왓슨이 그녀의 허가 없이 사용한 것이었다. 오늘날 가장 중요한 과학 혁명 중 하나로, DNA의 구조를 밝혀내는 데 결정적 공헌을 했음에도 20세기에 만연한 성차별로 인해 그녀의 연구 업적이 남성들에 의해 가로채진 것이다. 그녀는 1958년 방사선 노출로 인한 난소암에 걸려 서른여덟 살 나이로 요절했다.

1962년, 프랜시스 크릭, 제임스 왓슨, 모리스 윌킨스는 노벨 생리의학상을 수상했다. 크릭과 왓슨은 로잘린드 프랭클린의 공헌을 숨겼고, 윌킨스만 유일하게 로잘린드 프랭클린이 엑스선 분석에 기여했다는 정도로 언급했다.

미국 작가 브렌다 매독스는 프랭클린 전기에 그녀를 '남성 우월주의 때문에 희생된 천재'라고 썼다. ////////////////////////////

로자 파크스 Rosa Parks   1955

ELLE A OSÉ 'NO'라고 말하다

//

∧ 앨라배마주 몽고메리의 버스에
  앉은 로자 파크스, 1956, 미국.

상징적 행위는 종종 긴 연설이나 긴 시위 행렬 이
상의 효과를 준다. 미국인 로자 파크스는 1955년
'NO'라는 한마디로 엄청난 인종 분리주의 반
대 운동을 촉발시켰고, 연방대법원은 인종분리법
(흑백분리법)이 위헌이라고 인정하기에 이르렀다.
1955년 12월 1일, 인종차별이 심했던 남부 지방에
서 'NO'가 일으킨 반향은 시민권에 대한 국가적
인식과 함께 인권 운동의 시초가 되었다.

'NO'라는 이 단순한 말은 굉장한 용기와 평화
적 저항의 증거였고, 대단히 효과적이었던 것으로
판명이 난다.

앨라배마주 몽고메리의 얌전한 재봉사였던 로자 파크스는 마틴 루터 킹의
비호를 받고, 1990년에는 감옥에서 막 나온 넬슨 만델라의 방문을 받았으며,
사망했을 때는 미국 국민과 대통령들의 추모를 받았다.

로자는 1913년 2월 4일 앨라배마주 터스키기에서 태어났다. 목수였던 아
버지와 교사였던 어머니는 좋은 교육을 시키기 위해 어린 로자를 몽고메리의
외가에 보내, 북부의 백인들이 흑인 어린이들을 위해 설립한 '여자 실업학교'
에 다니도록 했다. 로자는 '앨라배마주 흑인 교원 대학교'를 다녔으나 가족의
생계를 돕기 위해 중퇴했다.

NO

로자는 아침마다 백인 아이들로 가득 찬 스쿨버스가 지나가는 걸 보며 걸어서 학교에 갔다. 흑인은 탑승이 금지였기 때문이다. 로자가 다니는 학교는 '쿠 클럭스 클랜'*의 방화로 이미 두 번이나 화재가 난 터였다.

로자는 재봉사로 일하면서 1932년 레이먼드 파크스와 결혼했다. 레이먼드는 앨라배마의 전미 유색인 지위 향상 협회(NAACP) 회원이면서 미국 흑인들의 투표권을 위해 싸우던 시민운동가였다.

로자 파크스는 매일 버스를 탔지만, 아무 자리에나 앉지 않고 뒤쪽 흑인 지정석에 가서 앉았다. 1943년 11월, 비가 내리는 어느 쌀쌀한 아침, 로자는 버스 기사에게서 표를 샀다. 흑인에게 허락된 자리로 가려면 다시 내려서 뒷문으로 올라야 하지만 비에 젖었고 추웠기 때문에 내리지 않고 곧장 지정석으로 향했다. 화가 난 버스 기사는 권총을 들고 달려와 그녀를 움켜잡아 버스 밖으로 내동댕이쳤다. 로자는 걸어가야 했다.

1955년 12월 1일 목요일, 로자는 버스에 올랐다. 퇴근하는 길이었다. 2857번 버스 기사는 그녀에게 백인 남자가 앉을 수 있도록 좌석에서 일어나라고 명령했다. 로자의 대답은 짧막했다. "싫어요."

로자는 자서전에 이렇게 썼다. '사람들은 내가 피곤했기 때문에 자리를 양보하지 않은 거라고 말하지만 그렇지 않다. 나는 육체적으로 피곤하지 않았다, 아니 평소에 퇴근할 때보다 더 피곤한 건 아니었다. 마흔두 살이니 나는 늙은이가 아니다. 내가 일어나지 않은 이유는 차별을 참는 것이 지긋지긋해서였다.'

로자는 'NO'라고 말했다는 이유로 공공질서 문란과 지방법 '분리에 관한 법률' 위반으로 체포되어 재판을 받게 된다. NAACP의 회원인 변호사 에드거 닉슨은 백인 인권 변호사 클리포드 더르에게 도움을 청했다. 두 변호사는 함께 교통수단에서의 인종분리법에 반론을 제기한다.

>> 로자 파크스, NAACP 회원,
1964, 미국.

로자 파크스가 체포된 이튿날, 흑인 공동체 지도자들이 침례교회에 모였고, 당시엔 잘 알려지지 않았던 젊은 목사, 마틴 루터 킹을 '몽고메리 진보 협회'의 의장으로 선출했다. 킹 목사는 비폭력주의에 입각한 승차 거부 운동을 펼치기로 결의했다. 버스를 타지 말자고 호소하는 전단지를 도시 전체에 배포하면서 시작된 버스 보이콧 운동은 381일 동안이나 계속됐다. 버스들은 텅 빈 채로 달렸다. 버스 회사들은 더 이상 운행을 유지할 수 없었다. 이 보이콧 운동의 반향은 엄청났다. 앨라배마주는 물론, 미국 너머로까지 번져 세계적인 운동이 되었다.

KKK단은 인종분리법을 유지하기 위해 온갖 가증스러운 짓을 저질렀지만, 1956년 11월 13일 연방 대법원은 인종 분리 버스 탑승 제도는 위헌임을 인정했다. 그리고 1956년 12월 20일, 마침내 몽고메리에 이 소식이 전해지면서 보이콧 운동은 끝났다.

8년이 더 흐른 뒤, 모든 인종차별을 폐지하는 시민권법이 채택되었다. 로자 파크스의 'NO'는 미국 국민을 자각시키는 결정적인 계기가 되어 마침내 미국을 혁신시켰다.

시민권의 아이콘, 로자 파크스는 2005년 10월 24일, 1957년부터 남편과 살아온 디트로이트에서 92세로 운명했다.

아주 이례적으로, 로자의 시신은 모든 사람이 그녀의 마지막 길을 추모할 수 있도록 워싱턴 캐피탈 힐에 안장되었다. 로자 파크스는 이런 영예를 안은 첫 번째 여성이었다.

그녀의 장례식 날, 미국 전역에 조기가 게양되었고 영구차 뒤로 검은색 덮개를 씌운, 1950년대 버스 한 대가 뒤따랐다. 그 뒤를 수많은 군중이 따라 걸었다.

장례식이 거행되는 날까지, 몽고메리의 2857번 버스 앞좌석 자리, 그녀가

'NO'라고 하며 일어나지 않았던 그 좌석에는 검은색 리본을 드리운 로자 파크스의 사진이 놓였다. 거기에는 다음과 같은 글이 적혀 있었다. 'RTA 버스 회사는 일어나길 거부한 여성에게 경의를 표합니다.' //////////////////////////

---

* 　Ku Klux Klan, 백인 우월주의를 표방하는 미국 극우 비밀결사 단체로, 'KKK단'이라고도 부른다.

시리마보 반다라나이케
Sirimavo Bandaranaike   1960

ELLE A OSÉ 스리랑카의 총리가 되다

︽ 시리마보 반다라나이케,
   스리랑카의 총리가 되다,
   1960. 6. 21.

현대 최초의 여성 총리, 시리마보 반다라나이케는 1960년, 인도아대륙의 섬나라 스리랑카에서 민주적으로 선출되었다. 그녀는 1960년에서 1965년까지, 1970년에서 1977년까지, 1994년에서 2000년까지 세 번에 걸쳐 총리를 역임했다. 그녀는 총리의 아내였고, 그녀 자신이 총리였으며, 총리의 어머니이기도 했다.

시리마보의 남편, 솔로몬 반다라나이케는 1956년에 총리가 되었으나 3년 후 피살되었다. 시리마보는 1960년 선거에서 남편의 뒤를 이어 총리로 선출된다. 그녀의 딸 찬드리카 역시 정치인이자 영화배우인 남편 비자야 쿠마라퉁가가 1988년 피살되자, 사회주의 정당 연합체를 결성하고 권력을 잡는다.

반다라나이케 가문은 불교를 믿는 신할리족과 힌두교를 믿는 타밀족 간의 갈등과 분쟁 때문에 갈라진 나라의 정치에 헌신한 집안이었다. 영국 식민 기간 동안, 스리랑카는 민족 간의 반목이 이미 심화되어 있었다.

시리마보는 1916년 섬의 남쪽 도시 라트나푸라에서 태어났다. 불교 집안인데도 그녀는 콜롬보의 가톨릭 수도원에서 공부했다. 스물네 살 때, 스리랑카 자유당을 창당한 솔로몬 반다라나이케와 결혼한다. 솔로몬은 1956년에 총리로 선출되었으나 1959년 타밀족에 대한 그의 유화적인 대응에 불만을 품은 불교 승려에 의해 암살되었다. 시리마보는 남편이 시작한 정책을 이어가기 위해 1960년 국회의원 선거에 출마해 근소한 차이로 승리했다. 그리고 이어서

치러진 선거에서 시리마보는 민주적으로 선출된 최초의 여성 총리가 되었다. 그녀 나이 마흔네 살 때였다.

그러나 신할리족과 타밀족의 분쟁은 계속되었고, 불교와 힌두교의 종교적 갈등도 만만치 않은 데다 경제 상황까지 어려운 때였다. 영어 대신 신할리족의 언어를 공식화한 것이 소수민족이었던 타밀과 충돌하는 원인이 되었다. 결국 시리마보는 1965년 총리직에서 물러나지만, 1970년 다시 돌아온다. 그녀는 과거의 실패를 거울 삼아 신중하게 국정을 운영했고, 2년 후인 1972년에는 국명을 실론에서 스리랑카 공화국으로 바꾸고 영국연방에서 완전 독립한다.

외교정책에서는 성공을 거두었지만, 경기 침체에 적절히 대응하지 못한 것에 대한 불만이 고조되면서 시리마보는 총리직에서 또다시 사퇴해야 했다. 하지만 시리마보는 1994년 세 번째이자 마지막으로 다시 돌아온다. 딸 찬드리카 반다라나이케 쿠마라퉁가가 8월에 총리로 선출된 데 이어 11월에 스리랑카 공화국의 대통령에 당선되면서, 어머니에게 총리직을 맡긴 것이었다.

시리마보는 2000년 8월에 총리직을 은퇴했고, 두 달 후, 마지막 투표를 하고 돌아와 84세의 나이로 세상을 떠났다.

1966년, 이웃 국가 인도에서는 인디라 간디를 총리로 선출했다. 인디라 간디는 인도 최초의 여성 총리였고, 세계에서는 시리마보에 이은 두 번째 여성 총리였다. ///////////////////////

엘라 피츠제럴드 Ella Fitzgerald   1960

ELLE A OSÉ   누구보다도 스윙 리듬을 잘 타면서 노래하다

///

3옥타브를 넘나드는 굉장한 음역, 놀라운 음색, 즉흥으로 노래하는 탁월한 임프로비제이션 능력, 거기에 음악적 감각까지 뛰어났던 엘라 피츠제럴드는 엄청난 성공을 거두었다.

이 재즈의 여왕은 예술계와 대중의 인정을 받았음에도 당시 미국에 만연해 있던 인종차별로 인해 고통받았다.

엘라 피츠제럴드는 1917년 4월 버지니아주 뉴포트 뉴스에서 태어났다.

부모는 그녀가 두 살 때 헤어졌다. 어머니가 다른 남자를 만나면서, 아프리카계 미국인들이 많이 사는 북부로 떠나 뉴욕 근교에 정착했다. 엘라는 춤을 좋아해서 직업으로 삼고 싶다는 꿈을 키웠고, 저녁마다 재즈를 듣기 위해 시내 유흥업소로 갔다.

///////////////////////////////

60년 경력의 재즈 싱어로 모든 나라에서 열렬하게 환영받은 엘라 피츠제럴드는 진정한 '스윙의 퍼스트레이디' 임에 틀림없다!

///////////////////////////////

열다섯 살 때 어머니가 교통사고로 사망한 데 이어 양부마저 심장마비로 쓰러졌다. 엘라와 이복동생은 할렘에 사는 외가 친척 집에 맡겨졌다. 교육을 거의 받지 못한 엘라는 노숙자 생활을 하며 불법 도박으로 돈을 벌었다. 경찰이 감화원으로 보냈으나 도망쳐 나온 뒤 거리에서 노래를 부르며 유랑 생활을 했다. 1934년 열일곱 살이 되었을 때 할렘의 아폴로 극장에서 열린 아마추어 노래 경연 대회에 참가해 〈주디Judy〉와 〈내가 사랑한 사람The object of my affection〉을 불러 우승하면서 상금으로 25달러를 받았다.

이날 저녁, 그녀의 인생은 전환기를 맞으며 재즈 가수의 길로 들어서게 된다. 칙 웹이 이끄는 재즈 악단에 발탁된 엘라는 전속 보컬로 기용되어 할렘의 사보이 볼룸 댄스홀에서 가수 생활을 했다. 당시 역시 유명했던 경쟁 업체 코튼 클럽과는 달리 사보이 볼룸에서는 흑인들을 받아주었다. 엘라는 칙 웹과 함께 성공을 거두며 대중에 이름을 알리기 시작했다.

1939년 리더였던 칙 웹이 사망하자, 그녀는 악단을 이어받아 '엘라 피츠제럴드 악단'으로 이끌었다.

>> 엘라 피츠제럴드,
　　미국 재즈 가수, 1947, 미국.

⌃ 엘라 피츠제럴드와 마릴린
먼로의 만남, 할리우드 티파니
클럽에서, 1954. 11.

엄청난 재능과 명성에도 불구하고 이 재즈 여왕은 서부 지역에서와 마찬가지로 뉴욕에서도 차별을 받았다.

같은 여성으로서 연대 의식을 느꼈던 데다 엘라의 예술적 재능을 높이 평가했던 마릴린 먼로는 로스앤젤레스의 유명 나이트클럽 모감보의 주인에게 엘라 피츠제럴드를 위한 공연을 제안했다. 그 대가로 마릴린 자신이 매일 저녁 나이트클럽의 앞줄에 앉아서 노래를 듣겠다는 조건을 걸었다. 클럽의 주인은 당연히 수락했고, 마릴린은 약속을 지켰다.

마치 피아노 건반처럼 짝을 이룬 백인 여성과 흑인 여성, 할리우드의 스타 가수와 가사 대신 의미 없는 음절로 리드미컬하게 흥얼거리는 스캣 창법 재즈 보컬의 만남이었다.

실제로 1960년, 베를린에서 엘라 피츠제럴드는 베르톨트 브레히트와 쿠르

⌃ 엘라 피츠제럴드와
재즈 트럼펫 연주자이자
가수인 루이 암스트롱,
데카 레코드 스튜디오
녹음실에서, 1950, 뉴욕.

트 바일이 작곡한 《서푼짜리 오페라》 중 〈맥 더 나이프Mack the knife〉를 부르다가 중간에 가사를 잊었다. 그러자 그녀는 즉흥적으로 가사를 지어낼 생각을 하고 의미 없는 음절을 붙였는데 뜻밖에도 뜨거운 호응을 받았다.

엘라 피츠제럴드가 모캄보에서 공연한 최초의 흑인 가수가 된 것은 마릴린 먼로 덕분이었다. 엘라는 이렇게 회상했다. '그 후로 나는 작은 클럽에서 공연한 적이 없다. 마릴린 먼로는 시대를 앞서가는 특별한 여성이었다. 그녀 자신도 알고 있었다.'

인종차별과의 투쟁 속에서 엘라가 재즈 가수로 한층 더 발전할 수 있었던 데는 재즈 공연 기획자인 노먼 그랜츠의 역할이 결정적이었다. 그는 흑인과 백인을 구별하지 않고 가수들에게 임금을 똑같이 준 최초의 흥행주 중 한 명이었다. 1955년, 텍사스주 휴스턴에서 엘라 피츠제럴드와 디지 길레스피가 공연할 때, 노먼 그랜츠는 백인과 흑인 좌석을 표시하는 라벨까지 떼어버렸다. 엘라는 노먼 그랜츠와 함께하면서 음악적으로 가장 호평을 받았다. 노먼은 엘라를 냇 킹 콜, 프랭크 시나트라, 루이 암스트롱 같은 당대 최고의 가수들과 함께 노래하게 했다. 오스카 피터슨, 카운트 베이시 같은 최고의 피아니스트들, 재즈 트럼펫 연주자 디지 길레스피는 물론이고 조지 거슈윈, 아이라 거슈윈, 콜 포터, 듀크 엘링턴, 어빙 벌린 등의 작곡가들과도 작업하게 해주었다.

엘라는 최고 권위의 그래미상을 열세 번이나 수상하고 레코드는 4,000만 장을 판매할 정도로 가수로서 성공한 반면, 애정 생활은 그리 순탄치 않았다.

1980년부터 건강이 나빠진 엘라는 당뇨병으로 고생하다 시력까지 잃었다. 1989년, 그녀는 마지막 음반이 될 노래를 녹음했고, 1991년 뉴욕 카네기홀에서 스물여섯 번째가 되는 마지막 공연을 했다. 그리고 1996년 6월 15일, 자신을 '목소리 연주자'라고 부르길 좋아하던 재즈 여왕은 베벌리힐스 자택에서 가족이 지켜보는 가운데 영원한 침묵의 길로 떠났다.

재즈계는 여전히 그녀의 죽음을 애도하지만, 우리에게는 '스윙의 퍼스트레이디'로 불린 그녀의 수많은 앨범이 남아 있기에 여름이면 어디선가 흘러나오는 그녀의 〈서머타임 Summertime〉을 들을 수 있으리라. ////////////////////////

메리 퀀트 Mary Quant　　　1962

ELLE A OSÉ 미니스커트로 여성의 신체를 해방시키다

>> 스타일리스트 메리 퀀트,
1987, 런던.

예술의 거리 소호, 첼시, 카나비 스트리트엔 로큰롤, 그림, 음악, 패션 등의 팝 문화가 흘러넘쳤다. '스윙잉 런던', 즉 자유롭고 에너지 넘치던 런던의 풍경 이다!

빅토리아 시대의 고전적인 도덕주의와 제2차 세계대전 이후의 엄숙하고 무미건조한 시기를 보낸 뒤, 영국 젊은이들은 보수주의에서 벗어나고픈 욕구를 노래와 현란한 색으로 표현했다.

젊은이들은 개방적이고 창의적이며 자유롭고 즐거운 사회를 원했다. 메리 퀀트는 바로 이런 역동적이고 창의적인 문화가 태동하는 시점에 등장했다.

1934년 런던에서 교사의 딸로 태어난 메리는 어릴 적부터 패션에 관심이 많았다. 런던 대학교 골드스미스에서 예술을 전공한 뒤, 의상실에 들어가 디자이너로 일했다.

패션 공부를 할 때 만나 결혼한 남편과 함께 1955년 10월, 킹스 로드에 부티크를 열었다. 템스강 부근의 이 거리는 첼시 도심에 위치해 있어 많은 예술가가 살고 있었다. 창조적이고 혁신적인 정신은 메리 퀀트가 생각하는 패션의 이상과 부합했다. 그녀의 부티크 '바자Bazaar'는 지하에 레스토랑도 갖추고 있어, 도처에서 온 젊은이들이 만나는 곳이자 다양한 분야의 예술가들이 교류하는 장소이기도 했다.

메리 퀀트는 자신만의 독특한 패션을 만들기로 결심했다. 그녀가 내놓은 과감하게 짧아진 드레스와 스커트 그리고 컬러풀하고 단순한 디자인은 과연 새로운 스타일이었다. 그때까지의 주름 장식, 영국 자수를 놓은 드레스, 트위드 재킷, 갈매기 무늬 같은 것들과는 거리가 먼 것이었다. 그녀는 의외의 패턴에 초록, 빨강, 파랑, 노랑, 검정, 분홍 등 터무니없는 색을 조합하는가 하면, 기하학적 패턴에 줄무늬, 물방울무늬, 바둑무늬, 마름모꼴 무늬, 데이지 꽃무늬를 결합하기도 했다.

메리 퀀트는 여성들의 다리를 해방시키고, 정신을 혁신시켰다. 그녀는 지난 시대의 패션과는 아주 대조적인 미니스커트를 베이비부머 세대의 상징으로 만들었다.

266

1962년, 비틀스의 45회전 싱글 레코드가 나오고, 롤링스톤스가 런던에서 첫 콘서트를 열 때, 메리 퀀트는 '여성들이 더 편안하게 버스를 따라 뛰어갈 수 있도록' 길이를 짧게 줄인 스커트를 내놓았다. 무릎 위로 오는 미니스커트는 그렇게 탄생했다.

메리는 또다시 남편과 함께 나이츠브리지에 두 번째 부티크를 열었다. 그녀는 디자인뿐만 아니라 제작, 유통, 홍보에도 관심이 있어서 사업을 대량생산 방식으로 전환할 수 있었다. 그렇게 메리는 기성복을 만들어 미국을 비롯한 다른 서구 국가에 수출하기 시작했고, 이는 기성복 산업의 기반이 되었다. 1966년에는 패션 산업에 기여한 공로로 대영제국 훈장을 받는다.

오늘날에도 여성의 해방과 자유분방한 삶을 거부하는 몇몇 국가에서는 미니스커트를 좋지 않게 보거나 금지하고 있다. ////////////////////////

발렌티나 테레시코바
Valentina Terechkova

1963

ELLE A OSÉ   우주로 날아오르다

전시든 평시든, 하늘을 점령한 여성들은 이미 있었으니 이제 여성이 정복해야 할 것은 우주였다. 1963년 6월 16일, 그 꿈을 이룬 여성이 바로 러시아인 발렌티나 테레시코바다.

발렌티나 테레시코바는 오늘날까지도 단독으로 우주에 간 유일한 여성이며 최연소 우주 비행사다. 19년 후인 1982년, 우주에 간 두 번째 여성 비행사는 스베틀라나 사비츠카야다. 1984년 7월 17일 스베틀라나는 두 번째 임무 중 우주유영을 실행해, 우주에 발자국을 남긴 최초의 여성 우주 비행사가 된다. 1983년, NASA에서 보낸 샐리 라이드는 세 번째 여성 우주 비행사다.

별에 이르는 길이 여성에게 열린 것은 1945년 제2차 세계대전이 끝나면서부터 시작된 냉전 상황에서 소련과 미국이 전력을 기울이며 벌인 '우주개발 경쟁' 때문, 아니, 덕분이었다. 종전 후 두 강대국, 미국과 소련은 우주개발 경쟁을 통해 경제적·기술적 힘을 세계에 과시하고 있었다.

우주로 간 비행사들의 수를 볼 때, 여성은 남성 비행사의 10퍼센트에 불과하다. 그럼에도 여성 우주 비행사들은 소련에 체제 선전용으로 더할 나위 없는 효과를 가져다주었다. 소련은 1961년 4월 12일 인류 최초로 유리 가가린을 우주로 보냈다. 그러자 존 F. 케네디 대통령은 1962년 9월 12일 연설에서 '미국은 달에 가기로 결정했다'고 공표한다. 이렇듯 소련과 미국은 우주개발을 놓고 치열한 경쟁을 벌였다.

이듬해, 소련은 세계 최초로 여성 비행사를 우주로 보냈는데, 바로 발렌티나 테레시코바다.

발렌티나는 1937년 3월, 모스크바 북동부 야로슬라블주 마슬레니코브의 평범한 가정에서 태어났다. 트랙터 기사였던 아버지는 제2차 세계대전 때 핀란드에서 사망했고, 어머니는 방직공장에서 일하는 노동자였다. 발렌티나 역시 경제적으로 어머니를 돕기 위해 학업을 포기하고 방직공장에서 일했다.

《 발렌티나 테레시코바의 초상,
우주로 간 최초의 여성,
1963. 6.

︽ 발렌티나 테레시코바와
세르게이 코롤료프, 1963. 6.

하지만 발렌티나는 항공과 낙하산 낙하 기술에 관심이 많았다. 그래서 1959년 야로슬라블 항공 클럽에 가입해 적극적으로 훈련하면서 모스크바 항공 기술원의 통신 강의를 들었다. 그리고 그녀가 사는 지역의 '콤소몰(공산 청년 동맹)'에서 비서로 일하게 된다.

모스크바의 우주국 국장 세르게이 코롤료프는 여성을 우주에 보내기로 결정하고 낙하산 클럽에서 여성 우주 비행사들을 모집하고 있었다. 당시 우주선은 충격 때문에 지상에 바로 착륙하지 못해, 귀환 시 비행사가 낙하산을 타고 우주선에서 빠져나와야 했기 때문이다. 발렌티나는 여성 지원자 400명 중에서 최종 선정된 후보 다섯 명에 들었다. 마침내 1962년 11월, 니키타 흐루쇼프*가 선택한 합격자는 농부와 노동자의 딸로서 공산당 당원인 25세의 발렌티나였다.

그때부터 발렌티나는 7개월간 강도 높은 훈련을 받았고, 1963년 6월 13일, 카자흐스탄의 바이코누르 우주기지에서 보스토크 6호에 올랐다. 문제없이 발사된 우주선에서 사흘간 임무를 수행하는 동안, 암호명 '갈매기'로 알려진 이 여성 비행사는 지구를 48바퀴 선회했다.

그녀의 귀환은 다소 서사적이다. '우주선을 탈출해 호수 위를 날면서 나는 몹시 두려웠다. 여성을 보내니까 물에 빠진다는 말을 들을 거란 생각 때문이었다!' 하지만 바람이 낙하산을 육지로 이끌어주었고, 밭에서 일하던 농부들이 그녀를 맞아주었다. 그녀는 전국에서 열렬한 환영을 받았다. 26세의 젊은 우주 비행사가 우주개발 경쟁에서 소련을 승리하게 만든 것이다. 그녀는 '소련의 영웅' 칭호를 받았고, 소련은 그녀에게 레닌 훈장과 함께 최고의 영예인 황금별 훈장을 수여했다.

　니키타 흐루쇼프는 소련 여성이 우주에 간 것을 자랑스러워했고, 여성은 약하다는 생각은 잘못이라는 걸 부르주아 계급에 증명해 보였다. 그렇지만 이 첫 번째 여성 우주 비행 이후, 우주국 국장 세르게이 코롤료프는 '여성은 우주에서 할 일이 전혀 없다'고 선언했다. 소련의 체제 선전을 위한 여성의 우주 비행은 완전히 성공한 것이었다. 하지만 발렌티나 테레시코바가 30년 후에 털어놓은 진실은 조금 달랐다. 자동 방향 프로그램이 완벽하지 않아서 지구를 회전할 때마다 우주선이 지구로부터 멀리 떨어지는 바람에 비행사는 참을 수 없는 멀미를 느끼면서 극도로 피로해졌다는 것이다. 하지만 그녀는 남성 비행사들보다 더 잘 견뎌냈다. 발렌티나는 우주 비행사 안드리안 니콜라예프와 결혼했고, 다시 공부를 시작해 1969년 항공 기술사 자격증을 땄다. 1971년 공산당 중앙위원회 위원으로 활동하다 소련 최고회의 의원으로 선출되었다.

　여든 살이 넘은 지금도 발렌티나는 여전히 우주 비행을 꿈꾸고 있다. 다시는 돌아올 수 없더라도 자신이 태어난 달 3월을 뜻하는, 그녀가 가장 좋아하는 행성인 화성으로 떠날 준비가 되어 있다고 말하곤 한다.

/////////////////////////////

---

*　당시 소련 공산당 총리 및 서기장.

레나 가노코기 Rena Kanokogi　　　1963

ELLE A OSÉ　여성에게 유도의 길을 열어주다

︿ 훈장을 받은 레나 가노코기,
　　2009.

코니아일랜드, 브루클린 남쪽의
주거 환경이 불량한 구역에서
자란 레나 가노코기는 유도에
일생을 바쳤고 이제 일본에
영면해 있다.

레나 글릭먼은 1935년 뉴욕에서 태어났다. 부모는 동유럽 출신이었다. 그녀는 놀랍게도 2008년에 일본이 외국인 유도 선수에게 주는 최고의 훈장인 욱일장을 받았다.

모든 것은 코니아일랜드에서 시작되었다. 레나는 핫도그를 팔아서 힘겹게 생계를 이어가는 어머니를 따라다니며 거리에서 어린 시절을 보냈다. 레나는 스스로 생활비를 벌어볼 생각으로 '아파치'라는 이름의 갱단을 조직하고 소녀들의 우두머리가 되었다. 폭력은 일상이 되었고, 하루는 싸움에서 져 오른 손목에 흉터가 남았다. 그 흉터는 굴욕을 상기시켜주는 흔적이 되었다. 그날, 레나는 다시는 지지 않기로 결심했다. 스포츠 클럽을 다니던 중 유도라는 운동을 알게 되었고 즉시 자신이 갈 길이라는 걸 느꼈다.

이때부터 그녀는 길거리가 아니라 다다미 위에서 싸움을 벌였다. 유도 훈련을 하면서 기술을 익힌 지 수년이 되자, 레나는 시합에 나가보고 싶었다. 그런데 여성이 시합에 나가는 것은 허락되지 않았다. 그래서 머리를 짧게 자르고 가슴을 붕대로 동여매고서 1959년 뉴욕주 유티카에서 열린 선수권 대회에 참가했다. 후보 선수였던 그녀에게 행운의 여신이 미소를 보낸다. 주전 선수가 부상으로 경기에 불참하게 된 것이다. 레나는 경기에서 이겼고, 그녀의 팀이 우승했다. 그러나 레나가 자신이 여자라는 걸 밝힌 뒤 금메달은 취소되었다.

레나는 유도 기술을 숙련하기 위해 1962년 도쿄의 고도칸으로 떠났다. 유도를 창시한 가노 지고로가 1882년에 창설한 도장이었다. 여성으로서 최초로 남자들과 함께 훈련하는 것을 허락받았고, 2단을 통과했다. 그 역사적인 도장에서 그녀는 흑띠 5단 유단자 가노코기 료헤이를 만났고, 1964년 뉴욕에서 결혼했다.

레나는 1965년부터 여자 유도 토너먼트 대회를 조직했으며, 특히 1980년에 매디슨 스퀘어 가든에서 최초의 여자 세계 챔피언 대회를 개최하는 데 성공했다.

내친 김에 유도를 올림픽 종목으로 만들기로 결심하고, 여자 유도 경기를 포함하지 않는다면 국제올림픽위원회를 고소하겠다고 위협한다. 1988년 서울 올림픽대회에서 여자 유도가 시범 경기로 채택되자, 레나 가노코기는 일본 대표팀을 이끌고 출전했다. 같은 해, 레나는 여성 최초로 유도 7단을 땄다. 유도에서는 남성과 여성이 평등해야 한다는 것이 그녀의 생각이었다.

일본 천황이 '여성 유도의 어머니'라고 일컬은 레나 가노코기는 2008년 사망했다. 그녀는 가노코기 문중 묘지에 잠들어 있으며 묘비명에는 이렇게 적혀 있다. '미국인 사무라이'. ///////////////////////////

캐서린 스위처 Kathrine Switzer   1967

ELLE A OSÉ   마라톤을 달리다

>> 캐서린 스위처,
   보스턴 마라톤 대회.

여성이 스포츠에 참가하지 못한 것은, 여성은 신체적으로 약하고 지구력이 부족하다고 여기는 고정관념에서 비롯됨을 역사가 증명한다. 고대 그리스 시대의 여성들은 어떤 운동도 하지 않았다. 계몽주의 시대에 여성에게 운동을 장려한 것은 철학자 장 자크 루소가 말한 것처럼 '남편 내조 잘하고 자식 잘 키우는 튼튼한 여성'을 바랐기 때문이다. 여성이 스포츠에서 인정받은 것은 다른 분야에서와 마찬가지로 초기 페미니즘 운동이 시작되던 시기였다(1860-1870). 하지만 스포츠는 몸을 내보이는 문제인 만큼, 도전이 쉽지 않았다.

　의사들은 운동을 하면 여성의 근육이 너무 발달해서 남편을 불쾌하게 만들고, 출산에도 해롭다고 했다. 어쨌든 여성은 장거리를 달릴 수 없다는 것이다. 그 증거로 올림픽 경기에서는 여성에게 800미터 이상 달리는 걸 허용하지 않았다. 1967년의 미국에는 이 근거 없는 선입견이 여전히 존재했다. 그러나 1967년 4월 19일 수요일 아침, 언론학을 공부하는 20세 여학생이 등번호 261번을 달고 보스턴 마라톤 대회에 참가하는 대담한 행동으로 그런 선입견을 깨버렸다.

　1947년에 태어난 미국인 캐서린 스위처는 훌륭한 스포츠 우먼이었다. 그녀는 열두 살 때부터 달리기를 하면서 마라토너가 되는 꿈을 꾸었다. 규정에 따라 여성은 마라톤 대회에 참가할 수 없다는 걸 확인한 후, 캐서린은 'K. V. 스위처'라는 이니셜로 참가 신청을 했다. 그녀는 헐렁한 운동복에 등번호 261번을 달고 출발선에 섰다. 6킬로미터쯤 달리고 있을 때 그녀를 발견한 대회 조직위원장이 끌어내리려고 하면서 소리쳤다. "내 대회에서 당장 꺼져!" 캐서린은 순간 당황했지만 아랑곳없이 계속 달렸다. 현장에는 사진기자들이 있었고, 그들이 찍은 사진이 국제 언론에 실렸다. 캐서린의 완주 기록은 4시간 20분이었다. 이때 찍힌 사진들이 큰 역할을 했다. 5년 후인 1972년, 마침내 여성이 보스턴 마라톤 대회에 참가할 권리를 얻은 것이다. 같은 해, 캐서린은 3위를 했고, 1974년 뉴욕 마라톤 대회에서는 3시간 7분 29초로 우승을 차지했다.

손과 무릎으로
기어가는 한이 있더라도
나는 이 경주를
완주할 거다.
아무도 내가 할 수
있다는 걸 믿지 않기
때문이다.

275

현재 작가이자 텔레비전 사회자로 활동하는 캐서린은 정기적으로 마라톤 대회 중계방송에서 해설자로 나서고 있다.

캐서린은 약속한 대로 70세가 되는 해, 121번째 보스턴 마라톤 대회에 참가했다. 또다시 등번호 261번을 달고 출발선에 선 그녀는 4시간 44분 31초로 경기를 마쳤다! 모든 연령대의 여성이 마라톤을 달릴 수 있다는 걸 증명해 보이면서! ////////////////////////

골다 메이어 Golda Meir　　　　　1970

ELLE A OSÉ　이스라엘 건국의 일등 공신이 되다

///

⌃ 골다 메이어, 이스라엘 독립
당시, 1948.

골다 메이어는 자신이 건국하는
데 기여한 나라를 위해 헌신하
였고, 노령이 되어서도 열정적
으로 봉사했다.

　　당시 러시아제국의 도시였던
키예프에서 1898년 5월, 8남매 중 일곱째로 태어난 골다 마보비츠는 어린 시
절의 힘든 생활에 단련되어 단호한 성격을 갖게 되었다. 우크라이나에서 이례
적으로 난폭한 유대인 박해 사태가 일어나자, 가난한 유대인들은 아주 살기가
힘들어졌다. 그래서 골다의 아버지는 미국 이민을 결정했고 1906년 가족을
데리고 위스콘신주 밀워키로 떠난다. 전통적인 시온주의*와 사회주의 정신이
투철한 환경에서 자란 골다는 자유롭고 독립적인 사고를 가지고 있었다. 그
래서 부모가 결혼을 원했을 때 덴버에 사는 언니 집으로 도망쳤다. 그녀는 덴
버에서 공부를 다시 시작했고, 세탁소에서 일하면서 특히 정치 활동에 관심을
가졌다. 시온주의 노동당 단체 '포알레 지온'에서 활동을 시작한 골다는 위스
콘신주 대표로 미국 유대인 의회에 참석했다가 나중에 이스라엘을 건국하는
다비드 벤구리온을 만나게 된다.

　　골다는 1917년 12월 24일 열아홉 살 나이로 모리스 마이어슨과 결혼했고,
남편과 함께 영국의 위임통치령인 팔레스타인으로 이주하기로 결정한다.

　　1921년 3월 23일, 부부는 포카혼타스호에 올랐고 힘든 항해 끝에 7월 6일 팔레스타인에 도착한다. 약속의 땅은 젖과 꿀이 흐르는 땅이 아니었다. 집단농장 키부츠에서의 생활은 힘들었다. 골다는 혹독한 노동을 견뎌내고 사람들과 사회 문제를 깊이 고민했다. 성공적으로 키부츠에 적응한 그녀는 이스라엘 최대 노동조합 히스타드루트 소속 키부츠의 대표로 선출되었고, 1928년 여성 노동위원회 서기에 이어 1934년에는 히스타드루트 집행위원회 서기가 되었다.

연설 능력과 분석력이 뛰어났던 골다는 특유의 카리스마로 유대인 국가를 세우는 데 적극적으로 참여했다. 히스타드루트의 정치부 수장이 된 골다는 팔레스타인으로의 유대인 이주를 추진한다. 1946년 영국 정부가 유대인 이주는 불법이라는 이유로 책임자들을 체포했을 때, 골다 마이어슨이 그림자 정부 히스타드루트를 통치하게 된다.

1947년 11월 29일, 유엔총회는 팔레스타인에서의 유대인 국가 건립을 인정했다. 영국 위임통치령의 마지막 날인 1948년 5월 4일, 다비드 벤구리온은 텔아비브에서 이스라엘 국가의 독립선언을 선포했다. 24인의 서명서에는 골다 마이어슨의 이름이 있었다.

주변 아랍 국가들의 반응은 예상과 달랐다. 이튿날부터 아랍 연합군이 신생 국가를 공격하고 예루살렘을 포위했다. 최초의 이스라엘 여권 소지자인 골다 마이어슨은 이스라엘의 생존을 위한 자금을 마련하기 위해 미국으로 떠났다. 귀국 후, 그녀는 소련 대사로 있다가 1949년 이스라엘 최고 권력기관 크네세트 의원으로 선출되었다. 이때부터 그녀는 다비드 벤구리온 총리의 임명을 받아 노동부 장관, 외무부 장관, 노동당 사무총장을 역임했다. 1963년부터 1969년까지 총리를 지낸 레비 에슈콜이 돌연 사망하자, 후임 총리로 골다가 지명되었고, 벤구리온이 히브리어 이름을 요구하자 성을 메이어로 바꾸었다. 그녀의 나이 일흔한 살 때였다.

엄격하고 단호하고 타협하지 않는 골다 메이어 총리는 어떤 위협에도 흔들

세계 최초의 여성 총리는 아니지만, 골다 메이어는 자신의 능력으로 총리직에 오른 최초의 여성이다. 공로를 깎아내리려는 것이 아니라, 세계 최초의 여성 총리인 스리랑카의 시리마보 반다라나이케는 피살된 총리의 아내였다가 민주적으로 총리직을 승계했으며, 두 번째 여성 총리인 인도의 인디라 간디는 자와할랄 네루 총리의 딸이었다. 골다 메이어는 러시아의 평범한 목수의 딸이자 포스터 그림쟁이의 아내였다. 출신이 어떠하든, 세 여성은 어려움에 처한 상황에서 나라를 다스렸다는 공통점이 있으며, 여성의 역사에 족적을 남긴 이들이다.

리지 않았다. 아랍과의 갈등에서도 그녀는 아무것도 양보하지 않았다. 1973년 10월 6일, 욤 키푸르†에 이집트와 시리아가 동시에 이스라엘을 기습 공격했다. 처음에는 전투 결과가 불투명했지만 이스라엘 군대가 반격에 나섰고, 시리아로 진입해 수에즈 운하까지 진격하며 전세를 역전시켰다.

하지만 이 전쟁은 골다에게 최대 위기를 안겨주었다. 이집트와 시리아의 기습 공격을 사전에 보고받고도 선제공격 명령을 내리지 않아 수많은 사상자를 낸 것에 대한 비난 끝에 책임을 지고 1974년 총리직에서 물러났다. 그리고 정계를 완전히 떠났다.

1977년 11월 20일, 아랍 지도자가 최초로 이스라엘을 공식 방문했을 때 골다 메이어는 공식 석상에 마지막 모습을 드러냈다. '이스라엘의 할머니'라 불리는 골다 메이어의 참석은 얼마 전 손자를 본 이집트 대통령 안와르 사다트에게 주는 선물, 바로 희망의 상징이었다.

그녀는 1978년 12월 8일, 80세를 일기로 세상을 떠났다.

1978년 미국 대통령 지미 카터는 이스라엘과 이집트 간의 단독 평화 교섭을 위해 '캠프 데이비드'‡에 이집트 대통령 사다트와 이스라엘 총리 베긴을 초청하여 협정을 체결하는 데 성공함으로써, 이집트와 이스라엘의 관계는 완화되었다. //////////////////////////

---

* 팔레스타인 지역에 유대인 국가를 건설하는 것이 목적인 민족주의 운동.
† 유대교 최대의 기념일로, 하루 동안 식사를 포함한 모든 일을 중단하는 '속죄의 날'이다.
‡ 미국 대통령의 별장을 말함.

마들렌 생캥 Madeleine Cinquin　　　　　1971

ELLE A OSÉ ## 가난한 이들을 돕는 데 일생을 바치다

에마뉘엘 수녀로 알려진 마들렌 생캥은 이집트의 가난하고 멸시받는 이들을 위해 헌신했다.

함께 잘 살자는 연대 의식의 아이콘, 에마뉘엘 수녀는 폭력적 방식이 퍼져가는 우리 시대에 그 무엇으로도 지울 수 없는 관용과 희망의 메시지를 남겼다.

그녀는 카이로의 '넝마주이들'과 함께 생활하면서 그들에게 존엄성을 돌려주었다.

넝마주이들을 위해 헌신한 마들렌은 고급 란제리 사업으로 성공한 사업가의 딸이었다. 그녀는 1908년 11월 16일 벨기에 브뤼셀에서 태어났다. 여섯 살 때 아버지가 사고로 오스탕드 바다에 빠지는 모습을 목격했고, 수녀가 되기로 결심한다.

마들렌은 루뱅 가톨릭 대학에 입학해 철학과 종교학을 공부한 뒤, 노트르담드 시옹 수도회에 들어가 1931년 서원을 맹세하고 에마뉘엘이라는 수녀 이름을 받았다. 터키에 이어 튀니지에서 문학과 철학을 가르쳤으며, 1964년 이집트에 파견되었다. 7년 후, 예순세 살 되던 해, 그녀는 은퇴하면서 카이로의 넝마주이들과 운명을 함께하기로 결심한다.

에마뉘엘 수녀는 에즈베텔나클, 메아디토라, 모카탐 같은 도시의 쓰레기를 수거해서 살아가는 이들의 빈민가에 정착했다. 장엄한 피라미드 건설에 필요한 돌을 캐던 채석장에서 수천 명이 살고 있는데, 아니, 목숨을 지탱하고 있는데, 대부분 이슬람교나 콥트교를 믿는 이들이었다.

오늘날 쓰레기 집하장으로 변해버린 이 채석장에는 카이로 사회에서 멸시받는 이들이 살고 있다. 산더미를 이룬 쓰레기가 넘쳐서 거리에는 악취가 진동한다. 흑서의 판자촌 앞에서 여자와 아이 들은 맨손으로, 남자들이 가져오는 자루에서 쓰레기를 분리하며 살고 있다. 에마뉘엘 수녀는 1976년 합류한 사라 수녀와 함께 빈민 구호 활동을 했다.

에마뉘엘 재단은 지금도 빈민 구호 활동을 계속하고 있다. 귀감이 되는 그녀의 삶은 집단 이기주의에 경종을 울린다.

>> 에마뉘엘 수녀, 카이로 빈민가에서, 1991. 5. 7.

1991년, 이집트는 헌신에 대한 감사의 표시로 에마뉘엘 수녀에게 이집트 국적을 부여했다. 여든다섯 살 때, 프랑스 남부의 한 요양 시설에서 휴식을 취하는 것에 동의했고, 아흔아홉을 일기로 타계했다. ///////////////////////////

걸을 수 있고, 쓸모가
있는 한 나는 걷는다.
내가 쓰러지는 날,
분명 나를 대신하는
사람이 구호 활동을
계속할 것이다.

다베이 준코 Tabei Junko   1975

ELLE A OSÉ 히말라야 정상에 오르다

///

︿ 다베이 준코와 셰르파 앙 체링,
   에베레스트 남면 앞에서,
   1975. 5. 18.

등산은 오랫동안 남성이 하는 운동이었다. 아내는 쌍안경으로 남편이 정상을 향해 오르는 모습을 지켜보기만 할 뿐 여성에게는 너무 위험한 운동이라고 판단해 직접 하지는 않았다.

그런데 1975년 최초로 에베레스트 등반에 성공한 데 이어 세계 7대륙 최고봉에 오른 여성이 있다. 바로 일본인 다베이 준코다.

1939년 후쿠시마현에서 태어난 준코는 마을의 언덕을 오르다 아즈마산을 타기 시작했다. 준코는 열 살 때, 소풍을 갔다가 나스산 정상까지 올랐고, 그때 등산이 자신의 길임을 깨닫는다. 그녀는 영미문학을 전공한 뒤, 1969년 '레이디즈 클라이밍 클럽'이라는 여성 산악회를 만들었다.

남편을 만난 것도 눈 덮인 산이었다. 두 사람은 함께 후지산에 올랐고, 알프스 산맥 몽블랑 정상에도 도전했다. 1970년 안나푸르나 등반 성공 후, 다베이 준코는 위대한 산악인으로 이름을 알렸는데, 그녀의 키가 불과 152센티미터라는 걸 생각하면 재미있는 역설이다. 그녀는 이제 히말라야에서 가장 높은 에베레스트에 도전하고 싶었다.

1975년은 유엔이 '세계 여성의 해'로 선포한 해였다. 다베이 준코는 이 모험을 여성의 행사로 만들고 싶었다. 일본 텔레비전과 라디오 방송사의 후원으로 여성 등산가 15인이 선발되었다. 여성 등산가란 쉽게 상상되지 않던 시절이다. 세계의 모든 남성이 그랬듯, 일본 남성들도 여성은 아이들과 함께 집에 있어야 한다고 생각했기 때문이다.

에베레스트 등반을 가지고 남자들이 왜 난리법석인지 나는 이해가 안 된다. 그냥 산일 뿐인데!

서른여섯 살의 준코는 세 살배기 딸을 남편에게 맡기고 카트만두에 도착했다. 가이드와 셰르파들과 함께 여성 15인은 베이스캠프를 떠나 산을 오르기 시작했다. 5월 4일, 6,300미터 고지에서 눈사태에 캠프가 묻혔을 때 준코는 쓰러졌다. 하지만 절망하는 대신 불굴의 의지로 일어섰고, 1975년 5월 16일 12시 30분에 히말라야 정상에 올랐다. 다베이 준코는 세계의 지붕에 오른 최초의 여성이었다.

1992년, 그녀는 다시 한 번 세계 7대 최고봉을 오른 '최초의 여성'으로 기록되었다. 아시아의 에베레스트산, 유럽의 옐브루스산, 아프리카의 킬리만자로산, 남미의 아콩카과산, 북미의 데날리산, 오스트레일리아의 코지우스코산, 남극의 얼음산 빈슨!

다베이 준코는 안타깝게도 암에 걸려 2016년 10월 20일, 77세를 일기로 사망했다. //////////////////////////////

로살리아 메라 고예네체아
Rosalia Mera Goyenechea

1975

ELLE A OSÉ 재산을 분배하다

△ 자라의 창업자, 2010. 11. 16.
라코루냐, 에스파냐.

패션 브랜드 자라의 매장에 한 번도 들어간 적이 없는 사람이 있을까? 5대륙의 어디를 가도 '자라Zara'라고 쓰인 간판을 볼 수 있다.

자라의 성공은 디자이너 로살리아 메라 고예네체아와 양품점 배달원 출신의 아만시오 오르테가 부부가 시대의 흐름을 읽고 영리한 경영 방식을 선택한 덕분이었다.

로살리아는 1944년 에스파냐 북부 갈리시아 지방의 가장 중요한 소도시 라코루냐에서 태어났다. 노동자들이 사는 지역에서 성장한 그녀는 40년 후 자수성가한 여성 재력가 세계 1위가 된다.

재산가가 되었지만 그녀는 결코 가난하게 살던 유년 시절을 잊지 않았다. 이상을 저버리지 않았고, 자신이 설립한 재단을 통해 사회의 약자들에게 재산을 환원했다.

로살리아의 부모는 평범한 사람들이었다. 아버지는 가스 전기 회사에서 일했고, 어머니는 정육점 판매원이었다. 로살리아는 열한 살 때 돈을 벌기 위해 학업을 중단하고 재봉사로 취직했으며, 열세 살 때 수습 재단사가 되었다.

'라마하'라는 의류 공장에 취직한 로살리아는 배달원으로 일하던 매력적인 남자, 아만시오 오르테가를 만났다. 그녀와 마찬가지로 가난한 집에서 태어나 어린 나이에 학교를 그만둔 남자였다. 두 사람은 가난에서 벗어나기로 의기투합했다.

아만시오는 도시의 근사한 부티크에 진열된 세련된 옷들의 디자인을 차용해 의류를 만들어 판매하는 전략을 세웠고, 로살리아는 집에서 옷을 만들었다. 이것이 모험의 시작이었다. 그들은 '고아Goa' 의류 공장을 설립하고 로살리아가 직접 바느질로 속을 넣고 누빈 여성용 가운을 팔기 시작했다. 1966년, 둘은 결혼해 남매를 낳았는데, 아들은 지체장애가 있었다.

1975년, 라코루냐의 후안 플로레스 거리에 자라의 첫 번째 매장을 열면서 마침내 목표를 이루었다고 생각했다. 그들은 오트쿠튀르 패션쇼를 보러 다니면서 최신 트렌드를 반영해 디자인한 옷을 빠르게 제작해 합리적인 가격대에 맞춰서 유통하는 '패스트 패션'으로 큰 수익을 창출했다. 그래서 부부는 모험을 계속한다. 해외에 매장을 열기로 하고 포르투갈에 이어 뉴욕, 파리 그리고 전 세계로 매장을 확대해나갔다. 자라는 끊임없이 다양한 종류의 신제품을 내놓으면서도 수량을 한정하여, 빠진 물건을 다시 채우지 않는 판매 방식으로 유행에 민감한 젊은 층에게서 큰 호응을 얻었다.

최신 트렌드를 반영한 신제품을 출시하는 자라는 80여 개 나라에 6,000개 이상의 매장을 갖추면서 빠르게 패션 사업의 국제적 리더가 되었다.

행운의 여신이 미소를 지었다. 부부는 세계 최고의 갑부가 되었다.

로살리아 메라에게 돈은 삶의 유일한 목적이 아니었기 때문에 그녀는 두 아이, 특히 지체장애가 있는 아들 마르코스에게 전념했다. 결혼한 지 20년이 지난 1986년, 그녀는 이혼과 동시에 회사 지분을 몇 퍼센트만 유지한 채 경영에서 물러났다. 자산 규모가 40억 유로 이상으로 추산되는 에스파냐 최고 갑부 로살리아는 다른 쪽으로 눈을 돌린다.

로살리아는 심리치료학을 시작으로 못 다한 학업을 잇는 데 열정을 쏟았다. 그리고 사람들이 더 잘 살도록 도울 수 있다고 확신한 그녀는 모든 이에게 사회적 책임과 참여를 호소했다. 또 어렵게 살았던 유년 시절을 잊지 않고 약자

재산은 다른 이들을 위해 봉사하는 데 써야 하는 것이다. 거울에 비친 모습이 부끄럽지 않으려면.

를 위해 재산을 쓰기로 결정했다.

　그녀는 장애인의 치료와 활동을 돕는 비영리재단 '파이데이아 갈리사^{Paideia Galiza}'를 만들었다. 이 재단 덕분에 수많은 어린 장애아들이 교육을 받고 일자리를 찾았다. 이어서 정보통신과 미디어 같은 신기술 중심의 비즈니스 창업 보육 센터를 설립하고 예술 창작, 특히 음악 창작을 장려했다. 재단의 스튜디오에는 합창, 갈리시아 민속음악, 재즈를 녹음한 음반이 백여 개가 있다. 재단은 협회를 통해 청소년을 지원하고 있으며 특히 경제적으로 어려운 젊은이들이 대학에 갈 수 있도록 장학금을 주고 있다. 뿐만 아니라 모든 신청자에게 무료 정보와 법률 지원 서비스도 제공한다.

　소신이 뚜렷한 여성 억만장자 로살리아 메라는 진보 성향의 '주변인'을 자처했다. 그녀는 아동 복지와 교육, 공공의료 부문의 예산 축소 및 폐지에 반대하는 입장을 표명했으며, 부정부패를 규탄했다. 2011년 봄, 젊은이 수천 명이 거리로 나와 진정한 민주주의를 외쳤다. '분노한 사람들'이란 이름을 얻게 된 젊은이들은 에스파냐 정부의 긴축 정책과 빈부 격차에 항의하며 부패 척결을 요구하는 시위를 벌였다. 로살리아가 이 저항운동을 지지한 것은 당연하다. 2013년에는 낙태가 가능하도록 개정한 법령을 유지해야 한다고 강력하게 주장했다.

　사업가지만 인정이 넘쳤고, 억만장자면서도 명품보다는 검소하게 자라의 옷을 입는 걸 좋아하던 자선사업가 로살리아는 뇌출혈로 쓰러져 2013년 8월 15일, 예순아홉 나이로 생을 마감했다. //////////////////////////

시몬 베이 Simone Veil　　　　　1979

ELLE A OSÉ　유럽을 통솔하다

//

나치가 그녀의 젊은 시절과 수백만의 목숨을 앗아갔기 때문에 시몬 베이는 세계의 평화와 자유가 유지되길 원했다. 그녀는 자서전 『삶Une vie』에 이렇게 썼다. '신자든 비신자든 전 대륙에서 온 이들이여, 우리는 모두 같은 행성의 인류 공동체에 속해 있다. 인류 공동체를 위협하는 자연의 힘뿐만 아니라 인간의 광기도 경계하고 방어해야 한다.'

시몬 베이가 프랑스인들로부터 가장 존경받는 여성 정치인이 된 것은 그녀가 진지하게, 자신의 모든 것을 쏟아 현실에 참여했기 때문이다.

1927년 7월 13일 니스에서 태어난 시몬 자콥은 유대교 평신도 집안의 개방적이고 교양 있는 환경에서 성장했다. 아버지는 건축가였고, 어머니는 화학자였으나 세 딸 마들렌, 드니즈, 시몬과 아들 장을 키우기 위해 연구를 중단했다.

1940년 7월, 프랑스 국회로부터 전권을 받은 페탱 원수*는 비시를 수도로 하여 친독 비시 정부를 수립했다. 1943년 9월, 오스트리아 출신의 나치 친위대원 알로이스 브룬너는 프랑스 남부에서 수많은 유대인들을 수용소로 보냈다.

시몬은 열일곱 살이 되던 해, 1944년 3월 29일 바칼로레아에 합격했다. 하지만 그 이튿날, 게슈타포에 체포되어 가족과 함께 수용소로 끌려갔다. 리투아니아로 압송된 아버지와 오빠는 그 뒤로 다시는 보지 못했다. 어머니와 큰언니 마들렌과 시몬은 드랑시를 경유해 아우슈비츠 강제수용소에 억류되었다. 작은언니 드니즈는 레지스탕스로 활동하다 체포되어 같은 해, 라벤스브뤼크 강제수용소로 압송되었다.

수용소에서 공포의 시간을 보낸 지 몇 달 후, 7월에 연합군이 진격해오자 독일군은 수감자들에게 '죽음의 행진'을 시키면서 긴급히 다른 수용소로 이송했다. 시몬의 어머니는 1945년 3월 티푸스로 사망했고, 언니 마들렌은 영국군이 도착한 4월 15일이 되어서야 구출되었다.

프랑스로 돌아온 시몬과 마들렌은 드니즈를 만났다. 가족 중 세 자매만 생

//

'성향의 차이가 어떠하든, 우리는 인류의 공동 유산과 인간의 기본적 가치를 존중하는 공동체를 실현하려는 의지를 공유하고 있습니다. 우리의 임기가 끝났을 때 유럽을 진보시켰다는 걸 느낄 수 있을 겁니다. 무엇보다 유럽의회는 유럽인들뿐만 아니라 평화와 자유를 위해 헌신한 세계 모든 이들의 기대에 부응할 것입니다.' 유럽의회 초대 의장에 선출된 시몬 베이는 1979년 7월 17일, 이 말을 끝으로 취임사를 마쳤다.

//

≪ 시몬 베이, 유세 중,
1979. 9. 20.

존한 것이다. 시몬은 파리 정치 대학에서 법학과 정치를 공부할 때 만난 앙투안 베이와 1946년에 결혼해 아들 셋을 낳았다.

법무부 법관 시절, 시몬 베이는 형무 행정을 맡았고, 7년간 수감자들 특히 여성 수감자들의 비참한 생활환경을 개선하기 위해 최선을 다했다.

또한 알제리 전쟁 동안에는

△ 시몬 베이, 유럽의회 의장으로
선출된 뒤, 1979.

온갖 부당한 대우를 받고 있는 여성 수감자들을 프랑스로 데려오는 일에도 앞장섰다.

1969년, 시몬은 용단을 내리고 법무 장관실에 합류하여 정치에 입문했다. 이듬해에는 여성 최초로 사법관 최고회의 사무총장이 되었다.

1974년 자크 시라크 정부의 보건부 장관이 된 시몬은 소신을 가지고 낙태 합법화 법안을 의회에 제출했다. 490명 의원 중 여성 의원이 네 명에 불과했던 국회에서 격한 공격을 받았지만 시몬은 굴하지 않았다. 1974년 11월 29일 마침내 법안이 채택되었고, 1975년 1월 17일 낙태를 합법화하는 법률이 제정되었다.

유럽의회는 1979년 직선제로 바뀌면서 처음으로 보통선거를 통해 의원을 선출하는 선거를 실시했다. 시몬 베이는 지스카르 데스탱 대통령이 주도하는 프랑스 민주연합당의 명단 맨 위에 올라 있었다. 의장직 후보로 지명된 시몬은 2차 투표에서 선출되었다. 최초로 여성이 의장직을 맡아 스트라스부르에 소재하는 유럽의회의 의사 진행과 활동을 총괄하게 된 것이다. 시몬 베이는 유럽 회원국의 확대와 유럽인들의 사회보장 개선을 위해 활동하며 강한 유럽을 만들기에 앞장섰다. 1982년 의장 임기가 끝나자, 그녀는 법률위원회 의장을 맡아 유럽의회 의원으로 활동하다 1993년 에두아르 발라뒤르 총리의 요청으로 입각했다.

시몬 베이는 1998년부터 2007년까지 헌법재판소에서 활동했고, 2007년에 자서전 『삶』을 펴냈다. 2008년에는 다른 분야의 선거가 그녀를 기다리고 있었다. 시몬은 2010년 3월 18일, 프랑세즈 아카데미 회원으로 선출되었다.

'78651'(아우슈비츠 수용소 등록번호), '자유-평등-박애'(프랑스 공화국의 이념), '다양성 속의 통일'(유엔의 슬로건). 이것은 우리가 그녀에게 진 빚을 상기시키는 번호와 말들이다. 우리의 정신에 영원히 새겨지도록 앞으로도 함께 전진해나가야 한다.

2017년 6월 30일, 시몬 베이가 사망했을 때 누구 할 것 없이 애도했고, 프랑스는 국립묘지 팡테옹의 문을 활짝 열었다. 그녀는 조국의 보호를 받으며 남편과 함께 영원히 잠들어 있다. //////////////////////////

---

*   프랑스의 군인·정치가. 전쟁 영웅이었으나, 전후 나치 부역을 이유로 사형을 선고받았다.

비그디스 핀보가도티르
Vigdìs Finnbogadòttir   1980

ELLE A OSÉ   세계 최초로 여성 대통령이 되다

△ 비그디스 핀보가도티르,
아이슬란드공화국 대통령,
1983.

예술과 문화에 열정적인 연극 연출가이자 이혼 후 홀로 딸을 키우던 여성이 직접선거로 공화국 대통령에 선출되다니, 북유럽 역사상 최초였다!

아이슬란드는 1980년 세계 최초로 민주적인 직접선거로 여성 대통령을 선출했다. 비그디스 핀보가도티르는 1980년에 이어 1984년, 1988년, 마지막으로 1992년까지 4선 연임했다.

유럽에서는 여성들의 환경이 끊임없이 진화하고 있다. 여성들이 권리 향상을 위해 수세기에 걸쳐 결집하면서 인내심 있게 투쟁한 결과다. 유럽에서는 북유럽 국가들이 가장 평등한 사회를 지향하고 있다. 그중에서도 아이슬란드는, 아직 완벽하다고 할 수는 없지만, 평등에 대해서는 세계 최고 수준이다. 그린란드와 노르웨이 사이에 위치한 이 화산섬 국가의 여성은 세계 어느 곳의 여성들보다 덜 어려움을 겪고 있다.

비그디스가 권력을 잡을 수 있었던 결정적 요인은 1975년 10월 24일에 일어난 여성 총파업이었다. 이날 아이슬란드 여성 90퍼센트가 거리로 나가 여성의 권리를 얻기 위해 시위를 벌이고 집회를 열었는데, 아이슬란드 역사상 최대 규모의 집회였다. 여성 직장인들이 출근하지 않았을 뿐만 아니라 가정주부들도 육아와 가사 노동을 손에서 놓았다. 시위 행렬 속에 비그디스 핀보가도티르가 있었고 그녀는 외쳤다. '오늘 우리는 여성해방을 위한 큰 걸음을 내

디뎠다. 나라가 마비되자, 이제야 남성들이 눈을 떴다.'

이로부터 5년 후, 쉰 살의 비그디스가 대통령 선거에 출마한다. 여성 총파업이 있었기에 가능한 일이었다.

1930년 레이캬비크에서 태어난 비그디스는 지성적이고 유복한 환경에서 자랐다. 엔지니어인 아버지는 대학 교수였고, 어머니는 아이슬란드 간호사협회 회장이었다. 비그디스는 프랑스로 유학을 떠나 그르노블과 파리에서 프랑스 문학을 공부한 데 이어 덴마크 코펜하겐에서 연극학, 그리고 스웨덴 웁살라에서 교육학을 전공했다. 그 후, 고향에서 프랑스어와 희곡을 가르쳤다. 1972년에서 1980년까지, 레이캬비크 극장에서 연출가로 활동함과 동시에 텔레비전 문화 프로그램을 방송하면서 대중에게 알려졌다.

1980년, 비그디스는 국가원수와 행정부 수반의 역할이 분리된 의원 내각제의 대통령으로 선출되었다. 1996년까지 네 번이나 대통령직을 연임한 비그디스는 임기 종료와 함께 물러났다. 그녀는 1998년 유네스코 친선 대사로 임명되어 특히 여성 인권과 생태 및 교육에 관련한 국제 협력 강화에 힘 쏟고 있다.

/////////////////////////////

풀란 데비 Phoolan Devi　　　　　1981

ELLE A OSÉ 관습과 억압에 저항하다

//

인도의 하층 계급 여성이 과연 그 사회적 신분에서 벗어날 수 있을까?

　풀란 데비의 삶은 투쟁의 한계를 보여주었다. 살인, 강도 혐의로 복역 후 국회의원으로 당선되기까지 비참한 신분에서 벗어나기 위해 모든 걸 했던 풀란은 끝내 괴한의 총격을 받고 사망했다.

　이토록 치욕을 당한 여성이 또 있을까. 열한 살 때부터 강간을 당하고, 가정과 고위층, 상층계급의 남자들에게 성적 노리개로 취급된 여성, 이렇게 수모를 당한 여성의 저항을 어떻게 이해하지 않을 수 있을까?

　전통의 무게에 짓눌린 그녀에게 범죄만이 유일한 생존 수단이었을지도 모른다. 풀란은 사회에 진 빚을 갚은 뒤, 약자인 여성과 가난한 이들을 보호하기 위해 발 벗고 나섰다. 인도에서 중요한 자리를 차지하는 여성이 전혀 없었던 건 아니지만, 여성의 사회적 신분은 처참했다. 1966년 인디라 간디가 인도 최초의 여성 총리가 되었을 때, 풀란 데비는 세 살이었고, 젊은 여성들의 운명은 아직 개선되지 않은 상태였다.

　여아 낙태와 살해, 소녀들의 결혼, 지참금 부족으로 인한 여성 살해, 남편을 따라 목숨을 끊는 사티 풍습, 강간, 집단 성폭행 등 인도 여성들은 여전히 큰 고통과 차별을 받고 있었다. 인도 정부가 나서서 조치를 취하기 시작했으나 당연히 쉽지 않았다.

　풀란 데비는 나름의 방식으로 사람들의 정신을 변화시켰다. 1963년 8월 10일 인도 북부, 하층민 집단 거주지인 우타르프라데시주의 작은 마을에서 천민 계급에 속하는 가난한 어부의 딸로 태어났다.

　궁핍한 생활 때문에 아버지는 풀란이 열한 살 때, 나이가 세 배나 많은 남자에게 시집을 보냈다. 남편의 잦은 폭력과 학대를 견디다 못한 어린 풀란은 여러 번 가출했고, 그때마다 부모의 집으로 갔지만 남편에게서 도망쳐 나왔다는 이유로 매번 쫓겨났다. 인도 전통에 따르면 결혼한 여자가 친정으로 돌아오는

것은 집안의 수치이므로 차라리 우물에 빠져 죽어야 했다. 하지만 풀란은 복종하지 않았다. 농사를 지어 먹고 사는 가난한 지역에서는 땅이 아주 비쌌다. 그녀는 사촌이 아버지에게서 빼앗아간 땅을 돌려받기 위해 싸움을 벌였다. 그러자 사촌은 풀란을 감옥에 보내버렸고, 그곳에서 그녀는 또 성폭행을 당했다. 풀란이 감옥에서 나오자 사촌은 산적들을 고용해 그녀를 납치하도록 시켰다. 산적 무리는 상위 계급인 타쿠르 성을 가진 이들과 하위 계급인 말라 성을 가진 이들로 이뤄져 있었다. 타쿠르 두목이 풀란을 노예로 삼자, 부두목 비크람이 두목을 죽이고 풀란을 정부로 삼았다. 비크람은 산적이 알아야 할 모든 것을 풀란에게 가르쳤다. 그들은 함께 부자들의 돈을 강탈하고, 여자를 강간한 자들, 어린 여자를 아내로 삼은 자들을 공격했다. 풀란은 남편을 찾아가서 칼로 배를 찌르고, 마을 사람들에게도 소녀들을 건드리지 말라고 경고했다. 그러던 중 라이벌 산적들이 비크람을 살해하고 풀란을 납치한다. 산적들은 그녀를 가둬놓고 3주 동안 능욕했다. 가까스로 탈출한 풀란은 사랑하는 남자의 복수를 하겠다는 일념으로 두목이 되어 비크람 수하의 산적들을 이끌었다. 1981년 2월, 그녀는 비크람을 죽이고 자신을 능욕한 살인자들의 마을, 베흐마이에 갔다. 살인자들을 찾지 못하자, 풀란은 천민 계급에게 폭력을 휘두른 라지푸트족 남자들을 모아놓고 처형했다.

296

끔찍한 범죄 행위에도 불구하고, 풀란은 억압받는 이들로부터 '아름다운 도둑'이란 별칭을 얻었다. 그녀가 부자에게서 빼앗아 가난한 사람들에게 나눠주는 의적 역할을 했기 때문이다. 경찰이 2년 동안 혈안이 되어 그녀를 잡으러 다녔지만 허사였다. 1983년 2월, 지치고 병들면서 궁지에 몰린 풀란은 결국 협상 조건을 제시했다. 사형 선고는 없어야 하고 수하의 산적들을 8년 이상 수감하지 말 것. 정부는 그녀가 내건 조건을 받아들였다. 풀란 데비는 11년을 감옥에서 보내다 1994년 보석으로 석방되었다. 이후 풀란은 가난한 여성들의 해방을 위한 사회운동가로 활발히 활동했다. 이번에는 다른 형태의 투쟁이었다. 무기를 들지도 폭력을 행사하지도 않았다. 감옥을 나온 지 불과 2년 만인 1996년 사마즈와디당(우타르프라데시주의 사회당)에 입당해 국회의원으로 선출된 것이다.

2001년 7월 25일, 그녀가 국회를 나와 집으로 돌아갈 때, 뉴델리의 자택 앞에는 남자 세 명이 그녀를 기다리고 있었다. 타쿠르 산적들이 베흐마이 마을의 사망자들에 대한 복수를 하러 온 것이었다. 세르 싱 라나가 그녀에게 다가와 총을 쐈다. 그는 며칠 후, 경찰에 체포되었고 종신형을 받았지만 3년 후 별 어려움 없이 탈옥했다.

불가촉천민으로서는 최초로 대통령으로 당선된 코체릴 라만 나라야난은 풀란 데비에 대해 이렇게 표현했다. '그녀의 삶은 억압과 착취에 대한 성공적인 저항과 도전의 이야기다.' ////////////////////////

나왈 엘 무타와켈 Nawal El Moutawakel　　　1984

ELLE A OSÉ

아프리카에서 태어난 무슬림 육상 선수로는
올림픽 사상 최초로 금메달을 획득하다

⌃ 금메달 우승자, 나왈 엘
　무타와켈, 올림픽 스타디움,
　1984. 8.

1984년 로스앤젤레스 올림픽 여자 허들 종목에서 금메달을
획득한 나왈 엘 무타와켈은 특히 여성 스포츠 발전에 기여한
여성이다.

　　올림픽 금메달리스트에서 모로코 체육부 장관에 이어 국
제올림픽위원회 위원이 되기까지, 그녀의 여정은 아랍의 모
든 무슬림들에게 귀감이 되고 있다.

　　나왈 엘 무타와켈은 1962년 4월 15일 모로코 카사블랑카
에서 태어났다. 은행원이었던 아버지는 딸이 운동에 소질이
있는 걸 알아차리고 육상 선수가 되도록 적극 지원해주었다.

　　열여섯 살이 된 나왈은 카사블랑카 공원에서 훈련하면서 그 도시의 프랑스
학교 아랍어 교사 장 프랑수아 코컹을 만났다. 스포츠 애호가인 장 프랑수아
는 이미 프랑스에 스포츠 클럽 두 개를 설립한 사람이었다. 그는 곧바로 나왈
의 코치가 되었고, 먼저 100미터와 200미터 달리기를 훈련시키다 나왈에게
400미터 허들 경기를 시켜봤다.

　　그 선택은 적중했다. 1977년과 1978년, 나왈은 모로코 육상 대회에서 100미
터와 200미터 달리기 그리고 400미터 허들에서 우승한 데 이어 1982년 카이로
에서 열린 아프리카 육상 대회에서도 400미터 허들 종목에서 챔피언이 되었다.
그리고 1983년 카사블랑카에서 개최된 지중해 대회에서도 400미터 허들에서
우승했다. 이듬해, 미국으로 가서 아이오와 주립 대학교에 입학해 육상 팀의 일

원이 되었고, 스포츠 교사 수업을 받았다.

　1984년 8월 8일, 나왈은 로스앤젤레스에서 모로코팀에 합류해 400미터 허들 경기에 나섰다. 한 번의 부정 출발 이후, 선수들이 달려가면서 허들을 넘기 시작했다. 제일 먼저 결승선을 통과한 선수는 붉은 팬츠에 초록색 운동 셔츠를 착용한 나왈이었다. 올림픽대회에서 아프리카 출신의 무슬림 육상 선수로는 최초로 금메달리스트가 된 것이다. 나왈은 스물두 살의 운동선수로서 아프리카 여성의 지위 향상에 큰 기여를 했다.

　경기장을 떠난 뒤에도 변함없이 스포츠에 열정을 쏟은 나왈은 스포츠 정책에서 특히 여성을 위해 활발하게 활동한다. 대다수가 남성인 위원회보다는 경기장에서 역량을 발휘하고 있다.

　또 그녀는 모로코에서 중요한 직책을 맡고 있다. 육상 연맹 부회장, 청소년 체육부 차관에 이어 청소년 체육부 장관이 되었다. 국제적으로는 1998년부터 국제올림픽위원회 위원으로 활동하다 2012년 7월에 부위원장으로 선출되었다. 아랍 및 아프리카, 무슬림 국가 출신의 여성으로는 최초로 국제올림픽위원회 부위원장이란 직책을 맡은 것이다. ////////////////////////

베나지르 부토 Benazir Bhutto   1988

ELLE A OSÉ   이슬람 국가 최초의 여성 총리가 되다

>> 베나지르 부토, 1980,
파키스탄.

영국의 철수와 인도의 독립이 결정된 1947년, 마하트마 간디의 무저항주의
운동에 반대하는, 무슬림 연맹의 지도자 무하마드 알리 진나는 힌두권과 이슬
람권의 분리 독립을 주장했다. 그렇게 해서 같은 해, '청정한 나라'를 뜻하는
파키스탄이 건국되었다. 산과 건조한 고원, 비옥한 평원의 나라 파키스탄은
여러 주변국들에 둘러싸여 있어 안정을 찾기 힘들었다. 이란, 아프가니스탄,
중화인민공화국, 인도와 공존하는 것은 쉽지 않았다.

    파키스탄은 군사정권 수립 이후 인도와의 전쟁, 부패, 쿠데타, 정권 이양,
망명, 암살 등 심각한 정국 불안이 계속되고 있었다. 이런 상황에서 베나지
르 부토는 1988년부터 1990년까지, 1993년에서 1996년까지 두 차례나 총
리직에 올랐다. 만약 2007년 국회의원 선거 유세 중 피살되지 않았다면 그녀
는 당선됐을 것이다. 파키스탄 건국의 아버지로 불리는 무하마드 알리 진나는
1947년부터 여성에게 참정권과 군 입대를 허용했다. 알리 진나는 파키스탄
의 전통적인 가부장 사회를 바꾸고 싶었다. 그러나 높은 지위에 오를 수 있는
여성은 좋은 교육을 받도록 지원해줄 능력이 있는 상류층 '아무개의 딸'이나

'아무개의 아내'였던 것이 사실이다.

베나지르 부토는 파키스탄의 전 대통령(1971-1973)이자 총리(1973-1977)를 지낸 줄피카르 알리 부토의 장녀로 1953년 6월 12일 카라치에서 태어났다. 파키스탄에 있는 기독교 기숙학교를 다니다 열여섯 살 때 유학을 떠나 미국 하버드 대학과 영국 옥스퍼드 대학에서 철학, 정치학, 경제학을 전공했다.

1977년 그녀가 귀국한 뒤로 비극적인 일이 연달아 일어난다. 부정행위 혐의를 받은 아버지가 무하마드 지아 울 하크 장군이 주도하는 군사 쿠데타로 총리직에서 해임된 것이다. 사형선고를 받은 알리 부토는 1979년 4월 처형되었다. 측근들과 함께 가택 구금되어 있던 베나지르는 건강상 이유로 1984년 영국으로 망명했다. 1년 후, 남동생은 프랑스에서 의문의 죽음을 당했다. 그런 그녀의 인생에 마침내 행복한 일이 일어난다. 망명 생활을 접고 귀국한 지 5개월 후인 1987년 12월 18일, 그녀는 카라치에서 지지자 2만 명이 지켜보는 가운데 아시프 알리 자르다리와 결혼식을 올렸다. 부부는 자녀 셋을 두었다.

베나지르 부토는 비극적으로 사망한 아버지가 창당한 '파키스탄 인민당'의 당수가 되었고, 반정부 시위를 벌였다. 1988년 군사정권을 수립한 지아 울 하크 장군이 비행기 사고로 사망하자, 새로 총선이 열렸고 부토가 이끄는 파키스탄 인민당이 압승을 거두었다. 이로써 베나지르 부토는 연방 공화제의 주도권을 잡고 파키스탄을 통치하게 된다. 그녀는 서른다섯 살에 이슬람 국가에서 민선으로 선출된 최초의 여성 총리로 전 세계에 이름을 알렸다.

1990년 8월, 굴람 이샤크 칸 대통령과 정치적 갈등을 빚으면서 그녀는 아버지와 마찬가지로 총리직에서 해임되었다. 파키스탄 군사 독재 문화를 청산하기 위해 민주화 개혁 정책을 시도했으나 야당과 군부의 견제로 좌절된 데다 남편과 함께 부정부패와 권력 남용으로 기소된 것이다. 1991년 총선에서 파키스탄 인민당은 패배했다. 베나지르는 혐의를 벗었지만, 남편은 수감되어

인생보다는 숙명을 택한 베나지르 부토, 자신이 태어나는 걸 지켜본 조국, 파키스탄의 역사에 족적을 남기고 그 땅에서 테러로 생을 마감하다.

1993년 그녀가 정권을 다시 잡을 때까지 감옥에 있었다. 부토의 후임 총리인 나와즈 샤리프 역시 해임되었다. 그해, 베나지르 부토와 인민당은 다시 총선에서 승리했고, 그녀는 두 번째로 총리가 됐다. 그러나 시나리오는 반복되었다. 1996년 이번에도 부패가 문제가 되어 총리직에서 쫓겨났다. 남편이 특혜 대출을 비롯한 각종 이권에 개입하면서 뒷돈으로 10퍼센트를 받은 혐의로 또다시 수감되었기 때문이다. '미스터 10퍼센트'로 불린 부토의 남편은 2004년까지 복역한다.

베나지르는 망명을 택했다. 그녀는 두바이와 런던에서 8년을 살았다. 파키스탄 라호르의 법원에서 유죄판결을 받았던 베나지르는 스위스 법정에서도 돈세탁 혐의에 대한 답변을 해야 했다. 그렇지만 새 군사정권의 대통령이 된 페르베즈 무샤라프가 베나지르를 사면해주고 귀국을 승인했다.

2007년 10월 18일, 수많은 사람들이 베나지르 부토의 귀국을 반기며 환호했다. 그녀야말로 종교적 극단주의를 제압하고 나라를 진정시킬 수 있는 적임자라고 본 것이다. 그래서 그녀는 한 번 더 총선에 나가기로 결정하고 유세에 나섰다. 하지만 2007년 12월 27일, 마지막으로 운명을 걸고 유세에 나섰다가 테러로 피살되었다.

2008년 베나지르 부토는 사후에 유엔 인권상을 수상했다.

//////////////////////////

메르세데스 소사 Mercedes Sosa   1990

ELLE A OSÉ   라틴아메리카 희망의 전령사가 되다

△ 메르세데스 소사, 무대 뒤에서,
1975. 2. 24. 파리.

〈생에 감사하며Gracias a la vida〉는 인디오 출신 아르헨티나 가수, 메르세데스 소사의 상징적인 노래 제목 중 하나다. 소사는 일생을 노래에 바치고 라틴아메리카의 침묵하는 이들에게 바쳤다. 에스파냐 정복자들에게 짓밟힌 콜럼버스 이전의 원주민들에서부터 15세기에서 20세기까지의 식민지 거주자들에 이르기까지, 모든 이들에게!

메르세데스 소사는, 콘키스타도르(에스파냐 정복자들)의 학살을 피해 고향 땅을 떠난 소수민족 디아기타족 사람이다. 대초원 팜파스의 인디오들은, 유럽인들을 이주시켜서 땅을 빼앗고 백인들의 세상으로 만들려는 자들에게 짓밟혔다.

백인도 유럽인도 아닌 메르세데스는 머리 색깔이 칠흑 같아 '라 네그라La negra'라고 불렸다. 그녀는 아르헨티나와 라틴아메리카 그리고 전 세계를 향해 정의를 부르짖었다.

1935년 7월 9일, 아르헨티나 북부에서 가장 중요한 도시, 투쿠만주의 산미겔에서 인디오의 딸로 태어났다. 설탕 공장의 노동자인 아버지와 세탁부로 일하는 어머니, 네 형제자매들과 행복한 어린 시절을 보낸 메르세데스는 어릴 적부터 노래를 곧잘 불렀고, 이웃집의 라디오에서 흘러나오는 노래를 외워서 따라 부르곤 했다. 전통음악과 민속음악에 대해서는 타고난 감각이 있었다.

1950년, 열다섯 살 때 지방 라디오 방송국이 주최하는 노래 경연 대회에 참가해 〈내가 슬플 때Cuando Estoy Triste〉를 불러서 우승했는데, 이때 이미 따뜻하면서 우수 어린 음색으로 청중을 매료시켰다. 이를 계기로 방송국과 두 달간 계약을 맺고 노래를 부르다 가수를 직업으로 삼았다. 또 페론을 지지하는 부모의 요청에 따라 처음으로 정치 모임의 무대에 선다.

아르헨티나의 민속음악을 대중음악으로 발전시키고 싶었던 메르세데스는 아타우알파 유팡키*를 비롯한 다른 음악가들과 함께 누에바 칸시온†, 즉 '새로운 노래' 운동을 시작했다. 그리고 아르헨티나 민요 앨범 「밑바닥을 위한 노래들Canciones con Fundamento」을 녹음하고 성공을 거두었다. 1969년 그녀의 노래 〈모두를 위한 노래Canción con Todos〉는 라틴아메리카 전체의 찬가가 되었다. '모두의 목소리, 모두의 손, 모두의 피는 바람 속에서 노래가 되리, 아메리카의 형제여, 나와 함께 노래하자, 너의 외침 속에 희망을 실어 보내라.'

좌파 성향의 운동가였던 메르세데스 소사는 1976년 3월 24일 쿠데타로 권력을 잡은 군사정권의 블랙리스트에 올랐다. 그녀의 음악과 앨범은 금지되었고, 1979년 라플라타에서 공연 도중 모든 청중과 함께 체포되었다.

모두의 노래가
바로 그 노래이고,
모두의 노래가
바로 내 노래라네,
생에 감사하며.

비델라 장군‡에 의해 추방된 메르세데스는 파리에 이어 마드리드에서 살았다. 그토록 사랑하는 조국을 떠나 먼 이국땅에서 그녀는 이렇게 말했다. '나는 추방된 것도 아니고 망명한 것도 아니다. 문제는 그들이 내가 노래를 부르게 내버려두지 않는다는 점이다. 내 노래는 금지되었다.' 그녀는 유럽의 청중에게도 존재감을 뽐내면서 국제적인 명성을 얻게 되었다.

군사정권이 붕괴되기 몇 달 전인 1982년 2월, 메르세데스는 테아트로 오페라 극장에서 공연하기 위해 부에노스아이레스로 돌아갔다. 여러 아티스트들과 함께 그녀는 노래했다. 〈나는 빵이고, 나는 평화다, 그 이상이다Soy pan, soy paz, soy mas〉, 〈공화국의 땅에서Al jardin de la republica〉, 〈생에 감사하며〉.

영국과 아르헨티나 간의 영유권 분쟁으로 인한 포클랜드 전쟁에서 군사정권이 패하면서 민주 정권이 들어선 뒤, 1983년 메르세데스는 귀국했다. 그녀의 노래는 아르헨티나의 새 대통령 라울 알폰신의 민주정치에 부합했다. 같은 해, 「자유로운 새처럼Como un pájaro libre」이라는 상징적인 제목의 앨범을 내놓았다. '라틴 아메리카의 목소리' 메르세데스 소사는 세계 여러 나라의 무대에서 공연했다. 뉴욕의 링컨 센터와 카네기홀, 파리의 모가도르 극장, 로마의 콜로세움, 암스테르담의 콘세르트헤바우, 바티칸의 시스티나 성당, 라틴아메리카의 각지.

또한 세계적인 아티스트들과 노래했다. 존 바에즈, 레이 찰스, 스팅, 샤키라, 치코 부아르케, 카에타노 벨로조, 밀톤 나시멘토, 그리고 안드레아 보첼리와 루치아노 파바로티와도!

2007년, 부에노스아이레스의 마요 광장에서 열린 크리스티나 페르난데스 대통령 당선 축하 공연에 주빈으로 참석한 메르세데스 소사는 자유를 위해 노래했다. 이듬해, 고향인 투쿠만주의 산 미겔에서는 라틴아메리카의 국가들, 남미 공동시장인 메르코수르 회원국들의 대통령들에게 경의를 표하는 특별 공연을 했다.

가난한 집의 낡은 벽에 서식하는 기생충이 유발하는 샤가스병에 걸린 메르세데스 소사는 2009년 9월 18일, 일흔넷의 나이로 부에노스아이레스에서 숨을 거두었다.

투쿠만주의 산 미겔에서 늘 빨간 판초를 입고 다니던 인디오 소녀는 자유의 노래로 전 세계를 정복했다. 라틴아메리카와 전 세계의 침묵하는 다수의 목소리가 되어주었고, 칠레의 민속음악 가수 비올레타 파라의 노래를 가장 잘 불렀던 메르세데스 소사는 이제 영원한 침묵에 들어갔다.

////////////////////////////

＊　아르헨티나의 음악가로, 주로 전통음악을 다뤘다.

†　Nueva Canción, 라틴아메리카의 사회참여적 음악 장르, 또는 그 운동을 말한다.

‡　아르헨티나의 군인·정치가. 1976년 쿠데타를 일으켜 페론 대통령을 몰아내고 군사정권을 세워 대통령이 되었다.

리고베르타 멘추 Rigoberta Menchù　　1992

ELLE A OSÉ

증언록으로 라틴아메리카 원주민의 참혹한 현실을 알리다

《 리고베르타 멘추, 1992.

1992년 노벨 평화상은 베네수엘라의 인류학자 엘리자베스 부르고스가 구술을 채록한 증언록 『나의 이름은 멘추』의 주인공인 마야-키체족의 젊은 인디오 여성에게 돌아갔다. 크리스토프 콜럼버스가 아메리카 대륙을 발견한 지 500년이 되는 해에 원주민 여성이 최초로 노벨 평화상을 받다니, 참으로 역설적이다!

　리고베르타 멘추는 1959년 과테말라의 가난한 마을 치멜에서 태어났다. 에스파냐 정복자들이 정복하기 전 그 지역에서 세력을 떨치던 과테말라 마야의 후손 키체족 혈통이었다. 코르테스 총독 수하의 무모한 지휘관, 페드로 데 알바라도는 1524년 과테말라의 수도를 불태워 마야족의 문화를 파괴했다. 오늘날, 과테말라 인구의 절반이 마야의 후손이지만 사회로부터 소외되어 있다.

리고베르타 멘추는 어릴 적부터, 인디오들이 다 그랬듯, 대농장에서 노동 착취를 당했다. 고되고 힘든 노동을 해야 했지만 식량은 턱없이 부족했다. 그녀의 동생을 비롯해 수많은 아이들이 굶어 죽었다.

1982년, 과테말라의 독재자 리오스 몬트의 군사정권은 대대적인 학살과 강제 이주를 전개했다. 학생과 농부 들, 좌파 성향의 사람들을 추방했는데, 압박과 박해의 우선 대상은 마야족과 원주민이었다. 리고베르타의 형제 중 한 명은 공개적으로 처형되었다. 그녀의 가족 모두가 군인들의 권력 남용을 규탄했다. 그녀의 아버지는 농민 통합 위원회를 설립했고, 리고베르타도 가입했다. 아버지는 농민 20명과 함께 산 채로 화형에 처해졌고, 어머니는 모진 고문을 받아야 했다. 군사정권 아래 20만 명에 가까운 목숨이 죽거나 실종되었다.

정부군의 초토화 작전으로 부모와 형제를 잃은 리고베르타는 고향을 떠나 수녀원에서 생활하며 에스파냐어를 배웠고, 이때부터 과테말라 인디오 원주민의 참혹한 현실을 알리기 시작했다. 1981년 멕시코로 망명한 뒤, 프랑스에 갔다가 인류학자 엘리자베스 부르고스를 만나 그녀와 함께 라틴아메리카 원주민들을 옹호하는 자서전을 쓰게 되었다.

1992년 10월 16일, 리고베르타 멘추는 서른세 살 나이에 '사회적 정의와 원주민의 인권 존중을 기반으로.하는 민족문화 간의 화합을 위해 노력한 공'을 인정받아 노벨 평화상을 수상했다.

리고베르타는 인권, 특히 인디오들의 인권을 위한 재단 설립에 노벨 평화상 상금을 기부했다.

『나의 이름은 멘추』, 이 증언록을 통해 그녀는 과테말라 인디오들의 참혹한 운명을 전 세계에 알렸다.

6

LE TEMPS DE L'ESPÉRANCE

희망의 시대

와리스 디리·루트 드라이푸스·시린 에바디·자하 하디드
미셸 오바마·노바 페리스·엘레나 페란테
말랄라 유사프자이·마리암 알만수리·파트마 사무라

와리스 디리 Waris Dirie   1999

ELLE A OSÉ   여성 할례 문제를 세계적인 인권 이슈로 이끌어내다

유엔에 따르면 적어도 여성 2억 명이 할례를 받았으며, 아프리카에서는 세 명 중 한 명이 할례를 받았다. 아프리카와 중동, 일부 아시아 29개국에서 매년 어린 소녀 300만 명이 성기를 절제당한다. 이 끔찍한 행위로 소녀들은 극심한 고통과 죽을 수도 있는 위험에 놓인다. 특히 소말리아는 여성 할례 비율이 98퍼센트로 가장 높은 나라다.

소말리아의 유목민 소녀에서 세계적인 슈퍼모델이 된 와리스 디리는 여성 할례 폐지 운동에 앞장서고 있다.

할례는 음핵의 일부나 전부 또는 소음순과 대음순을 잘라내는 행위로, 이는 명백한 인권 침해다. 남성 우월주의자들은 다음과 같은 이유를 들어 여성에게 행하는 야만적 악습을 정당화하고 있다. 음핵은 여성 신체의 남성적 요소이기 때문에 여성적 요소만 남도록 음핵을 제거해야 한다는 것, 그래야 여성의 성욕을 막을 수 있다는 것이다.

할례는 여성의 신체적·정신적 완전성에 대한 절대적인 공격이다. 성기 절제가 비위생적인 상태에서 시행될 경우에는 생명에 대한 공격이기도 하다.

여성에게만 적용되는 할례는 여성을 폄하하고 남성의 지배하에 두려는 행동이다. 할례를 하면 여성의 순결성을 보존할 수 있고, 오르가슴을 평생 느끼지 못하게 만들어야 여성의 '부정한' 성욕을 막을 수 있으며, 특히 질 입구의 축소로 인해 남성의 쾌락을 한층 더 증대시킬 수 있다고 여긴다. 사회적 규범이 변하기 전까지 이 악습은 계속될 것이다. 실제로 이런 남성 우월주의 사회에서는 할례를 하지 않으면 '좋은 결혼'이란 없다. 결혼 전에는 순결을 지키고 결혼 후에는 정조를 지킬 수 있도록 여성의 성욕을 막아준다고 생각하기 때문이다. 존경받는 아내가 되려면 반드시 할례를 받아야 한다. 바로 이런 이유로 어머니들이 딸에게 끔찍한 할례를 시키는 것이다.

전 세계에서 할례 행위를 반대하는 목소리가 높아지고 있다. 아프리카에서

>> 와리스 디리, 톱모델이자 유엔
특별 대사, 1998.

>> 와리스 디리, 마드리드, 2010.

상황이 바뀐 것은
고발했기 때문이다.
입을 다물고 있으면
그 상황은 영원히
계속될 것이다.

는 부르키나파소 출신의 정치인 토마스 상카라가 할례 근절 캠페인을 벌이면서 이렇게 말했다. '할례는 모든 여성이 남성의 소유물이기를 바라는 소유욕과 관련이 있다.'

　1965년 '아프리카의 뿔'이라 불리는 소말리아에서 태어난 와리스 디리는 다섯 살 때 전통에 따라 할례를 받았으며, 자매 중 한 명은 할례 후 사망했다.

　방목지에서 부모와 형제자매들과 함께 염소를 치며 자란 와리스는 열세 살 때 아버지가 낙타 몇 마리를 받고 60대 노인에게 시집보내려고 했을 때 집을 도망쳐 나온다. 와리스의 드라마틱한 삶은 이때부터 시작된다.

　남자들에 의해 결정되는 운명을 거부하기로 결심한 와리스는, 어머니의 격

려 속에 강한 의지력으로 도망칠 용기를 냈다. 소녀는 혼
자 사막을 걸어 언니와 이모가 사는 소말리아의 수도 모
가디슈에 갔고, 이모의 집안일을 거들어주며 살았다. 이
모부가 영국 주재 대사로 발령이 나자 런던으로 따라가
이모부 집의 가정부로 일했다. 소말리아 정부가 무너졌
을 때 대사는 귀국했지만, 그녀는 위험을 감수하고 영국
에 남기로 했다.

　신분증도 없고, 영어도 못 하는 염소치기 소녀는 주방
보조로 일하며 생활비를 벌었다. 그러던 어느 날, 와리스
가 패스트푸드점에서 일하고 있을 때, 그녀의 아름다운
얼굴과 늘씬한 몸매를 눈여겨본 이가 있었는데 그가 바
로 패션 사진작가 테렌스 도노반이었다. 그는 와리스를
1987년 피렐리 달력*의 표지 모델로 발탁했다. 이것을
시작으로 와리스는 인생 역전의 주인공이 된다. 몇 달 후
에는 제임스 본드 시리즈 〈007 리빙 데이라이트 The Living
Daylights〉에 단역으로 출연했다. 이후, 유명 브랜드 광고에 나온 최초의 흑인
여성이 되었고, 파리·런던·밀라노·뉴욕 등지의 패션쇼를 누비는 세계적인
톱모델이 된다.

　모델 일 외에도 자신의 삶과 투쟁을 담은 책 『사막의 꽃』을 1997년에 출간
해 국제적으로 성공을 거두었다. 와리스 자신의 할례 경험을 고백한 『사막의
꽃』은 2008년 영화로도 만들어졌고, 에티오피아 출신의 모델이자 배우인 리
야 케베데가 와리스 디리 역을 맡았다.

　이 고백 수기로 와리스는 유엔 사무총장 코피 아난으로부터 1999년 여성
인권 보호를 위한 '특별 대사'로 임명받았다. 그녀는 3년간 특별 대사직 임기

를 마친 뒤, 2003년부터 여성 할례 폐지를 목적으로 '사막의 꽃 재단'을 설립하고 인권 운동가로 활동하고 있다. 해마다 교육, 예방, 의료 지원과 관련해 도움을 요청하는 어린이들과 여성들의 편지 수천 통이 접수되고 있다. 와리스가 제시한 조건은 간단하다. 할례 시술을 받지 않은 소녀에게는 재단에서 학비를 지원해준다는 것이다.

관대함과 이타심을 발휘하는 숭고한 여성, 와리스 디리는 현재 폴란드에 살고 있으며, 슬하에 두 딸과 두 아들을 두었다.

여성들이여, 이제, 그녀를 본받아 여성 인권을 위해 당당히 목소리를 내자!

///////////////////////////////

＊ 이탈리아의 타이어 제조업체 피렐리에서 매년 최고의 사진작가와 모델을 기용해 제작하는 한정판 달력.

루트 드라이푸스 Ruth Dreifuss 　　1999

ELLE A OSÉ 스위스연방 최초의 여성 대통령이 되다

△ 루트 드라이푸스,
　 뉴욕 회담, 2014. 9.

스위스는 시민이 국민투표와 발의권을 통해 헌법 또는 법률 개정을 제기할 수 있는 민주국가로 알려져 있지만, 사실은 서유럽에서 가장 늦게 여성 투표권을 허용한 국가다.

1848년으로 돌아가보자. 최초의 헌법은 시민의 정치적 평등을 선언했다. 20년 후, 여성들은 투표권과 피선거권을 요구했으나 허사였다. 제1차 세계대전 동안 여러 분야에서 적극적으로 참여한 여성들이 1921년, 정당한 권리를 얻기 위해 다시 투표권을 요구했지만 또다시 허사로 끝났다. 1929년 스위스 여성참정권 협회는 연방 정부에 청원서를 제출했다. 남성 8만 명을 포함해 25만 명이 서명했음에도 청원서는 폐기되었다.

1930년대에 경제공황이 닥치자 여성들은 가정으로 돌아갔다. 제2차 세계대전 동안 그리고 전쟁 직후, 여성들은 또다시 투표권을 얻으려고 노력했지만 역시 성공하지 못했다. 1950년대, 경제가 급성장하지만 경제공황 때와 마찬가지로 여성들이 있어야 할 곳은 집이었다. 모든 시도가 실패로 끝나고, 연방 정부의 집행기관인 연방의회는 여성의 투표권 문제는 시기상조라는 답을 내놓았다.

1957년, 페미니스트 협회와 연방의회 간의 대결 이후, 연방의회는 마지못해 여성 투표권에 관한 법안을 상정했다. 1959년 2월 1일, 유권자 3분의 2가 여성 투표권 도입을 거부했다. 그렇지만 일부 프랑스어권 주들의 표결 결과는 긍정적이었다.

1968년, 스위스가 여성의 투표권과 피선거권을 제외하고 유럽 인권 협정에 조인하자, 페미니스트 협회는 전면에 나섰고, 베른에서 대대적인 시위운동을 주도했다. 사태가 커지자, 연방의회는 1970년, 여성 투표권 문제를 다음 해 의사일정에 다시 상정하지 않을 수 없었다.

의식이 바뀌면서 정당 전체가 여성 투표권을 지지했다. 1971년 2월 8일, 국민투표가 실시되었고, 1959년 투표와는 정반대의 결과가 나왔다. 찬성이 거의 66퍼센트에 가까웠다. 하지만 독일어권의 여섯 개 주는 여전히 거부했고, 1989년 아펜첼아우서로덴주가 마지막으로 여성 투표권을 허용했다.

아펜첼아우서로덴주가 여성 투표권을 찬성한 지 겨우 10년이 지나고서 루트 드라이푸스가 대통령으로 선출된 건 정말 대단하지 않을 수 없다.

루트는 1940년 1월, 독일어권 스위스의 장크트갈렌에서 태어났다. 제네바 주와 뇌샤텔주에서 여성 투표권이 부결된 해였다. 몇 년 후, 베른에 살던 루트의 가족은 프랑스어권인 제네바에서 살기로 결정했다. 루트 드라이푸스는 1958년 제네바에서 상업학교를 졸업했다.

부모는 그녀가 공부를 계속하기보다 직장에 들어가길 바랐다. 사회적 차별과 불평등에 관심을 갖게 된 루트는 사회복지사로 일하면서 정치적으로 좌파 성향을 갖게 되었다. 그녀는 직장 생활을 하면서 저녁에는 제네바 대학을 다녔고 경제학 학위를 받으면서 스위스연방 외무부의 개발협력청 보좌관으로 채용되어 1981년까지 근무했다.

1968년부터 1971년까지 여성들의 결집 덕분에 정치계와 노동조합들은 여성에게 약간 개방되었다. 1981년 루트는 스위스 노동조합 연맹의 사무총장이

세 번째 밀레니엄을 앞둔 1999년 12월에 선출된 스위스연방의 첫 여성 대통령. 당연한 것으로 보일 수 있지만 루트 드라이푸스가 대통령직에 이르기까지는 굉장히 멀고 험난한 길이었다!

되어 특히 산부인과 보험 창설, 노동법 및 국제노동기구에 관심을 기울였다.

1993년 3월 10일, 루트는 7인으로 구성되는 내각의 내무부 장관으로 선출되었고, 차츰 여성 장관이 등장하기 시작했다. 1984년 한 명, 1999년에는 두 명, 2008년에는 세 명으로 늘어났다.

루트 드라이푸스는 내무부 장관으로서 보건 위생, 사회보험, 여권신장 및 문화와 환경문제에 신경을 썼다. 임기가 끝날 때까지 책임진 모든 분야에 정성을 쏟았다. 2002년, 건강보험 및 노령 보험 개혁에 성공했고, 예방·치료 요법·생존 지원·억제, 네 가지를 기반으로 하는 새로운 약물 치료 정책에 전념했다.

1998년 루트 드라이푸스는 부통령으로 발탁되었다가 마침내 1999년 의회에서 헬베티카 연방(스위스의 정식 명칭) 최초의 여성 대통령으로 선출되었다.

스위스의 전통적인 슬로건은 '모두를 위한 하나, 하나를 위한 모두'이다. 그동안 '모두' 속에 여성은 없었던 걸까!

노동조합 운동으로 정치계에 들어온 루트 드라이푸스, 유럽 국가 중 가장 늦게 여성 참정권을 허용한 스위스의 첫 여성 대통령이 되다!

시린 에바디 Shirin Ebadi　　　　2003

ELLE A OSÉ　가부장제에 도전하다

///

>> 시린 에바디,
　　로스앤젤레스에서, 2006.

노벨 평화상은 '인류에 가장 큰 혜택을 가져다준' 인물의 헌신적인 노고를 인정해주는 상이다. 노벨 평화상 수상은 수상자의 인생을 바꾼다.

　이란 여성 시린 에바디는 2003년 이론의 여지없이 노벨 평화상 수상자로 선정되었다. 여성 인권과 억압받는 모든 이들의 인권 그리고 정의를 위해 투쟁한 공로였다. 그러나 이란 정부는 노벨 평화상을 수상한 시린 에바디의 입을 막기 위해 모든 조치를 취했다. 파면, 굴욕, 성희롱, 감옥, 배신 그리고 추방. 하지만 그녀의 목소리는 여전히 들려온다. 그녀가 이란 여성들의 대변인으로서 이란의 민주주의뿐만 아니라 인권을 수호하기 위해 계속 투쟁하고 있기 때문이다.

　시린은 1947년 6월 21일 이란 북부 도시 하마단에서 태어났다. 남자 형제와 동등한 권리를 가진 열린 환경에서 자랐으며, 법학자인 아버지는 자식들에게 고등교육을 시켰다. 시린은 열여덟 살 때 테헤란 대학에 들어가 법학을 전공한 뒤 사법고시에 합격했고, 1975년 여성 최초로 테헤란 지방법원장이 되었다.

　1979년, 이란 혁명으로 보수주의 종교인들의 권력이 커지면서 여성의 사회

진출이 퇴보한다. 이슬람 공화국의 최고 지도자 아야톨라 호메이니는 1979년 다음과 같이 선언했다. '버스에서 여성의 몸이 남성의 몸을 건드릴 때마다 동요가 일어나면 우리 혁명의 기조가 흔들리게 된다.' 따라서 여성은 판사직에 부적합하다는 이유로 시린 에바디는 다른 여성 법관들과 마찬가지로 법원장 직을 잃고 법원 서기로 강등되었다.

1992년 변호사가 된 시린은 가부장제로 인한 성차별로부터 여성의 인권을 수호하기 위해 가족법 개혁 운동에 나섰다. 그리고 10년 후, 국제연합 인권 최고 대표 사무소와 연계된 인권 보호 센터를 설립했다. 그러자 이란 정부는 인권 운동을 막기 위해 그녀를 감옥에 보냈다.

2003년 시린은 인권을 위해 헌신적으로 투쟁한 공로를 인정받아 무슬림 여성 최초로 노벨 평화상을 받았다. 하지만 노벨 평화상 수상으로 이란 권력층의 분노를 사게 되어 그녀는 모든 걸 잃었다. 2009년, 이란 정부는 급기야 노벨상 메달과 상장을 압수했다. 그녀는 망명을 택했고, 그 뒤로도 인권 운동을 계속하고 있다.

페르시아 역사에는 '키루스의 원통 비문'이 최초의 인권 선언문이라고 기록되어 있다. 그렇다면 모든 몽매한 것에 대한 저항의 상징인 시린 에바디의 목소리에 이란은 귀를 기울여야 하는 게 아닐는지. /////////////////////////////

자하 하디드 Zaha Hadid   2004

ELLE A OSÉ 프리츠커 건축상을 수상하다

>> 건축가 자하 하디드, 2003.

삶을 건축으로 만끽한 열정적 정신의 화신, 이라크 건축가 자하 하디드가 문화와 기술을 결합해 창조한 대담한 건축 작품들은 공간의 다양성과 아름다운 표현력으로 그 누구도 흉내 낼 수 없는 독창성을 지니고 있다.

전 세계가 이 비범한 건축가를 원했던 이유는 우아한 곡선과 파선, 형태의 순수성, 구조의 힘과 섬세함이 만들어낸 독창성과 현대성 때문이었다.

자하 하디드는 1950년 이라크의 바그다드에서 태어났다. 유복한 가정이었다. 아버지는 모술에서 기업을 경영하면서 진보적 자유주의 정치 운동을 주도했다. 예술가였던 어머니 덕분에 자하는 그림을 많이 접하며 성장했다.

자하와 남자 형제들은 유럽에서 공부했다. 자하는 1972년 런던의 권위 있는 AA스쿨에서 건축학을 전공했다. 학위를 받은 뒤 바로 렘 콜하스와 엘리아 젱겔리스 건축 사무소에서 실무를 익혔다.

1980년 런던에 자신의 이름을 건 건축 사무소를 열었고, 1982년 건축 공모전에서 우승한 뒤 국제적인 명성을 얻기 시작했다. 유럽과 아시아, 미국 등지에서 그녀가 설계한 건축물들을 볼 수 있다.

자하 하디드가 미국에 지은 첫 번째 건축물 '로젠탈 현대미술 센터'는 신시내티 도심에서 강렬한 인상을 내뿜는다. 아제르바이잔의 바쿠에 지은 '헤이다르 알리예프 문화센터'는 흘러내리는 듯 부드러운 곡선이 특징이다. 아랍에미리트 두바이에 지은 타워는 풀이 춤추듯 휘어져 있는 독특한 디자인이다.*

자하 하디드가 설계한 건축물은 시각적인 역동성과 함께 특유의 파격적인 공간 미학을 선보인다. 구조가 복잡한 형태임에도 벽과 바닥, 천장이 섞이고 확장되어 물이 흐르듯 유기적이다. 이것은 현대 기술과 재료가 조화를 이룬 결과다.

많은 상을 받은 뒤 2004년, 여성으로는 최초로 건축계의 노벨상이라 불리는 프리츠커상을 수상하는 영예를 안았다.

자하는 2016년 예순여섯 살 나이에 심장마비로 돌연 사망했다. 애석하게도 우리는 이제 의외의 이미지를 만들어내는 그녀의 새로운 창작품을 더는 볼 수 없게 되었다. ///////////////////////////

자하 하디드는 '해체주의'라 불리는 예술 운동에 속해 있는데, 이것은 시공자에게는 역설이 될 수 있다. 해체주의 건축은 사선이나 곡선으로 비틀어지고 휘어지고 겹쳐지는 비대칭성으로 현대 세계의 불확실성을 표현하는 미학이기 때문이다.

---

* '환유의 풍경'을 주제로 한, 3차원 비정형 건축물인 우리나라의 동대문 디자인 플라자도 그녀의 작품이다.

미셸 오바마 Michelle Obama　　　　　2008

ELLE A OSÉ

아프리카계 미국인 최초로
백악관의 퍼스트레이디가 되다

아니, 미셸 오바마는 미합중국 44대 대통령의 부인인 것만은 아니다!

시카고의 한 로펌에서 일할 때 인턴 변호사로 들어온 버락 오바마를 정계로 진출하도록 적극적으로 도운 사람이 바로 그녀다. 그것도 아주 성공적으로!

미셸의 기품, 대중 장악력, 공감 능력과 남편의 대통령 재임 성공은 떼어놓고 생각할 수 없다.

미셸 오바마가 가장 사랑받는 퍼스트레이디 중 한 사람인 것은 품위 있는 언행과 균형감 있는 행보, 대중을 사로잡는 소통 능력 덕분이다. 그녀는 아내와 어머니의 롤모델로서 미국인들의 마음을 사로잡았다. 소탈하면서도 세련된 이미지를 가진 그녀는 유명 디자이너의 옷을 입든 수수한 기성복을 입든, 남다른 패션 감각으로 수백만 여성들에게 패션의 아이콘이 되었다.

미셸 라본 로빈슨은 1964년 1월 17일 일리노이주의 시카고 남부, 서민 동네에서 태어났다. 아버지는 시카고시의 상수도 펌프 기술자였고, 어머니는 잡지사에서 일하며 크레이그와 미셸 남매를 키웠다.

이 가족의 역사는 미국의 역사, 더 정확히는 노예제도의 역사와 깊이 관련되어 있다. 실제로, 캘리포니아 남부 헨리 실즈의 대농장에서 1844년에 태어난 여성 노예 멜비니아의 흔적을 찾을 수 있기 때문이다. 백인 농장주의 아들 중 한 명에게 강간당한 젊은 멜비니아는 혼혈아 돌퍼스 실즈를 낳았는데 그가 바로 미셸 라본의 어머니에게 고조부가 되는 인물이다. 1920년, 돌퍼스의 아들 로버트는 시카고에 정착했다. 미셸의 부계 쪽 가족은 해방된 노예의 후손이었다. 2008년 3월 18일, 필라델피아에서 미국 대통령 버락 오바마는 아내에 대해 이렇게 말했다. '노예의 피와 노예를 부리는 주인의 피가 모두 흐르는 흑인 여성과 결혼했습니다. 우리가 사랑하는 두 딸에게 물려줄 유산입니다.'

성공만이 인종 장벽을 극복할 수 있게 하리라고 생각한 미셸의 부모는 자식들을 모두 대학에 보냈다.

《 미셸 오바마의 공식 초상,
　미국의 퍼스트레이디, 2009.

1981년, 미셸은 프린스턴 대학 사회학과에 입학해 장학금을 받으며 공부했고,「프린스턴에서 교육받은 흑인들과 흑인 사회」라는 제목의 졸업 논문을 제출할 정도로 미국에서 흑인으로 산다는 게 어떤 것인지 심각하게 고민하기 시작했다. 이어서 하버드 법학 대학원에서 1988년 박사 학위를 받았다.

미셸은 시카고 대형 로펌 '시들리 오스틴'에 입사해 마케팅과 지적 재산권 업무를 담당했다. 지성과 강한 정신력으로 하는 일마다 성공한, 이 의욕 넘치는 여성에게 부족한 것은 연애였다. 이듬해, 그녀와 마찬가지로 하버드 로스쿨 출신인 젊은 인턴이 로펌에 들어왔고, 선배로서 인턴의 멘토 역할을 했다.

인턴 역시 아프리카계 미국인이었다. 당시 로펌에는 그 두 사람만이 흑인이었는데, 그 인턴이 바로 버락 오바마다. 두 사람은 1992년 10월 3일 결혼해 1998년에 큰딸 말리아를, 2001년에 작은딸 나타샤를 얻었다.

1991년 민주당 당원이었던 아버지가 사망하자, 미셸은 로펌을 그만두고 민주당 소속의 시카고 시장 리처드 데일리의 보좌관으로 일했다. 버락 오바마는, 그가 잘 아는 시카고에서 정계에 진출하라는 아내의 조언에 따라 1997년 일리노이주 상원의원 선거에 출마해 당선되었다.

2002년부터 미셸 오바마는 시카고 대학병원 부원장으로 일하면서 대외 관계를 담당했다. 동시에 젊은이들이 다양한 사회단체에 참여하도록 격려하는 활동에도 참여했다. 2004년, 남편이 대통령 선거 출마를 결심하자, 그녀는 남편을 따라 선거운동에 적극적으로 참여했다. 유세장이나 텔레비전에서 미셸은 혼자 또는 딸들과 함께 어떤 상황에서든 버락 오바마를 지지하는 화목한 가족의 모습을 보여주었다.

2008년 11월 4일, 치열한 선거운동을 치른 뒤, 버락 오바마는 대통령으로 당선되었다. 2009년 1월 20일, 200만 명이 넘는 시민 앞에서 그는 미셸이 들고 있는 성경책에 손을 얹고 대통령 선서를 했다. 오바마 부부가 백악관으로

어쩌면 원한 적이 없었던 영부인 자리를 떠맡았음에도 당신은 품위와 열정, 품격과 유머로 그 자리를 누구보다 훌륭하게 당신 자신의 것으로 만들었어요.

- 버락 오바마

△ 미셸 오바마, 덴버, 2008.

입성할 때 수많은 시선이 퍼스트레이디에게 쏠렸다.

영부인이 된 뒤에도 미셸은 중요한 국가적 과제에 헌신적으로 노력했다. 퇴역 군인들과 군인 가족들을 지원하고, 젊은이들에게 교육의 중요성을 강조했다. '레츠 무브Let's Move'라는 이름의 프로그램 활동으로 아동 비만 퇴치를 위한 활동도 이어나갔다. 그런가 하면 건강한 식생활 확산 운동의 일환으로 직접 삽을 들고 백악관 정원에 텃밭을 만들어 채소를 가꾸는 모습을 보여주었다. '렛 걸스 런Let Girls Learn'이라는 캠페인을 열어 여성들이 교육받을 기회를 확산할 필요성을 강조하였으며, 테러 조직 보코하람에 의해 나이지리아에서 납치된 어린 여학생들의 귀환을 위해 노력을 기울였다.

대통령 임기를 마친 버락 오바마는 2017년 1월 10일 퇴임식 연설에서 사랑하는 아내에게 감동적인 찬사를 보냈다. 그는 가슴이 메어 잠시 중단했다가 다시 말을 이었다. '당신은 백악관을 모든 이의 장소로 만들었고, 새로운 세대는 당신을 보며 더 높은 꿈을 꾸게 될 겁니다. 당신이 자랑스럽습니다. 당신은 국가의 자랑입니다.' ////////////////////////

노바 페리스 Nova Peris　　　　　2013

ELLE A OSÉ

원주민 육상 선수 출신으로
오스트레일리아 연방의회 의석을 차지하다

△ 육상 선수 노바 페리스,
시드니 올림픽대회에서, 2000.
오스트레일리아.

2013년 원주민 최초로 호주 연방의회 의석을 차지한 노바 페리스에게 필요한 것은 호전적 기질과 강한 승부욕이었다. 상원의원으로 선출되기까지 수많은 난관을 극복하는 데는 운동선수로서의 이력이 도움이 되었던 게 틀림없다.

노바 페리스는 1971년 2월 25일 오스트레일리아 북부 준주의 다윈에서 태어났다. 북부 준주는 4만 년 전부터 에보리진들이 살아온 지역이다. 라틴어로 '처음부터'라는 뜻을 가진 '에보리진'은 오스트레일리아 원주민을 일컫는 말이며, 그 땅에 대한 원주민들의 애착을 담고 있다. 1770년 제임스 쿡 중령이 도착하고, 영국 식민지화가 진행되면서 에보리진의 문화는 말살되었고, 인종차별과 폭력에 희생되어 인구수가 급감했다. 백인들에 의해 생활 근거지를 빼앗기고 내륙의 건조한 사막 지역으로 쫓겨나 현재는 20여 만 명이 정부의 보호 구역 안에, 약탈당한 자신들의 땅에서 노동자로 일하며 살고 있다.

이런 고통스러운 유산을 물려받은 노바 페리스는 필드하키를 통해 이름을 알렸다. 노바는 오스트레일리아 여자 하키 팀의 일원으로 1993년과 1995년 우승 트로피를 들어 올렸다. 1996년 애틀랜타 올림픽에서도 여자 하키 팀 선수로 출전해 금메달을 목에 걸었다. 그녀는 에보리진 출신으로 금메달을 수상한 최초의 운동선수였다.

이후 노바는 육상으로 종목을 바꿔 도전한다. 1998년, 영연방 국가 대회인 코먼웰스 게임에서 200미터 달리기와 400미터 릴레이 경기에서 각각 금메달을 받았다. 이듬해에도 오스트레일리아 대표 선수로 계속 뛰었지만, 2000년 시드니 올림픽대회에서는 400미터 달리기로 준결승까지만 올랐다. 노바의 명성과 끈질긴 기질을 눈여겨본, 오스트레일리아의 첫 여성 총리 줄리아 길러드에게 발탁되어 2013년에 실시하는 연방의회 선거에서 북부 준주의 노동당 후보로 출마했다.

선거운동을 하는 동안 노바 페리스는 식민지 개척자들의 후손인 백인들의 인종차별에 직면해야 했다. 크로노미터와 0.01초를 다투며 자신과 싸울 줄 알았던 노바는 이상을 위해 싸울 줄도 알았다. 그녀는 승리했고 2013년 9월 7일, 상원의원으로 당선되었다.

에보리진 출신 최초로 상원에 입성한 노바는 선서를 하면서 1869년에서 1969년까지 백인들에게 유괴되어 부모와 강제로 헤어진 에보리진 아이들에 대한 가슴 아픈 이야기를 상기시켰다.

원주민 출신의 여성 정치인이라는 이유로 압박감에 시달린 노바 페리스는 임기가 끝나자, 가족에게 헌신할 것이라며 재선 불출마 선언을 하고 이렇게 덧붙였다. '내 종족이 수천 년 전부터 그랬던 것처럼 나는 계속해서 얼굴에 황토색을 입고 살아갈 겁니다. 내 피부는 내 자존심이니까요!'

//////////////////////////////////

엘레나 페란테 Elena Ferrante　　　2014

 익명으로 작품 활동을 하다

> 나는 20년 전 평판에
> 대한 불안에서
> 벗어나기로 결정했다.
> 문학을 사랑하는
> 이들에게는 책으로
> 충분하다.

역사 속의 이야기, 책의 세계를 휩쓸고 있는 미스터리, 릴라 세룰로와 엘레나 그레코가 주인공으로 등장하는 「나폴리 4부작」의 작가, 그녀는 누구인가?

우리가 이 작가에 대해 알고 있는 정보는 아마도 1943년 나폴리에서 태어난 여성이고, 고전문학을 전공했다는 것, 자녀를 둔 어머니이며 몇 년간 외국, 특히 그리스에서 살았다는 것, 그리고 필명을 엘레나 페란테로 쓰고 있다는 정도가 전부다.

그녀는 2014년에 제1권 『나의 눈부신 친구』를 시작으로 1년 간격으로 『새로운 이름의 이야기』, 『떠나간 자와 머무른 자』, 『잃어버린 아이의 이야기』를 출간하였다. 이 「나폴리 4부작」은 42개국 언어로 번역되어 500만 부 이상 판매되었다.

20세기 초까지도 여성은 글을 쓰거나 특히 출판하려면 남성 이름 뒤에 숨어야 했다.

편견은 뿌리 깊었고, 출판사들은 용기가 부족했다. 여성이 글을 쓰는 것은 물론이고 여성이 쓴 글을 읽는 것도 인정하지 않는 사회적 압력이 만연해 있던 데다 여성을 멸시하는 많은 수의 독자들이 여성 작가의 글쓰기를 방해하고 있었다.

그렇지만 일본 최초의 소설은 11세기 초 궁정 여인 무라사키 시키부가 쓴 역사 소설 『겐지 이야기』이다.

여성 작가들이 글을 발표하거나 책을 출간하려면 자신을 지키는 방법부터 찾아야 했다. 그래서 1846년 브론테 세 자매는 커러, 엘리스, 액턴 벨이라는 남자 이름으로 시집을 냈다. 오로르 뒤팽은 쥘 상도라는 이름으로 글을 쓰기 시작하다가 호평을 받으면서 1832년에는 조르주 상드라는 이름으로 소설을 발표했다. 프란츠 리스트의 연인, 마리 다구 또한 다니엘 스턴이라는 필명으로 1850년에 책을 출판했다.

하지만 여성들이 자유롭게 글을 쓰고 재능을 인정받고 있는 오늘날, 왜 이름을 숨기는 걸까? 이 「나폴리 4부작」이 두 주인공 릴라와 엘레나의 삶을 통해 여성해방을 지지하고 있기 때문이다. 다시 말해 두 주인공이 1950년대 이탈리아 남부의 가부장제에 희생되고 굴복하는 어머니들이 제시하는 규범을 거부하고 있어서다.

1991년에 첫 소설 『성가신 사랑L'amore molesto』을 발표한 뒤로 수백 만 부가 판매되었음에도, 엘레나 페란테는 여전히 익명성을 고수하고 있다.

////////////////////////////////

말랄라 유사프자이 Malala Yousafzai   2014

ELLE A OSÉ 소녀들을 위한 여학교를 세우다

≫ 최연소 노벨 평화상 수상자,
　 말랄라 유사프자이.

전 세계의 취학 아동 중 3분의 1이 여자아이다. 하지만 성인 문맹자의 비율을 보면, 전 세계 9억 명에 달하는 문맹자 중 3분의 2가 여성일 정도로 반비례하고 있다. 학교에 가지 못하는 소녀 수백만 명은 권리는 말할 것도 없고, 보호도 받지 못하는 불안정한 취약 계층의 아이들이다.

말랄라 유사프자이는 어린 나이에도 불구하고 소녀들의 교육권을 위해 투쟁하다 목숨을 잃을 뻔했고, 탈레반의 살해 위협이 계속되는 가운데서도 소녀들의 교육권을 옹호하는 인권 운동을 펼치고 있다.

말랄라는 1997년 7월 12일 파키스탄 북부 도시, 아프가니스탄 접경 지역인 스와트 지구의 만고라에서 태어났다. 스와트는 여성의 교육을 금지하는 탈레반이 지배하는 지역이다.

파슈툰족 소녀 말랄라는 자서전에 이렇게 썼다. '……하지만 나는 아들이 태어나면 축포를 쏘고, 딸이 태어나면 커튼 뒤에 숨기는 나라, 여자의 역할이란 그저 음식이나 하고 아이를 낳는 일인 나라에서 태어난 딸이었습니다.' 다행히 말랄라의 아버지는 달랐다. 시인이자 교사인 지아우딘 유사프자이는 누구나 교육을 받아야 한다고 강조하면서 소녀들을 위한 학교를 세웠다. 말랄라는 그런 아버지를 닮고 싶었다.

아프가니스탄의 무장 세력 탈레반의 영향권에 들어간 2003년부터 스와트의 주민들은 시대착오적인 속박에 복종해야 했다. 늘 그랬듯 여성이 가장 불이익을 받았다. 여성들은 침묵하는 그림자가 되어야 했고, 부르카를 뒤집어쓴 유령이 되어 완전히 입을 다물어야 했다. 구두를 신거나 웃는 것조차 남성의 귀에 너무 시끄럽게 들리기 때문에 금지되었다. 물론 짙은 화장도 금지되었으며, 감히 매니큐어를 칠했다는 이유로 많은 여성이 손가락을 잘려야 했다. 하지만 무엇보다 학교에 갈 권리도 공부할 권리도 없었다. 탈레반이 스와트 지구에 있는 학교 건물들을 파괴하는 것을 어린 말랄라는 참을 수 없었다.

만 11세이던 2009년부터 말랄라는 영국 BBC 방송 사이트의 블로그에 파슈툰족의 '굴 마카이'라는 가명으로 탈레반에 점령당한 일상과 여성의 교육을 금하는 현실을 생생하게 묘사하는 글을 연재했다. 이 블로그는 적지 않은 반향을 일으켰고, 2009년에는 다큐멘터리 제작으로 이어지면서 전 세계에 알려졌다. 말랄라는 2011년 아동 인권 기구의 국제 어린이 평화상 후보에 오르기도 했다. 같은 해, 파키스탄 총리는 말랄라에게 국가 청소년 평화상을 수여했다.

말랄라의 투쟁과 명성은 탈레반의 심기를 건드렸다. 여러 차례 위협하던 탈레반은 2012년 10월 9일 화요일, 행동으로 옮겼다. 무장한 대원들이 아이들을 태우고 학교로 가는 트럭을 세웠고, 그중 한 명이 트럭에 올라 말랄라가 누구냐고 소리쳤다. 말랄라를 찾아낸 탈레반 대원은 말랄라의 머리에 총을 쏜 뒤 달아났다. 말랄라는 중상을 입고 혼수상태에 빠졌다. 다행히 총알은 뇌에 명중하지 않고 머리와 목을 옆으로 관통했다. 말랄라는 가까운 병원으로 실려 갔다가 결국 영국 버밍엄으로 이송되었다. 기적적으로 목숨은 구했으나 긴 재활이 필요했다. 그러자 말랄라의 저항 정신을 이어가기 위한 캠페인이 전 세계적으로 확산되었다. 2013년 1월, 여성의 자유를 위해 싸운 공로로 수여하는 시몬 드 보부아르 상을 말랄라의 아버지가 파리에 가서 대신 받았다. 그리고 더블린에서 국제사면위원회가 수여하는 가장 권위 있는 상을 받은 데 이어 유럽의회가 자유 수호를 위해 공헌한 개인에게 수여하는 사하로프 상도 받았다. 열여섯 살 소녀로는 최초로 뉴욕에서 열린 유엔총회에서 공개 연설을 했고, 탈레반은 말랄라를 다시 공격할 거라고 예고했다.

그러나 말랄라는 선언했다. '극단주의자들은 책과 펜을 두려워하며, 교육의 힘은 그들을 두렵게 한다.' 이듬해, 2014년 12월, 말랄라 유사프자이는 17세 나이에 최연소로 노벨 평화상을 수상했다. 인도의 아동 인권 운동가 카일라쉬 사티아르티와의 공동 수상이었다.

파키스탄 소녀 말랄라 유사프자이는 2013년에 발간된 자서전에 이렇게 썼다. '10월 9일 화요일은 모든 것이 바뀐 날이었다.' 그날 열다섯 살 소녀는 탈레반 대원이 쏜 총에 머리를 맞았다. 목숨을 위협받는 상황 속에서도 소녀는 침묵하는 대신 유엔에서 청년 대표로 나서 자신을 비롯해 세계의 모든 여자 어린이들이 학교에 다닐 수 있게 하자고 연설했다.

>> 말랄라 유사프자이와 카일라쉬 사티아르티 노벨 평화상을 수상하다, 2014. 12. 10. 노르웨이 오슬로.

말랄라는 자서전 『나는 말랄라』에서 이야기한 대로 어린이 교육을 위한 투쟁을 계속하고 있다. '내 이야기를 하려는 것이지만, 이건 학교에 다니지 못하는 6,100만 어린이들의 이야기이기도 합니다. 모든 소년 소녀가 학교에 갈 권리를 갖길 바라는 운동에 동참해주길 바랍니다. 어린이들이 교육을 받는 것은 기본적인 권리입니다.'

2017년, 권위 있는 옥스퍼드 대학의 문이 말랄라에게 열렸다. 그녀는 철학과 정치학, 경제학을 공부할 수 있게 되었다. 그리고 최근에 『말랄라의 마법 연필』을 출간했는데, 소년과 소녀가 동등한 권리를 갖는 평화로운 세상을 바라면서 쓴 그녀의 첫 그림책이다.

마리암 알만수리 Mariam al-Mansouri   2014

ELLE A OSÉ   아랍에미리트 역사상 최초의 여성 전투기 조종사가 되다

>> 전투기에 오른 마리암
   알만수리, 2014. 6. 13.

334

'아랍에미리트연합국의 F-16 파이팅 팰콘 전투기와 교신 중 들린 여성의 목소리에 얼마나 놀랐으면 미국의 공중급유 비행기 조종사들이 할 말을 잃었을까!' 말하기 좋아하는 주미 아랍에미리트연합국 대사가 한 말이다.

2014년 9월, 미국이 아랍 연맹군*의 지원을 받아 시리아 영토 내의 다에시†에 공습을 감행할 때 일어난 일이다. 그 놀라운 목소리의 주인공이 바로 마리암 알만수리였다!

마리암 알만수리는 최초의 여성 전투기 조종사이자 공습에 참여한 최초의 여성이다. 그토록 보수적인 나라에서 얼마나 놀라운 일인가! 아랍에미리트에서 여성들은 고등교육을 받을 수 있으며, 비록 가부장적인 사회에 얽매인 전통적인 역할이라도 고위직에 오를 수 있다. 또 2006년부터는 여성참정권을 인정받았다. 하지만 여전히 일부다처제가 허용되고 있다.

마리암 알만수리는 1979년 아부다비에서 권력층과 밀착되어 있는 유복한 집안에서 태어났다.

우수한 성적으로 고등학교를 졸업한 마리암은 아랍에미리트 대학에서 영문학을 전공했다. 어릴 적부터 비행기 조종사가 되는 것이 꿈이었던 마리암은 조국에 대한 사랑과 강한 의지로 장애를 넘어섰고, 여성이라는 편견을 극복하고 전적으로 남성의 영역인 세계에서 확실하게 존재감을 드러낸다.

마리암은 수년간 군대 참모 본부에서 복무하다 마침내 여성에게 허락된 칼리파 빈 자예드 항공대학에 들어갔고 2007년 졸업, 아랍에미리트 역사상 첫 여성 조종사가 되었다. 전투에서는 여성이든 남성이든 동등한 수준의 역량을 가진 숙련된 전투 조종사가 필요할 뿐이다.

2014년 마리암 알만수리는 서른다섯 살에 여성 최초로 다에시의 지하디스트를 겨냥한 공습 작전에 참여했다. 그녀는 전투기를 조종했을 뿐만 아니라 공군 비행대대를 지휘했다. 조종석에 앉아 미소 짓는 사진 한 장으로 전 세계

남성과 여성은
모든 분야에서
최고 수준에
도달할 권리가 있다.

에서 화제가 된 마리암은 시리아에 대한 미국의 부당한 침략에 동참했다는 이유로 이슬람 극단주의 무장 조직원, 지하디스트로부터 위협을 받고 있다.

/////////////////////////////

---

*   사우디아라비아, 아랍에미리트, 요르단, 카타르, 바레인.

†   이슬람 수니파 무장 단체 IS를 아랍식으로 표현한 말.

파트마 사무라 Fatma Samoura   2016

ELLE A OSÉ FIFA 사무총장이 되다

△ FIFA 사무총장 파트마 사무라,
카스튼 호텔, 카잔, 러시아,
2016. 11. 25.

여자 축구가 개방된 운동장에서 뛰는 걸 인정받기까지 그 과정은 길고 힘들었다. 여자 축구는 20세기 초에 시작됐지만, 1971년까지도 개방된 운동장에서는 경기를 할 수 없었다.

1925년, 프랑스 스포츠 기자이자 투르 드 프랑스의 창시자인 앙리 데그랑주는 이렇게 말했다. '소녀들은 대중의 접근이 금지된 완전히 닫힌 장소에서 자기들끼리 축구를 하고 있다. 그러나 대중을 초대하는 축제의 날에는 소녀들이 두꺼운 벽으로 둘러싸이지 않은 풀밭에서 공을 차며 뛰어다니는 모습을 보여준다. 여성이라고 언제까지 그렇게 운동해야 하는 걸까!'

　다행히 여자 축구 선수들은 할 수 있다는 결의를 입증했고, 1960년대 유럽 축구 연맹은 여자 축구를 인정했다. 하지만 공식적인 국제 여자 축구 대회는 1982년이 되어서야 만들어졌다. 그리고 마침내 2016년 세네갈 출신의 파트마 사무라가 세계에서 가장 막강한 국제축구연맹, FIFA의 2인자인 사무총장으로 임명되었다. 앙리 데그랑주가 봤다면 뭐라고 했을까?

　1962년 세네갈에서 태어난 파트마는 프랑스 리옹에서 영어와 에스파냐어를 공부한 데 이어 스트라스부르의 전문 고등교육기관에서 국제관계학을 전공했다. 스물한 살 때 유엔 기구에 들어갔고 10년 후 유엔 세계식량계획을 담당했다. 이어서 지부티, 카메룬, 차드, 기니, 마다가스카르, 나이지리아 등 아프리카에서 인도주의 활동을 보좌하는 조정자로 활동했다. 그녀는 늘 인권을 우선하여 여성과 젊은이들에게 힘을 실어주었다.

　2016년 5월, 멕시코에서 열린 제66차 FIFA 총회에서 자니 인판티노 회장은 54세의 파트마 사무라를 사무총장으로 발탁했다. 인판티노 회장은 발탁 배경에 대해, 파트마 사무라는 가장 도전적인 이슈들을 다룬 국제적 경험과 비전을 가진 축구계 외부의 비백인 여성으로, 최근 몇 년간 수뇌부의 각종 부패로 신뢰가 바닥으로 떨어진 조직을 재구축하려는 FIFA에 신선한 바람을 불어넣어줄 것으로 생각한다고 밝혔다.

　1904년에 창설된 FIFA가 여성에게 높은 직책을 내주기까지는 112년이 걸렸다. 그나마 2011년부터 조직을 만신창이로 만든 부패 사건이 계기가 되었다. 사무라는 '지위를 이용해 여행 경비를 남용하고 텔레비전 중계권 판매와 증거 인멸 등의 부패 혐의'로 해임된 전임 사무총장의 뒤를 잇게 되었다.

　파트마 사무라는 남성들이 지배하는 FIFA의 사무총장으로 임명된 것에 대해 '유리 천장이 약간 깨진 것'이라고 선언했다. FIFA는 아프리카 출신의 무슬림 여성을 임명함으로써 다양성과 양성 평등을 끌어안았을 뿐만 아니라 여성에게도 고위직의 기회가 열려 있음을 보여준 것이다.

파트마 사무라 사무총장은 FIFA 내에 청소년 전담 부서를 만들었을 뿐만 아니라 주요 직책에서도 적극적으로 여성들을 임명하고 있다. 여성들의 참여로 축구계를 바꾸고, 홀대받던 여자 축구가 엄청난 붐을 일으키길 바라기 때문이다. 파트마가 여자 축구 전담 부서를 신설한 것은 바로 그런 이유에서다.

마침내 언론에서 여자 축구에 대한 관심을 갖기 시작했으며, 현재는 세계 어디에서나 여자 축구 대회를 장려하고 있다. 이것은 과거 시대의 불평등과 성차별을 끝내는 것이기도 하다. 스포츠는 남성의 기량을 위주로 구축되었지만 이제는 여성을 '약한 존재'로 간주하여 뒷전으로 밀어내버리는 문화적·사회적 인식을 깨버려야 할 때다.

FIFA의 첫 여성 사무총장 파트마 사무라가 열렬한 관심을 갖고 여성들이 선수로서, 코치로서, 심판으로서, 열성적인 관중과 서포터로서 지위를 향상시킬 수 있도록 지원해주길 기대해보자. //////////////////////////

전 세계의 역사를 통해 여성 100인의 투쟁과 희망을 되짚어보았다. 개인적인 투쟁이든 집단적인 투쟁이든, 한 문화나 전통에 따른 특유한 투쟁이든, 모두 보편적 사명을 공유하고 있다.

여성이 남성과 동등한 대우를 받는 나라는 세계 어디에도 없다. 여성은 어디서나 남성의 지배를 받았다. 그런 점에서 여성들에게 가해지는 폭력의 정도가 어떠하든 여성들의 투쟁은 보편적이다.

한 여성에 대한 압박은 모든 여성에게 영향을 미쳤으며, 유감스럽게도 여성에게 폭력이 가해지지 않은 나라는 어디에도 없다는 걸 확인했다.

문화적·종교적 전통주의 아래서든, 정치적 절대주의 아래서든 가장 먼저 피해를 입는 건 늘 여성이었다.

공적인 영역에서든, 사적인 영역에서든 여성의 몸이 쟁점이다. 여성은 남성의 지배를 받으며 종의 존속을 보장해주는 존재로만 존재해왔다. 하지만 최악의 경우, 여성은 자신의 의지가 아니라 남성의 쾌락에 희생당했을 때 겪어야 하는 강간에 대한 책임까지 져야 했다.

그러나 너무나 견디기 힘든 상황이 닥쳤을 때, 여성들은 늘 목숨을 걸고 목소리를 낼 줄 알았다. 높아지는 목소리들은 바로 진정한 인류 사회를 건설하기 위해 투쟁하는 자유로운 여성들의 목소리였다.

여성 100인은 평등한 권리가 사회 진보와 사회 개선에 있어 중요한 요소라고 말하고 있다. 여성을 열등한 존재로 간주하는 것이 얼마나 비정상적인지에 대해서도 말하고 있다. 이 여성들은 역사를 통해 악습과 잔학상을 고발하고 있지만 무엇보다도 여성의 정체성과 자율성 쟁취를 통한 사회 개혁을 설계하고 있다.

이 여성들은 온갖 행태의 차별과 싸우는 것이 얼마나 절대적으로 필요한 일인지 보여주었다. 그것은 인간 존중, 시민권, 양심의 자유, 사회의 모든 영역에 참여할 수 있는 권리 같은 가장 기본적인 권리에 관한 문제이기 때문이다.

이 여성들의 투쟁을 본받아서 이들처럼 용감해지자!

도판 출처

AFP/HO/WAM : 334 ; AKG Images : 78, 80 ; AKG Images/Interfoto/Bildarchiv/Hansmann : 82 ; AKG images/Sputnik : 202 ; AKG images/Ullstein bild : 232, 290 ; Alamy Stock Photo/Danita Delimont : 59 ; Bibliothèques et Archives nationales du Québec : 75 ; Stiftung Neue Synagoge Berlin - Centrum Judaicum : 223 ; Bibliothèque nationale du Chili : 127 ; BIU Santé, Paris : 31 ; Bridgeman Images : 29, 135, 137, 140, 158, 162, 169, 175, 181, 187, 198, 199, 204, 201, 215 ; Bridgeman Images/AGIP : 37 ; Bridgeman Images/Archives Larousse, Paris, France : 125 ; Bridgeman Images/Bibliothèque des Arts Décoratifs, Paris, France/Archives Charmet : 133 ; Bridgeman Images/Collection CSFF : 39 ; Bridgeman Images/CSU Archives/Everett Collection : 218 ; Bridgeman Images/De Agostini Picture Library/G. Dagli Orti : 217, 230 ; Bridgeman Images/De Agostini Picture Library/G. Nimatallah : 233 ; Bridgeman Images/DILTZ : 47 ; Bridgeman Images/Everett Collection : 49, 57, 237 ; Bridgeman Images/Granger : 62, 67, 105, 255 ; Bridgeman Images/Heini Schneebeli : 103 ; Bridgeman Images/IPA : 107 ; Bridgeman Images/Musée de la Ville de Paris, Musée Carnavalet, Paris, France/Archives Charmet : 244 ; Bridgeman/Museum of Fine Arts, Boston/Tompkins collection : 100-101 ; Bridgeman Images/Musée National d'Art Moderne, Centre Pompidou, Paris, France : 245, 248 ; Bridgeman Images/Pictures from History : 253, 258, 261, 263 gauche, 265 ; Bridgeman Images/Private Collection : 277 ; Bridgeman Images/PVDE : 110, 109 ; Bridgeman Images/Tallandier : 112, 117, 122 ; Bridgeman Images/Tass/UIG : 292 ; Bridgeman Images/Underwood Archives/UIG : 300 ; Bridgeman Images/Universal History Archive/UIG : 303, 322 ; DR : 96, 152 ; Fotostar/National Roman Museum : 26 ; Gamma-Rapho-Keystone/Gamma/McCabe Eamonn/Camerapress : 221 ; Gamma-Rapho-Keystone/Keystone France : 182 ; Gamma-Rapho-Keystone/Manaud Jean-Luc : 274, 26 ; Gamma-Rapho-Keystone/Rapho/BRAKE Brian : 25 ; Gamma-Rapho-Keystone/Rapho/CHARBONNIER Jean-Philippe : 154 ; Gamma-Rapho-Keystone/Rapho/Blouzard Pierre : 247 ; Gamma-Rapho-Keystone/Rapho/Bird Walter : 320 ; Gamma-Rapho-Keystone/Turpin Jean-Michel : 283 ; Getty Images : 262 ; Getty Images/ALLSPORT/

나탈리 코프만 켈리파

예술사를 전공하고 교직 생활을 한 뒤, 모라스 피알라, 뤽 물레, 프란시스 르루아, 장 다니엘 베라그 등의 영화감독 밑에서 편집 보조로 일했고, '프랑스 3'의 주간 방송 〈국경 없는 음악회〉의 제작 책임자로 활동했다. 이후, 파리 20구 구청 문화부 부구청장이자 일드프랑스 지방의회 의원으로서 공익 활동을 시작했다. 2011년부터 글을 쓰기 시작해 예술 서적 『욕망의 색Les couleurs du désir』(2011)과 『로지에서 아틀리에까지De la Loge à l'Atelier』(2013)를 발표했다. 정치를 반영한 『세속주의 개론Précis de Laïcité』(2013), 『조국의 아이들Enfants de la Patrie』(2017)을 내놓는 등 작가 활동 외에도 박물관에서 회의 및 워크숍을 주최하며 활발히 활동하고 있다.

최악의 여성, 최초의 여성, 최고의 여성
자신만의 방식으로 시대를 정면돌파한 여성 100인

초판 1쇄 2019년 7월 2일

지은이 나탈리 코프만 켈리파 | **옮긴이** 이원희
펴낸이 박진숙 | **펴낸곳** 작가정신
책임편집 황민지 | **편집** 박송이 | **디자인** 용석재
마케팅 김미숙 | **홍보** 박중혁 | **디지털콘텐츠** 김영란 | **재무** 윤미경
인쇄 및 제본 한영문화사

주소 (10881) 경기도 파주시 문발로 314
대표전화 031-955-6230 | **팩스** 031-944-2858
이메일 editor@jakka.co.kr | **블로그** blog.naver.com/jakkapub
페이스북 facebook.com/jakkajungsin | **인스타그램** instagram.com/jakkajungsin
출판 등록 제406-2012-000021호

ISBN 979-11-6026-134-9 03900

이 도서의 국립중앙도서관 출판시도서목록(CIP)은 서지정보유통지원시스템 홈페이지(http://seoji.nl.go.kr)와 국가자료공동목록시스템(http://www.nl.go.kr/kolisnet)에서 이용하실 수 있습니다. (CIP제어번호 : CIP2019018430)